文成天縱

民族語言文字叢書

MINZU YUYAN WENZI CONGSHU

北京師範大學圖書館 編

②

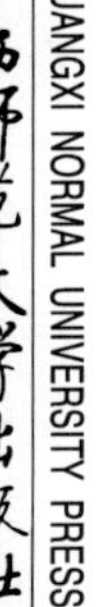

第二册目録

西夏國書略説

羅福萇撰

民國三年（一九一四）

原書爲從左向右翻。

[illegible]

[illegible]

西夏立國僻在西陲未漸聲教方其盛時雖剏造國書移譯竺典然第行於其邦域之中流傳中土者蓋寡僅存二三石刻世固無辨釋之者致同治間英人韋理博士尚誤以居庸關刻經中西夏書為女真小字至光緒丙申法儒戴物利亞及沙畹兩博士始定為西夏書戴氏又考感通塔記著西夏文字英人巴賽爾博士亦治斯學於音義漸有所發明逮庚子之亂法人毛理斯氏得西夏譯本法華經三冊於戎都下時駐高麗法使署譯官貝爾多氏亦得是經二冊歲在甲辰毛氏迺以研究所得刊行於世斯時考證之資料尚少而苦心鉤索塗逕漸啟蓋西夏國書塵

薶者幾七百年至毛氏時始見曙光矣宣統庚戌俄
國柯智洛夫大佐於我國張掖黑河故地得西夏譯
經盈數簏載歸俄都中有字書其名曰掌中珠者竝
列中夏西文各注音于旁於是考究西夏國書之資
材乃大備閱二年壬子俄國伊鳳閣博士攜其中一
葉以示　家大人　家大人謂此習西夏國書之津
梁也從伊君乞影本逾歲伊君乃影照全書五之一
以至雖一鱗片甲莫窺全豹然漸可循是以考求西
夏諸石刻予與伯兄每以習業之餘分鐙共讀同釋
感通塔記十得五六會日本京都大學羽田助教予
又以安南河內東洋學院所藏西夏文法華經影片

三紙見貽以參校塔記及居庸刻經所得乃益增翌年又得法人所藏法華經二十餘紙讀之盡識其文緣是稍悟其造字行文之恉然猶恨西人所考不得寓目孤學無所證也尋於羽田學士許得毛氏書讀之顧惜其未及造字行文之恉爰條記數月以來研究所得以補毛氏之畧為西夏國書畧說約分四類曰書體曰說字曰文體曰遺文將以就正於君子第恐管窺蠡測無助壤流聞伊鳳閣博士著書行且問世謹引領以觀厥成異日俟伊書出更加溫尋所業或畧進則此戔戔者且以覆醬瓿可也宣統甲寅九月晦日上虞羅福萇序

西夏國書畧說

上虞　羅福萇

書體第一

西夏國書有楷書有行書有篆書有別體分端說之如下

一楷書　宋史夏國傳元昊自製蕃書命野利仁榮演繹之成十二卷字體方整類八分而書（迺畫之譌金史西夏傳作畫是）頗重複此謂楷書也今傳世石刻及掌中珠佛經等皆是但詳加比較則亦畧有異同耳

二行書　西夏之有行書前籍所未載日本西本願寺所得西夏人書殘經數紙書迹至草率與石刻及

他寫經不同茲舉數字如下

如亦字本作[西夏字]此作[西夏字]作[西夏字]大字本作[西夏字]此作[西夏字]師字本作[西夏字]此作[西夏字]知字本作[西夏字]此作[西夏字]無字本从攵作[西夏字]此作[西夏字]現字本作[西夏字]此作[西夏字]以字本作[西夏字]此作[西夏字]之字本作[西夏字]此作[西夏字]語字本作[西夏字]今作[西夏字]等皆甚省畧草率若以漢字之名定之則為行書無可疑也

三篆書　宋史但言元昊制蕃書方整類八分不言有篆書金史西夏傳與宋史同而云又若符篆隆平集亦稱元昊自為蕃書十二卷文類符篆均似謂西夏蕃字既若隸書又若符篆者惟遼史西夏傳則言之頗明晰曰李繼遷子德明（德明迺元昊之誤）製蕃書十二

卷又製字如符篆蓋如隸書者謂楷書如符篆者謂篆書也今其傳世篆書有感通塔記碑額蓋就其楷書而畧變為婉曲可以其楷書推知惟又有傳世西夏銅印其文則填委屈叠與其楷書甚遠與感通塔記碑額亦逈殊是西夏篆書亦有二種殆猶篆書中有摸印等諸體之別歟今書感通塔記之篆額于後而以其楷書書于下以資比對其可識者並注漢字于下以示篆書之一班

勅建　感

通　浮

塔　之

[西夏字]碑記[西夏字]文

四別體　西夏國書其正楷既畧有異同而考校傳世諸書有同為一字而彼此有小異者如三字感通塔記作[西夏字]作[西夏字]作[西夏字]居庸關刻經法華經及掌中珠等僉作[西夏字]七字掌中珠法華經僉作[西夏字]感通塔記及華嚴經並作[西夏字]微字作[西夏字]或作[西夏字]妻字作[西夏字]或作[西夏字]菩作[西夏字]或作[西夏字]例之漢字殆猶正體之外又有別體耶

說字第二

西夏國書取漢字之筆畫積累而成驟視之不能明其製字之意然審諦既久漸得其部類又發見其中多會意之字乃知其全仿漢字為之茲分三項考之

曰形曰聲曰義

字形　字形之中可考見者凡八事説如下

一部類　夏國書所分部類今就掌中珠等所載諸字考之得二十三部曰□曰□曰□曰□曰□曰□曰支曰□曰□曰□曰□曰□曰□曰□曰□曰介曰□曰反曰□曰□曰□曰□曰□舉例如下

□部字示氣象如漢文雨部

□露　□雪　□雹　□騰

□部字示液體如漢文水部

□水　□雲　□澤　□酒　□乳　□蚕

□血　□洪　□源　□溼　□汗　□沫

略説　三

016

□部字示火如漢文火部

□炬　□火　□丁　□焚　□离　□丙

□部字示火之用如漢文火部

□燈　□爐　□燒　□熱　□炒　□灰

□部字示土類如漢文土部

□土　□墳　□塵　□岬　□地坤　□穴

□瓦　□谷　□塔　□農　□溝　□鑿

□部字示金屬如漢文金部

□鐵錫　□銅鑰　□鋼　□銑　□針

□刀　□鑛爐　□鋸　□鐳　□鏰

□銹　□鈴　□鍬　□犁　□剪　□斧斤

□部字亦玉石如漢文玉部

□ 珠　□□ 珊瑚　□□ 琥珀　□□ 灰塵

□部字亦樹木如漢文木部

□□ 海棠　□□ 龍柏　□□ 蒲桃　□□ 胡桃

□□ 松柏　□□ 柳榆　□□ 栗杏　□□ 蕪荑

□□ 菓木　□□ 菓子　□□ 梨　□□ 林檎

□□ 李子　□□ 櫻桃　□□ 荔枝　□□ 甘蔗

□部字亦菜蔬如漢文草部

□□ 香菜　□□ 芥菜　□□□ 薄荷　□□ 菠薐

□□ 茵蔯　□□ 百葉　□□ 蘿蔔　□□ 茄子

□□ 蔓菁菜　□□ 苦蕒　□□□ 半春菜

[illegible]馬齒菜 [illegible]吃兜芽

[illegible]部字示穀物如漢文米部禾部

[illegible]麦 [illegible]大麦 [illegible]蕎麦 [illegible]床 [illegible]粟 [illegible]穀

[illegible]糯米 [illegible]秫米 [illegible]華豆 [illegible]米麪

[illegible]部字示草類如漢字草部

[illegible]草 [illegible]麻 [illegible]稗 [illegible]蘿 [illegible] [illegible]苜蓿 [illegible]帚

[illegible]蒲葦 [illegible]蔬 [illegible]葱 [illegible]蒜 [illegible]韭

[illegible]胡椒 [illegible]椒 [illegible]薑 [illegible]大麥 [illegible]鼠

[illegible]部字示飛禽如漢文鳥部

[illegible]雞 [illegible]飛禽 [illegible]鳳凰 [illegible]鷹鵰

[illegible]鶴 [illegible]鴨 [illegible]鵲 [illegible]雀子 [illegible]和合

□部字示走獸如漢文犬部

□□犬狼　□□水獺　□□戌亥　□□狗猪

□□犛牛　□□沙狐　□□野狐　□□貓兒

□部字示牲畜如漢文馬部

□馬　□象　□騾　□牛　□□牲畜　□驢

□部字示虫豸如漢文虫部

□□蛆蟲　□□蜜蜂　□□蝿　□□蟻　□□蝎

□□龜蛇　□鱉　□蜘蛛　□□蛛網　□絲

介部字示羅綺如漢文糸部

□□紗羅　□□錦綾　□□絹絲　□□純絹

□部字示貨財如漢文貝部

[illegible][illegible]錢物　[illegible][illegible]財產　[illegible][illegible]貧乏

[illegible]部示口及其作用如漢文之口部

[illegible][illegible]咽喉　[illegible][illegible]唇口　[illegible][illegible]飲食　[illegible][illegible]咳嗽

[illegible][illegible]謦欬　[illegible][illegible]命令　[illegible][illegible]讚　[illegible][illegible]香　[illegible][illegible]服

[illegible]部字示人及其心理如漢文人部及心部

[illegible]人　[illegible]心　[illegible]孝　[illegible]願　[illegible]親　[illegible]工作

[illegible]禎　[illegible]驚　[illegible]忘　[illegible]信　[illegible]疑　[illegible]悲

[illegible]部字示人心性如漢文心部

[illegible][illegible]謀意　[illegible][illegible]煩惱　[illegible][illegible]參差　[illegible][illegible]顛倒

[illegible][illegible]即刻　[illegible][illegible]遊戲　[illegible][illegible]爭鬪　[illegible]忍

[illegible]部字示女性如漢文女字

□母　□妻　□女　□□姨母　□□娘娘

亓部字示音響如漢文音部

□□聲音　□寂　□□宣　□□鐘磬　□和

言部字示言語如漢文言部

□□言語　□□罵詈　□□和合　□□琴

□說　□手　□□授狀　□樂　□吹　□讀

□□慶讚　□□向讀　□□廚房　□□一聲

□□祝辭　□尊　□抬　□歌　□經　□□僧

此外又如□病字□患字□惱字均從□□震字□

動字均從□□罪字□苦字均從□□師字□數字

□學字均从□此類甚多學者隅反可矣

二會意 西夏國書有合兩字之意而為一字如六書之會意者如葦字作□从水从草□即水字□即草字葦為水草故會合兩字而為葦鴨字作□从水从鳥故會合□水憂兩字而為鴨又如時字作□从□日之省文作□右从□節字時為日之節故會合日節而為時貪字作□从□字省文从□足字不知足為貪故會合而為貪散字作□从□字省文从□集字而為分散之散矮字作□从□不字省文又从□長字省文不長二字為一意其為矮字無疑又疑字作□从□不字省文从□信是合不信二字而為疑字也

三 數形 一字漢文一字西夏國書則有數形者不少今日尚無由區別姑舉數例以示一班

凡□□□□均是天字一為天象之天故天曉作□□天晚作□□天陰作□□天地人作□□□是也二為天神之天故天人作□□天龍作□□是也三為乾字通作天故天乾作□□乾坤作□□天皷作□□天火作□□天河作□□是也四為皇字通作天故皇天作□□皇帝作□□皇太后作□□□天文作□□天秤作□□是也

□□□□□均是日字一為曆字通作日故日曆作□□日限作□□經過作□□二日作□□一日作

□□是也二為某月某日記數之日故六月十二日作□□□□□今日作□□是也三為太陽之專名故日月作□□日出作□□日没作□□是也四為翌日之翌字但翌日亦可謂之明日故明日作□□是也五為未來時之專用字故後日作□□外後日作□□月日作□□是也

□□□均是年字一為紀年之年故一年二年作□□□元德三年作□□□□是也二用於過去及未來時與歲字通故來年作□□前年作□□去歲作□□年年作□□是也三為歲之專名故歲殺作□□歲星作□□是也

[illegible][illegible][illegible][illegible]均是來字一為往之相對字故來往作[illegible][illegible]是也二為來到之來字故來到作[illegible][illegible]如來作[illegible][illegible]是也三與四為聯綿字形容之名字單獨連用均可形容行人此往彼來之狀故來來作[illegible][illegible]上一字為來下一字亦為來字與漢文之徠字稍近四為俱來連用字有嚮導之義故俱來者作[illegible][illegible]引導作[illegible][illegible]是也

[illegible][illegible][illegible][illegible]均是一字一為數字一二三作[illegible][illegible][illegible]是也二為假定詞設字通作一故一日作[illegible][illegible]設若作[illegible][illegible]是也三為廣義的讀若阿有始字義故一日作[illegible][illegible]一年作[illegible][illegible]一个月作[illegible][illegible][illegible]一向作[illegible]

[illegible]是也四為表示恭敬時用字故有一菩薩作[illegible][illegible]
[illegible][illegible]一一作[illegible][illegible]是也五為唯字亦有一義故唯一
作[illegible][illegible]是也六為或字通作一在語尾譯作也故或
出或滅作[illegible][illegible][illegible]一時作[illegible][illegible]一一作[illegible][illegible]又作
[illegible][illegible]是也[illegible]旁均是夜字一為黑闇之夜故戌夜作
[illegible][illegible]夜間作[illegible][illegible]除闇[illegible][illegible]二為夜字通作夕故朝
夕作[illegible]旁日夜作[illegible]旁又如夢寐作[illegible][illegible]皆从夜字
是也
[illegible][illegible]均是卷字一為卷軸之卷字故卷第一作[illegible][illegible]
[illegible]卷軸作[illegible][illegible]是也二為漢語之卷字通作軸讀若
卷故一軸作[illegible][illegible]是也

四　同形

數字西夏國書義近之字多同形者舉例如次

天字乾字均作[illegible]　寅字虎字均作[illegible]

宮字室字均作[illegible]　辰字龍字均作[illegible]

巳字蛇字均作[illegible]　壽字世字均作[illegible]

五　非一字

形近而有字形微別而實非一字不得淆視者舉例如次

[illegible]官[illegible]臣形近　[illegible]有[illegible]衆形近

[illegible]豪[illegible]愛形近　[illegible]若[illegible]護形近

[illegible]他[illegible]光形近　[illegible]閃[illegible]烟形近

[illegible]城[illegible]如形近　[illegible]侍[illegible]軍形近

[illegible]根[illegible]典形近　[illegible]穴[illegible]部形近

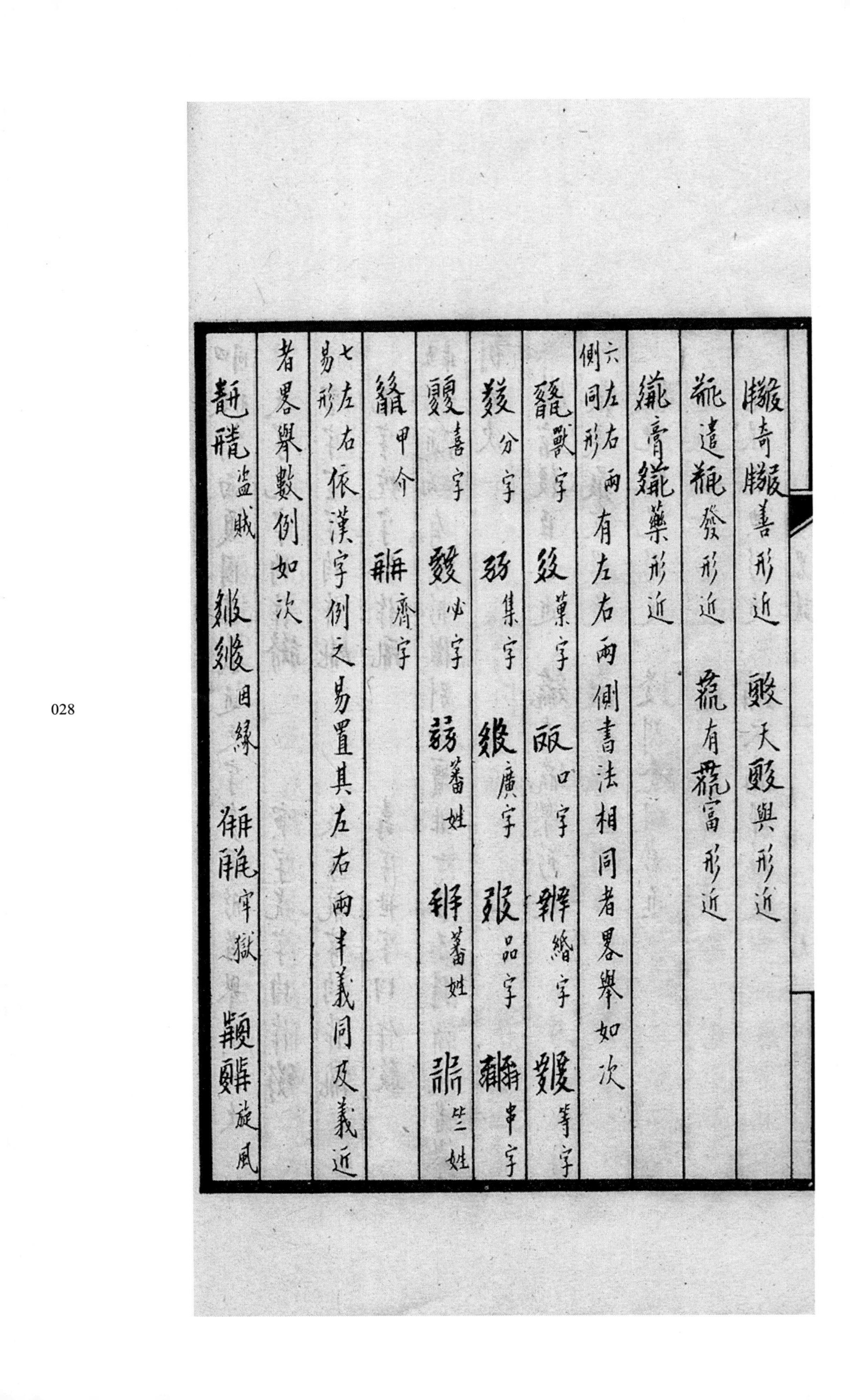

[illegible]奇[illegible]善形近　[illegible]天[illegible]與形近

[illegible]遣[illegible]發形近　[illegible]有[illegible]富形近

[illegible]膏[illegible]藥形近

六、左右兩側同形　有左右兩側書法相同者畧舉如次

[illegible]戩字　[illegible]菓字　[illegible]口字　[illegible]緡字　[illegible]等字

[illegible]分字　[illegible]集字　[illegible]廣字　[illegible]品字　[illegible]串字

[illegible]喜字　[illegible]必字　[illegible]蕃姓　[illegible]蕃姓　[illegible][illegible]姓

[illegible]甲介　[illegible]齊字

七、左右易形　依漢字例之易置其左右兩半義同及義近者畧舉數例如次

[illegible][illegible]盜賊　[illegible][illegible]因緣　[illegible][illegible]牢獄　[illegible][illegible]旋風

蠅 人人 太大 參差
崩壞 茂盛 放出 破滅
褐彩 坤地 驅除 電閃

八增減筆畫於一字之上增減筆畫而為他字者舉例如下參看第五例形近而非一字條

昏迷 煩惱 溝洫 孤獨
分別 破損 庫藏 遇值
警戒 繼續 慳悋 欺凌
悅樂 幼稚 罪刑 演說
愛好 衣服 拂拭 和合

由上八端觀之則西夏制字之原殆仿漢字成法為

之積畫以成文文合文以成字似無可疑其合二文以成字之法殆不外會意諧聲二者惜所見西夏國書太少但能發其端而不獲究其竟耳

字聲 西夏國書之音更不易研究茲據韻統掌中珠及法華經華嚴經等略可窺知其一二分列如下

一聲韻之分類 西夏國書聲韻同於字溫三十六字母九品見於韻統[西夏字][西夏字]者曰重唇音曰輕唇音曰舌端音曰舌上音曰牙音曰齒頭音曰正齒音曰喉音曰單風音茲舉數例以示一斑

一品重唇音[西夏字][西夏字][西夏字][西夏字]

[西夏字]天讀若沒入聲去讀若悶 [西夏字]丙讀若迷平

□檀讀若吟　□實讀若諜平

□河讀若麻平　□不讀若名平

□賢讀若每　□日讀若墨入聲去讀若懵

□恤讀若酩　□柳讀若麥入聲去讀

□白讀若疪疪即疕字平聲　□泊讀若破

□電讀若莽上　□糞讀若崩

二品輕唇音□□□□

□龍讀若蒐　□孝讀若為

□杓讀若無　□牟讀若韋

□揄讀若吳　□含讀若外

□叔讀若永　□角讀若兵

[illegible]斧讀若冒

[illegible]花讀若嘚

[illegible]廣讀若幹

[illegible]起讀若訛

[illegible]父讀若韈

[illegible]子讀若欔

[illegible]義讀若网

三品舌端音[illegible][illegible][illegible][illegible][illegible]

[illegible]旻讀若寧平

[illegible]羊讀若丁平

[illegible]壬讀若乃

[illegible]陰讀若瀆

[illegible]深讀若那平

[illegible]桃讀若諾

[illegible]斗讀若怒上

[illegible]樓讀若奴平

[illegible]搜讀若吵平聲上讀

[illegible]蒓讀若奈去

[illegible]食讀若底

[illegible]事讀若納入聲去讀

□亦讀若万
□指讀若能平
□腿讀若嗯
四品舌上音□□□□□
□告讀若尼卓
□濁讀若獰
□裙讀若能
□惡讀若娘
□霜讀若撩
五品牙音□□□□
□海讀若餓去
□筆讀若兀入聲去讀
□領讀若瓦上
□鴿讀若葛入聲去讀
□鴨讀若假
□碧珊讀若枯平
□漲讀若蕚
□山讀若宜則

□蟻讀若苟上聲若鈎平讀　□子讀若宜

□鶻讀若恰入聲去讀　□玉讀若玉入聲去讀

□天讀若骨魚　□中讀若悟去

□九讀若吪

六品齒頭音□□□□□

□來讀若斜　□智讀若寫

□金讀若皆　□法讀若精

□茄讀若金哆　□虹讀若疾

□雀讀若桑　□譽讀若賊

□史讀若尼平　□朝讀若星平

□木讀若西　□雨讀若足尼

[illegible]藥讀若則　[illegible]土讀若則尼

[illegible]肝讀若息

七品正齒音[illegible][illegible][illegible][illegible][illegible]

[illegible]正讀若張　[illegible]車讀若車

[illegible]線讀若史　[illegible]鍊讀若追尼

[illegible]齒讀若垂平　[illegible]已讀若說尼

[illegible]江讀若說　[illegible]狼讀若稅

[illegible]野狐讀若窄尼　[illegible]鐵讀若尚去

[illegible]蚕讀若率　[illegible]皮讀若責尼

[illegible]夏讀若嗔尼　[illegible]蟹讀若聶

[illegible]梅讀若出

八品喉音〓〓〓〓

〓頭讀若吴　〓煙讀若餘

〓針讀若罨　〓之讀若盈

〓鞍讀若易　〓烟讀若煙

〓長讀若長尾　〓八讀若耶平

〓一讀若阿平　〓溝讀若藥

〓日讀若要去　〓文讀若蔚

〓林檎讀若余平　〓物讀若幹

〓蕎麥讀若訛合

九品舌風音〓〓〓〓〓疑即舌齒音及齒舌之有氣音

〓蘿讀若囉平　〓手讀若騰

□靴讀若啲　□農讀若力入聲讀去若餕

□魚讀若乳上　□水讀若啲則

□大讀若魁　□四讀若勒入聲讀去若稜

□一讀若婁　□棗讀若六入聲去讀

□踏讀若來平　□口讀若烈

□晚讀若賴去　□貪讀若癩

□舌讀若轄合

二同音之字

西夏國書同音之字甚多舉例如下

□天□源□火□人□未□燕□鴛□刀□秣

□不□他□吹□娘□舅□本□栗均讀若没

□峴□駟□羌□曉□高□春□加□違□助

□檀均讀若吟命字上聲作吟凡上聲字皆加○或口傍以下仿此

□龍□丁□戊□嶮□禽□愚□帶□宇□帛

□為□龍□驢均讀若蒐

□聰□芭□袋□親□歎□鵝□鼻□面□朱

□尼□語助均讀若你

三表音諸譯文中凡漢字音同及音近者西夏國書之字多為一字條舉如下

羅蘿鑼糯騾郎珞廊樂螺駱均作□　枝鴟蜘智

之旨止指知紙均作□　琥虎瑚葫蘇狐蝴胡

斧斛均作□　杵廚柱筯鋤住處樞助均作□

福復父楸伏斧服縛富均作□　孤鼓穀殺鶩股

姑故均作□　崄賢脇軒杴見絃稀均作□　蓮連簾蔆淩令綾鐮均作□　木母鶩謀毛墨牧目均作□　陰寅茵咽因飲蠅均作□　皇火河和禍荷黃鳳均作□　珠蛛硃諸帝主粥均作□　亍史恃時獅事匙柿均作□　金緊今斤筋錦襟均作□　攀泊薄蒲菩蔔鋪均作□

四　襲用漢音

西夏國書中多襲用漢語舉其音義如下

□作聖讀若聖　□作貓兒讀若貌兒

□作稗讀若敗　□作玉花讀若乙嚩

□作杏讀若杏　□作黑豆讀若瀆黑

□作鵲讀若恰　□作蘿蔔讀若囉孛

□作名讀若名　□□作箆箕讀若皮西

□作正讀若正　□□作菩提讀若播丁

□作栢讀若栢　□□作涅盤讀若涅盤

□作谷讀若姑　□□作阿哥讀若阿哥

□□□□作阿耶阿孃讀若阿芭阿麻（芭即爸　麻即媽）

□□作烟焰讀若煙知　□作圈讀若圈

五增省字畫而夏國書有於一字上畧增筆畫而仍音仍不變

同一音者如下列

□□均讀阿　□□均讀乃　□□均讀漢

□□均讀栢　□□均讀杏　□□均讀松

□□均讀蒐　□□均讀餓　□□均讀勒

□□均讀則嚨　□□均讀馬　□□均讀露

六、反切法

西夏掌中珠於蕃漢兩文時以反語示其音一如中國漢文以蕃文注之蕃文則以漢文注之舉例如下

□□□蛙切作法髮　□□二遜切作閏字

□□□字切作箪　□□虎果切作火

纤□畢耶切作□　□□土蒙切作銅同動

□□妻松切作葱　□□祇扃均作頃

又尼長切作□墨□揚　尼卒切作□磑□造

尼說切作□畢□釵　尼正切作□行□巡

尼責切作□□□業　尼積切作□立□吏

尼追切作[illegible]鍊[illegible]文　尼則切作[illegible]頃[illegible]集

尼節切作[illegible]寇　尼周切作[illegible]腰

尼習切作[illegible]習　尼足切作[illegible]主[illegible]旨

尼倉切作[illegible]監　尼卓切作[illegible]狀

尼芍切作[illegible]人臻仁　尼頃切作[illegible]夏

尼精切作[illegible]時　尼井切作[illegible]隅

尼窄切作[illegible]野狐　尼穀切作[illegible]麵

七 辨四聲

漢文夏國書亦有四聲平聲作[illegible]上聲作[illegible]去聲作[illegible]入聲作[illegible]漢文於同一字而四聲異讀者時輒於字之四隅假定平上去入方位而於其聲之一隅加圈以定其讀今掌中珠所載漢字中多

有於平上入三隅加圈者是亦遵用漢法舉例如下

□人讀若没。平聲　□貴讀若暮。平聲

□脾讀若不。上聲　□城讀若嵬。上聲

□盈讀若領。入聲　□到讀若能。入聲

宋都汴京故西夏譯語以中原音為標準蓋北方無入聲至入則轉平舉例如下

鹿露同音皆作□　斛虎同音皆作□

竹猪同音皆作□　夕西同音皆作□

鴨牙同音皆作□

今究前舉之例有入聲而無去聲由此推之凡加圈為入聲者皆讀如去聲是其明證矣

八佛經中凡佛經中語漢譯異字而梵音無殊者西番漢譯音

夏則同為一字舉例如下

[illegible]俱拘　[illegible]殊輸束　[illegible]丘龜鬮　[illegible]舍沙葉闍

[illegible]尼你　[illegible]伽佉乾　[illegible]耶野藥　[illegible]鳩憍枳拘

[illegible]地帝　[illegible]葉祇者　[illegible]摩牟目　[illegible]哇嚩吒答

[illegible]蘇須　[illegible]帝喋　[illegible]滿曼文　[illegible]播把崩叭

[illegible]哈訶　[illegible]賓畢　[illegible]薩散三　[illegible]悉辛瑟室

[illegible]三桑　[illegible]福富浮　[illegible]畢必尾　[illegible]牟母目麽

[illegible]婆頻　[illegible]答馱怛　[illegible]不把盃　[illegible]迦伽劫吉

[illegible]麻目　[illegible]補冒且　[illegible]彌弭密　[illegible]唐馱陁陀

[illegible]波菩　[illegible]毘鼻皮　[illegible]答吒捺　[illegible]底帝第的

□連陵　□迷明滅　□菩布補　□羅螺路露

亦有漢譯一字而西夏國書有數形者如下

啞□□　囉□□　尼□□□　答□□□□

漢□□　薩□□　哩□□□　帝□□□□

訶□□　吒□□　答□□□　底□□□□

又有合二梵音字為一字者西夏國書有之舉例如

下

□皮□耶為□　□彌□林為□叉

□彌□耶為□　□比□延為□

□毘□野為□　□迷□賓為□

□迷□耶為□　□帝□耶為□

□斗□葉為□牒 □提□葉為□楪
□迷□嚩為□麻 □斗□野為□
字義西夏國書凡實物多以其物之性狀功用為
名舉其例如下
蓮華作□□上一字為華字下一字為淨字與法
華經中六根清淨之□淨字同蓋蓮出淤泥而不
染為花中之最潔者故以淨示蓮之性因即以為
蓮之名也
芍藥花作□□□上二字為□藥字與法華經藥
王菩薩之藥字同下一字為□根字與法華經六
根清淨之根字同蓋芍藥載於本草用其根以治

痳故以藥根示芍藥之用而即以為芍藥之名也

乾薑作□□上一字為□椒字下一字為□根字

根以示薑之體薑味辛與椒同椒以示薑之性因

即以為薑之名又葫椒作□□下一字為黑字黑

椒即葫椒并見掌中珠

又夏國書凡義近之字多相類如地字作□坤字作

□枝字作□葉字作□太字作□大字作□盜字作

□賊字作□破滅作□□驅除作□□牢獄作□□

等字義近形亦相類如此者不少殆猶六書中考老

義同相為轉注形狀亦相類似也

又有兩字同形而互易其左右以表示事物之狀其

連用為一意義者如旋風作[illegible][illegible]兩字同形但易其左右之位置以示旋風迴轉之狀因緣二字作[illegible][illegible]亦兩字同形易其左右之位置以示相為因緣之狀又如閃電作[illegible][illegible][illegible]蒼蠅是也此例在漢字中殊少見惟孑孓之孑孓二字字形畧同而一則施畫于左一則在右以象此蟲在水中左右動舞不停之狀此雖後起之字然已見廣均中西夏制字時或即仿此等字例而擴充者歟

文法第三

西夏國書仿漢字之法為之而其文體則與漢文畧異其句法與日本文法頗相近茲分十端述之

一名字　夏國語凡實字聯用者多同漢文如下

□□天河　□□天火　□□天鼓　□□天德

□□天體　□□佛慧　□□梵語　□□漢語

□□□西藏語　□□□契丹語　□□番語

□□□張天錫　□□武威　□□骨勒 蕃姓

□□□觀世音　□□□得大勢

二代名字　凡代名字用法與漢文同舉例如下

□我　□□我等　□汝　□□汝等　□你

□他　□彼　□□彼等　□諸　□□諸天

□□諸佛　□象　□□四象　□自

□□自主　□己　□□己利　□此

□□此言□□此後□是□□是年□者□□書者□□告者□□爾時

又接讀代名字多居主語之後及動詞之前舉例如下

□所□□□□象知識所象所知識□□□

□□大精進所行所行大精進□者□□□

□七十者□□□□□凡君子者□其□

□□□其為名曰

其字獨踞讀首所字常位讀領者字以煞讀腳

三數字凡數字與名字聯用則數字皆在名字之前同漢文舉例如下

[illegible]一濁　[illegible]二日　[illegible]三界　[illegible]四季

[illegible]五行　[illegible]六根　[illegible]七寶　[illegible]八節

[illegible]九霄　[illegible]十地　[illegible]五常　[illegible]六藝

[illegible]一清　[illegible]二年　[illegible]三才　[illegible]四隅

[illegible]五墓　[illegible]六害　[illegible]七月　[illegible]八山

[illegible]九丘　[illegible]十句　[illegible]五色　[illegible]六親

[illegible]十二星宮　[illegible]正月十五日

[illegible]十八地獄　[illegible]白金五十兩

[illegible]三卄面　[illegible]五百由旬　[illegible]

[illegible]八百二十年　[illegible]千緡錢

[illegible]八萬四千塔　[illegible]二百億劫

又數字與形容字之[illegible]第字聯用時數字則仍居第字之前如第一作[illegible]一第卷第二十四作[illegible]卷二十四第是也

四動字　西夏文動字亦可分自動他動二種自動字若與名字聯用則多居名字之後與漢文同如下

[illegible]日出　[illegible]日沒　[illegible]風起　[illegible]風緊

[illegible]雨降　[illegible]風雨時下　[illegible]去年地震　[illegible]天曉　[illegible]山摧　[illegible]水漲

[illegible]天變

又他動字與名字聯用則他動字皆居名字之後與漢文異如下

開渠作□□渠開　修塔作□□塔修　鑿井作
□□井鑿　下雪作□□雪下　植木作□□木
植　和墍作□□墍和　運土作□□土運　說
法作□□法說　彈指作□□指彈　教被馬作
□□□馬被教　飲酒取樂作□□□□樂取酒
飲　雨寶蓮華作□□□□寶華淨雨
又凡他動字與代名字聯用則代名字皆在他動字
之前若法華經如是我聞作□□□□是如聞我
皆唱是言作□□□□皆是言唱
又凡二動字並行時則其第一動字皆在後如法欲
盡時作□□□□法盡欲時　皆能忍受作□□□

[illegible]皆忍受能　能轉不退轉法輪作[illegible]

[illegible]不退轉法輪轉能

五形容字　凡形容字與名字聯用則形容字多居名字之後舉例如下

白露作[illegible]露白　青霧作[illegible]霧青

黃金作[illegible]金黃　白虎作[illegible]虎白

黑豆作[illegible]豆黑　雙魚作[illegible]魚雙

清風作[illegible]風清　和風作[illegible]風和

大王作[illegible]王大　盛德作[illegible]德盛

又有形容字居名字之前者為形容名字舉例如下

巨蟹作[illegible]　寶瓶作[illegible]　羅雲作[illegible]

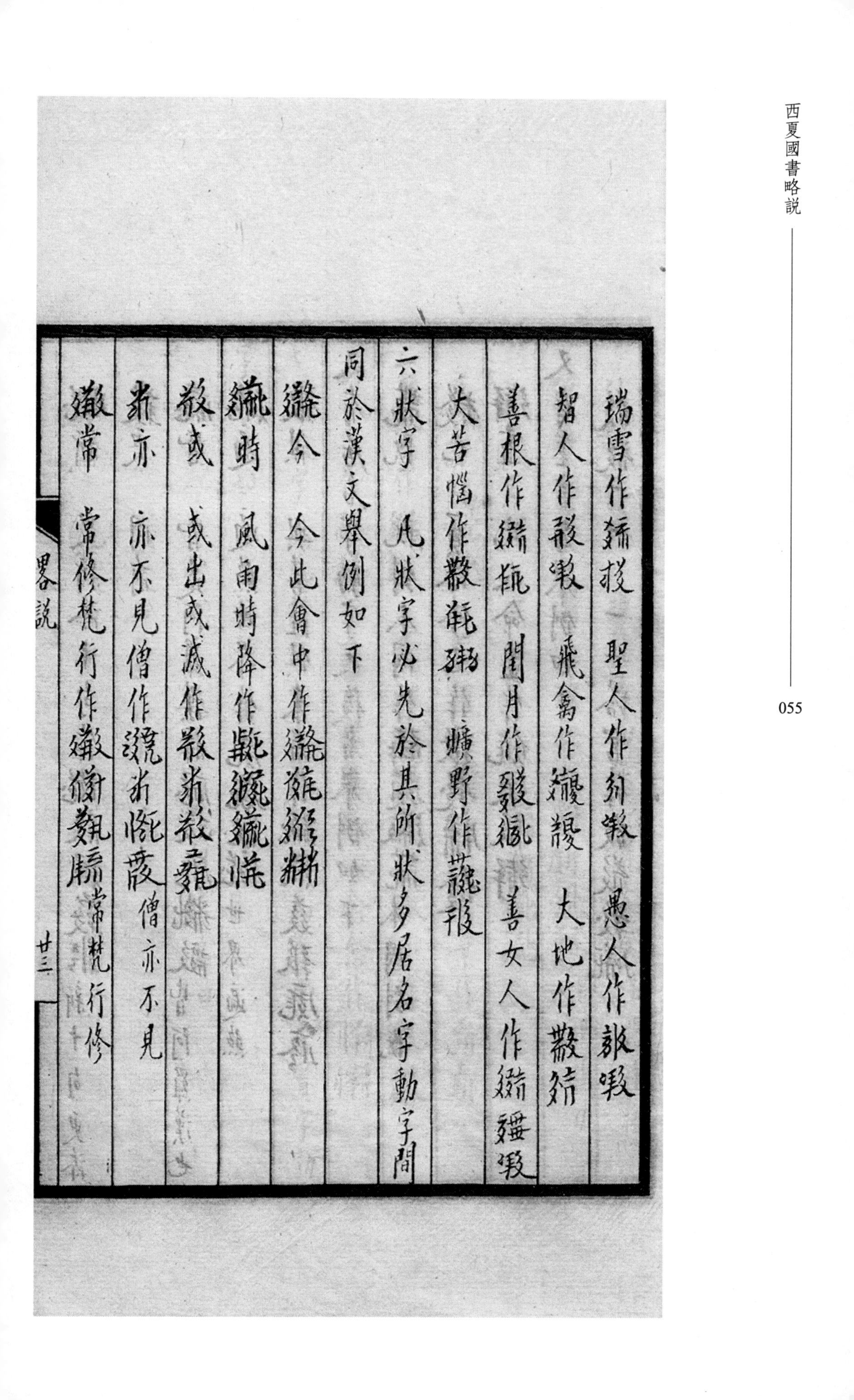

瑞雪作□□　聖人作□□　愚人作□□

智人作□□　飛禽作□□　大地作□□

善根作□□　閏月作□□　善女人作□□□

大苦惱作□□□　曠野作□□

六狀字　凡狀字必先於其所狀多居名字動字間

同於漢文舉例如下

□今　今此會中作□□□□

□時　風雨時降作□□□□

□或　或出或滅作□□□□

□亦　亦不見僧作□□□□　僧亦不見

□常　常修梵行作□□□□□　常梵行修

[illegible]新　更新添十句作[illegible][illegible][illegible][illegible][illegible]新十句更添

[illegible]更　同前

[illegible]皆　皆是阿羅漢作[illegible][illegible][illegible][illegible][illegible]皆阿羅漢也

[illegible]遍　遍照世界作[illegible][illegible][illegible][illegible]世界遍照

[illegible]俱　與菩薩俱來者作[illegible][illegible][illegible][illegible][illegible]

又有居名字動字之後者舉例如下

[illegible]既　既到本國作[illegible][illegible][illegible][illegible]本國到既

[illegible]已　寶塔修已作[illegible][illegible][illegible][illegible]

[illegible]盡　此人命盡作[illegible][illegible][illegible][illegible]

又有重言者舉例如下

[illegible][illegible]一一　一一塔宮作[illegible][illegible][illegible][illegible]

□□種種　種種法物作□□□□法物種種

□□漸俱　漸俱功德作□□□□漸俱德功

□□一切　一切衆生作□□□□

差異作□□　幾何作□□廢棄作□□

重重作□□　子細作□□微小作□□

丁丁作□□　諸處作□□念念作□□

七關係字凡關係字之於以與爲等皆居實字動字之後如日本語法舉例如下

□之　其名曰作□□□□其之名曰

我之二臂作□□□□

□於　施於佛僧作□□□□佛僧於施

於 於汝意云何作 汝意於何云
於 不失於物作 物於不失
以 以銀為葉作 銀以為葉
以慈修身作 慈以身修
以七寶為作 七寶以為臺
以 以是因緣作 是因緣以
與 與人爭鬪作 人與鬪爭
由 由此業力作 此業力由
在 罪在我身作 罪我在累
為 為衆說法作 衆為法說
為求聲聞者作 聲聞求者為

為利益諸有情故作[illegible]諸

情有為利益故

八接續字　凡虛字用以提承推轉字句者曰接續字除提起發端之辭多居實字之後蓋假借動字及狀字也其為用亦猶漢文舉例如下

[illegible]夫　夫以畫岳降畫作[illegible]夫以畫岳畫降

[illegible]今　今番文字者作[illegible]

[illegible]復　復次地藏作[illegible]

[illegible]并　并諸親戚作[illegible]

[illegible]及　或不與他人及己意亦不取作[illegible]

[illegible]或　[illegible]或他人不與及己意亦不取

[illegible]若　若於來世作[illegible]　若來世於

[illegible]或　設若作劉[illegible]　或做活業作[illegible]

[illegible]而　而以為果作[illegible]　彼之果為

[illegible]而　而白佛言作[illegible]　佛之言說

[illegible]則　則捨去宮殿作[illegible]　則宮殿去捨

[illegible]故　何以故作[illegible]　何謂也

[illegible]故　失其道故作[illegible]　道與違因

[illegible]故　是故汝等作[illegible]

[illegible]雖　雖然如此作[illegible]　此如雖是

[illegible]乃　我乃愚人作[illegible]

[illegible]乃　瑞相乃現作[illegible]

□從　從此前去作□□□□此從前去

凡語助字　凡虛字用以結煞實字與句讀者曰語助字此為漢文所獨有今考西夏字中若□□□□□□□□□□□□等諸字原無義意名語助字亦猶漢文之有虛字也其用甚弘今但以漢文繩之故多未洽并詳前虛字章中茲但舉其習見者為例如下

□也　是也是也作□□□□常見故也作□□□□

□也　不敢毀傷也作□□□□□□

□己　彼王讚嘆如來已作□□□□□□□□彼

王如來讚嘆已

□諸　永遺諸後作□□□後諸常傳

□乎　可謂孝乎作□□□　孝謂堪乎

十感歎字　凡感歎字悉如漢文法若善哉善哉作

□□□□大哉作□□於戲作□□之類是也

遺文第四

西夏文字傳世者㝡但有金石刻而已近十餘年歐

人始于我西陲得各種經文等茲就所知者錄之

一重修護國寺感應塔碑　此碑在甘肅涼州武威

大雲寺碑陰為漢文碑陽則西夏書金石續編始著

錄然多脫誤　家大人復校寫碑陽碑陰入　西陲石

刻錄我國人知西夏國書之狀皆根據是碑也碑建
于天祐民安五年甲戌正月當宋元祐九年正月四月
改元紹聖碑陽題名則尚無著錄者予與伯兄曾以十日
之力釋之十才得五六而已其首行標題曰白上護
國寺涼州感通塔之碑文弦西夏之稱白上宋遼金
三史西夏傳等均不載惟涑水紀聞卷十二有白下
告身語下字或為上字之譌可為此碑之證此言西夏事者所
未知故特著之

國朝嚴可均鐵橋金石跋曰西夏皆慶寺感通塔碑
右碑在涼州大雲寺西夏崇宗天祐民安五年立撰
人名泐缺張政思書并篆額金石家未著錄劉孝廉

師陸始訪得之碑兩面刻字正面西夏國書不可識以碑陰之正書互較而行字徵有參差亦難照釋國朝蒙古番部回部文皆從左而右西夏文獨從右而左碑陰云先后之朝又云二聖臨御按崇宗為惠宗長子惠宗七歲即位梁太后攝政是先后也崇宗三歲即位母后梁氏臨朝天祐民安五年當宋紹聖元年崇宗才十二歲母后尚未歸政是二聖也先后時西羌寇涼宋史畧而不書

二黑水河建橋祭神勅　此碑在甘肅張掖雖載入志書然自葉鞠裳太史視學甘隴時始傳拓之碑陽為漢文碑陰為夏國書或言為畏吾兒字葉氏未拓

全文惜不得寓目故此疑尚不能決漢文載西陲石刻錄碑立於乾祐六年丙申即宋淳熙三年也

三莫高窟造象記　此記在甘肅敦煌千佛洞至正八年五月立象之上下左右以漢文西夏蒙古梵文藏文六體書唵嘛呢叭𠺗吽六字記文徐星伯先生松曾載入西域水道記而遺諸體文字西陲石刻錄始備錄之

四居庸關六體刻經　此經元代所刻在居庸關闕內俗稱過街塔以漢文及西夏蒙古畏吾兒梵藏六體書之分刻於闕內東西兩石壁上前為大字乃陁羅尼後為小字則經文也漢譯不著經名西夏文標

為善哉成佛放無垢淨光陀羅尼之經蓋即宋北印度烏填曩國沙門施護所譯之佛頂放無垢光明入普門觀察一切如來心陀羅尼經是也其前大字漢譯陀羅尼自第一行至第十八行第十六字為今本上卷之偈自第十八行第十七字訖其末為今本下卷之佛頂無垢普門三世如來心陀羅尼與今藏譯音均有不同石多剥落日本西本願寺藏夏國書陀羅尼殘石一即得自石壁上者其文曰麻哈訥捺吾吒耶拔囉吽唵茲附印于卷後（殘石今藏旅順博物館）

五 西夏官印 鮑氏觀古閣吳氏兩罍軒並載蕃篆印筆畫頗簡而文皆重疊不可識前人皆不能定為

何代物　家大人亦得二西印辨其背文為西夏國書始定為西夏官印此等印背皆有刻字兩行印把上一字則知為上字吾家所藏一為元德二年一為乾祐二十四年鮑氏所藏一為元德三年一為丙戌十八年西夏紀年惟天盛乾祐二號逾十八年而天盛十八年正值丙戌則此印乃天盛時製也刻字率極草吳氏所藏不拓背文無由知其為何年也西夏篆書惟存此官印及感通塔碑額而篆體又別玆將家藏兩印橅附於書後以資研究諸家藏印詳見西夏官印集存

六西夏國書銅牌　此牌表裏有字上有穿可懸佩乃劉燕庭先生舊藏曾箸錄於吳氏攈古錄今在家大人許載以入歷代符牌圖今亦橅附書後錄

七西夏國書錢 傳世西夏蕃書錢凡四種其文曰[illegible]曰[illegible]曰[illegible]曰[illegible]今考之則是福聖寶錢毅宗李諒祚大安寶錢惠宗李秉常乾祐寶錢仁宗李仁孝天慶寶錢桓宗李純祐是也下三錢見諸家泉譜此為以前古泉學家所未知此悉撫印於册以告世之治古錢學者

八陀羅尼鏡 家大人藏西夏國書鏡打本一不知為誰氏所藏鏡之中央為佛象象之四周有文曰[illegible]即唵嘛呢叭𠺗吽唵啊吽九字反文西夏鏡之傳世者此外無所見也今亦印入册中以上八者並為吾國西夏遺文之僅存者

九添品妙法蓮華經　此經紺紙金書其首册有漢文簽題西夏譯添品妙法蓮華經光緒庚子法人毛理斯氏得其三册于我都下毛氏既據以作西夏字考並影印首葉序品第一自如是我聞至善入佛慧凡十又八行手書中法人貝爾多氏亦藏是經後三册安南河内東洋學院亦藏其第七卷殘本三紙字迹與毛氏所藏無殊經題亦同殆即一帙中佚出者也其第一紙爲今本據日本縮印大藏經本卷第六自常不輕菩薩品第十九始至爲求聲聞者止第二紙自同品優婆塞優婆夷以瞋恚意輕賤我故起至以爲因緣止第三紙自卷第七妙音菩薩品第二十三之而能

如是在所變現度脫衆生起至同品之終止按傳世法華經譯本凡四一晋竺法護譯正法華經十卷二晋譯薩曇分陁利經一卷三姚秦鳩摩羅什譯妙法蓮華經七卷四隋闍那崛多笈多等譯添品妙法蓮華經七卷（妙法蓮華經解傳序注作八卷）弘西夏譯本稱添品妙法蓮華經卷首載道宣弘傳序或是轉譯隋本者然於卷中仍署姚秦法師鳩摩羅什漢譯而不著崛多等名且卷第及品目與隋譯異與秦譯亦殊此疑竟不能決今見西夏僧普信序乃知是經原譯自秦本并酌採隋譯故將弘序冠諸經首其於卷第及品目之參差固非所計及者也

十河西字藏經　西曆一千九百零八年法大學教授伯希和博士于敦煌莫高窟得夏國書刻本殘經三冊後有漢文題記二行曰僧錄廣福大師管主八施大藏經於沙州文殊舍利塔寺永遠流通供養云云不能知為何經會王靜庵先生召予曰此必元刊本也日本善福寺藏元平江路磧沙延聖寺刊大宗地玄文本論卷三後有大德十年松江府僧錄管主八願文中云欽覩聖旨於江南浙西道杭州路大萬壽寺彫刻西河字大藏經三千六百二十餘卷華嚴諸經懺板至大德六年完備管主八欽此勝緣印造三十餘藏及華嚴大經梁皇寶懺華嚴道場懺儀

各百餘部焰口施食儀軌千有餘部施於寧夏等路寺院永遠流通故知伯氏所獲於敦煌西夏文經蓋即管主八所施西河字大藏三十餘藏之一并可證元人呼西夏字為河西字也然則元初自有重刊西夏字大藏適見仁和邵氏所藏西夏字經摺本每半番六行行十七字為華嚴經残卷即元刊大藏中物非西夏原刊也王說審矣

十一残佛經　日本大谷伯光瑞亦藏西夏國書残經四紙字均草率其一行間雜梵字西夏之有行草賴此寫本知之

十二掌中珠字書　西曆一千九百十年俄大佐柯

智洛夫氏于張掖掘得西夏國書刻本經冊十數箱中有漢語及夏國語對譯字書一冊計三十七葉名番漢合時掌中珠夏國書傍皆注漢字音漢字傍亦注西夏字音每字均兩對譯語及國音字四言駢列殆即宋史夏國傳所謂四言雜字者歟又其所得西夏畫像不少像之下方多有銘贊均以其國書書之今藏俄都亞細亞博物館自蓮華經以下四種皆外人所得他國不知尚有藏弆否茲僅據所知所見者記之以告世之同治斯學者

畧説

附録北平圖書館藏河西字藏經畧目 [illegible]

一 [illegible]

金光明最勝王經十卷殘 二部 十六册 梵帙

甲種缺卷二共九册乙種缺卷二卷三卷七卷八重卷五共七册館目自第一至第十六號

二 [illegible]

添品妙法蓮華經卷第二 館目第十七號 一册 同上

三 [illegible]

過去莊嚴劫千佛名經 館目第十八號 一册 同上

四 [illegible]

佛說佛母三法藏出生般若波羅蜜多經 卷第十八館目第十九號 一册 同上

五 金剛薩埵說頻那夜迦天成就儀軌經
卷第二館目第二十號 一冊同上

六 不空羂索神變真言經
卷第十八館目第二十一號 一冊同上

七 [illegible]
現在賢劫千佛名經卷上下
館目第二十二第二十三號 二冊同上

八 [illegible]
毒種陰王大孔雀經卷下館目第二十四 一冊同上

九 [illegible]
悲華經卷第九館目第二十五 一冊同上

十 [illegible]

大方廣佛華嚴經八十卷本殘 二部

甲種自卷十一至卷八十中間缺三十四冊 館目第二十六至六十一號存三十六冊

乙種竹紙自卷三十三至卷八十中間缺二十二冊重卷三十五水濕一冊館目自第六十二至八十八存二十七冊 共六十三冊 同上

十一 [illegible]

阿毘達摩順合正理本論卷第五上半部

又同經下半部 館目第八十九號及第九十號 二冊 同上

十二 [illegible]

經律異相卷第十五 館目第九十一 一冊 同上

十三 [illegible]

慈悲道場懺悔法十卷殘

此經十卷但缺卷二 館目第九十二至一百號　九册　同上

蘇聯亞細亞博物館藏西夏文經籍目録

一 [illegible] 大般若波羅蜜多經

二 [illegible] 佛說長阿含經

三 [illegible] 金剛般若波羅蜜多經

四 [illegible] 大寶積經

五 [illegible] 大方廣佛華嚴經

六 [illegible] 華嚴普賢行願品

七 [illegible] 金光明最勝王經

八 [illegible] 妙法蓮華經

九 [illegible] 大般涅槃經

十 [illegible] 佛說寶雨經

十一 [illegible] 現在賢劫千佛名經

十二 [illegible]

佛說佛母出生三法藏般若波羅蜜多經

十三 [illegible] 拔濟苦難陀羅尼經

十四 [illegible] 維摩詰所說經

十五 [illegible] 佛說瞻婆比丘經

十六 [illegible]

七佛八菩薩所說大陀羅尼神咒經

十七 [illegible]

觀彌勒菩薩上生兜率天經

十八 [illegible] 大莊嚴論經

十九 [illegible] 大乘阿毘達磨集論

二十 [illegible] 寶藏論

二一 [illegible]

佛頂心觀世音菩薩大陀羅尼經

二二 [illegible] 慈悲道場懺悔法

以上佛經悉同漢文譯本

二三 [illegible] 五部經

二四 [illegible]

聖勝慧到彼岸八千頌經

以上佛經移譯自西藏文者

二五 [illegible] 論語

二六 [illegible] 六韜

二七 [illegible] 貞觀政要

二八 [illegible] 類林

以上漢經漢籍

二九 [illegible] 蕃漢合時掌中珠

三十 [illegible] 韵統

三一 [illegible] 文海雜類

三二 [illegible] 文海寶韻

三三 [illegible] 雜字

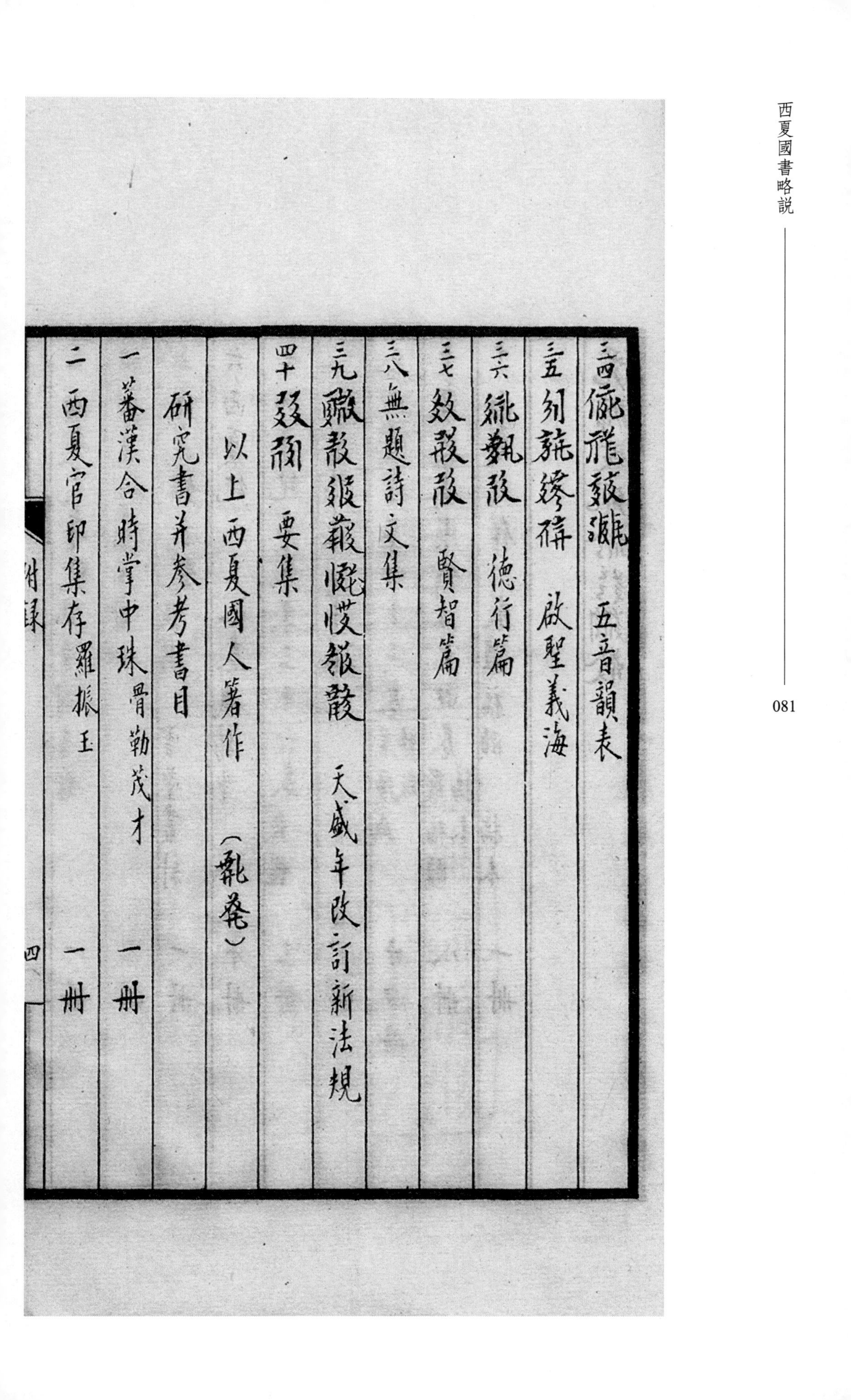

三 西夏文專號 北平圖書館 一冊

四 西夏研究 王靜如 三冊

五 西夏姓氏錄 張澍 雪堂叢刻 一冊

六 西夏紀二十八卷 戴錫章 十冊

七 西夏紀事本末三十六卷 張鑑 三冊

八 西夏文綴 王仁俊 一冊

九 西夏書事四十二卷 吳廣成 絕版 廿四冊

十 宋史夏國傳注十四卷 羅福頤 稿本 八冊

十一 西夏文存一卷 羅福頤 稿本 一冊

[illegible]

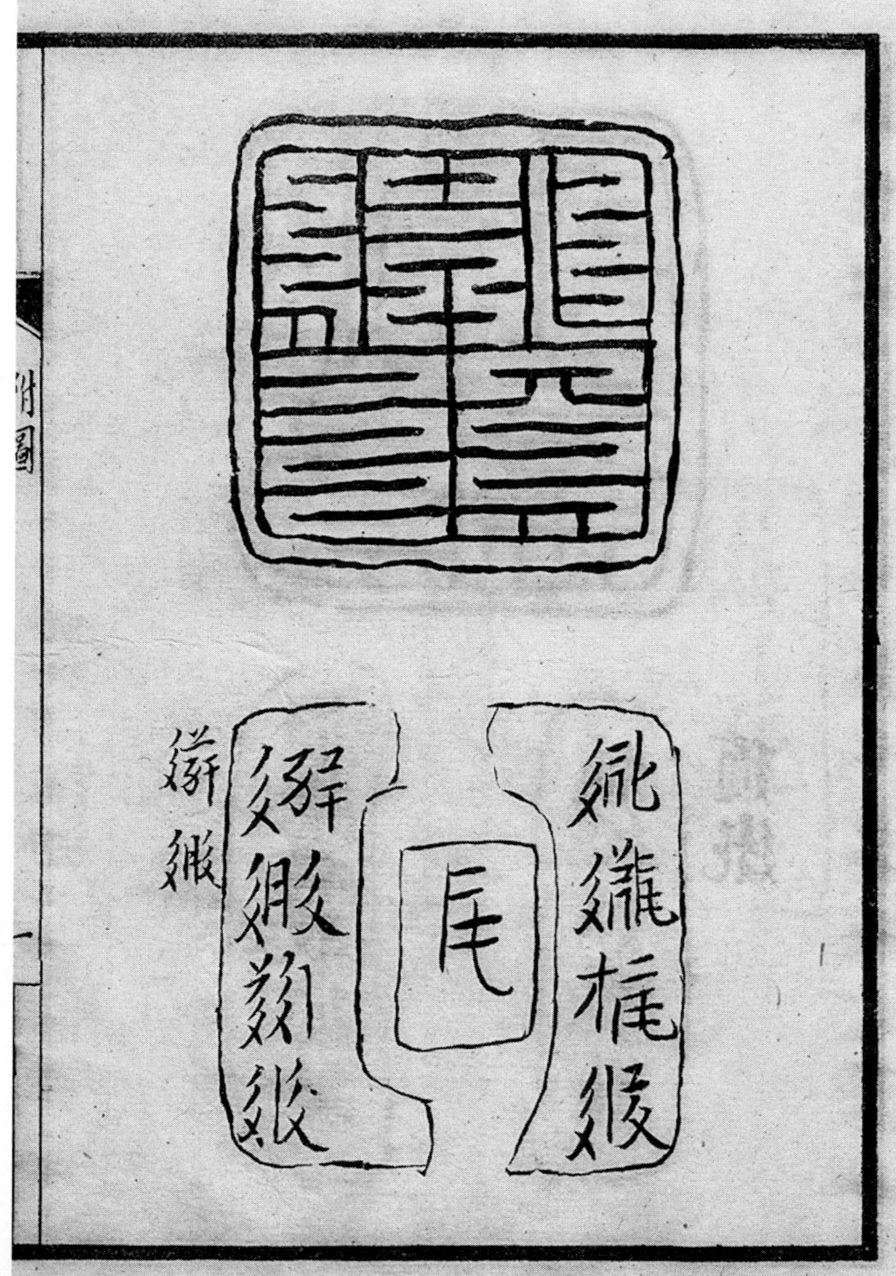

084

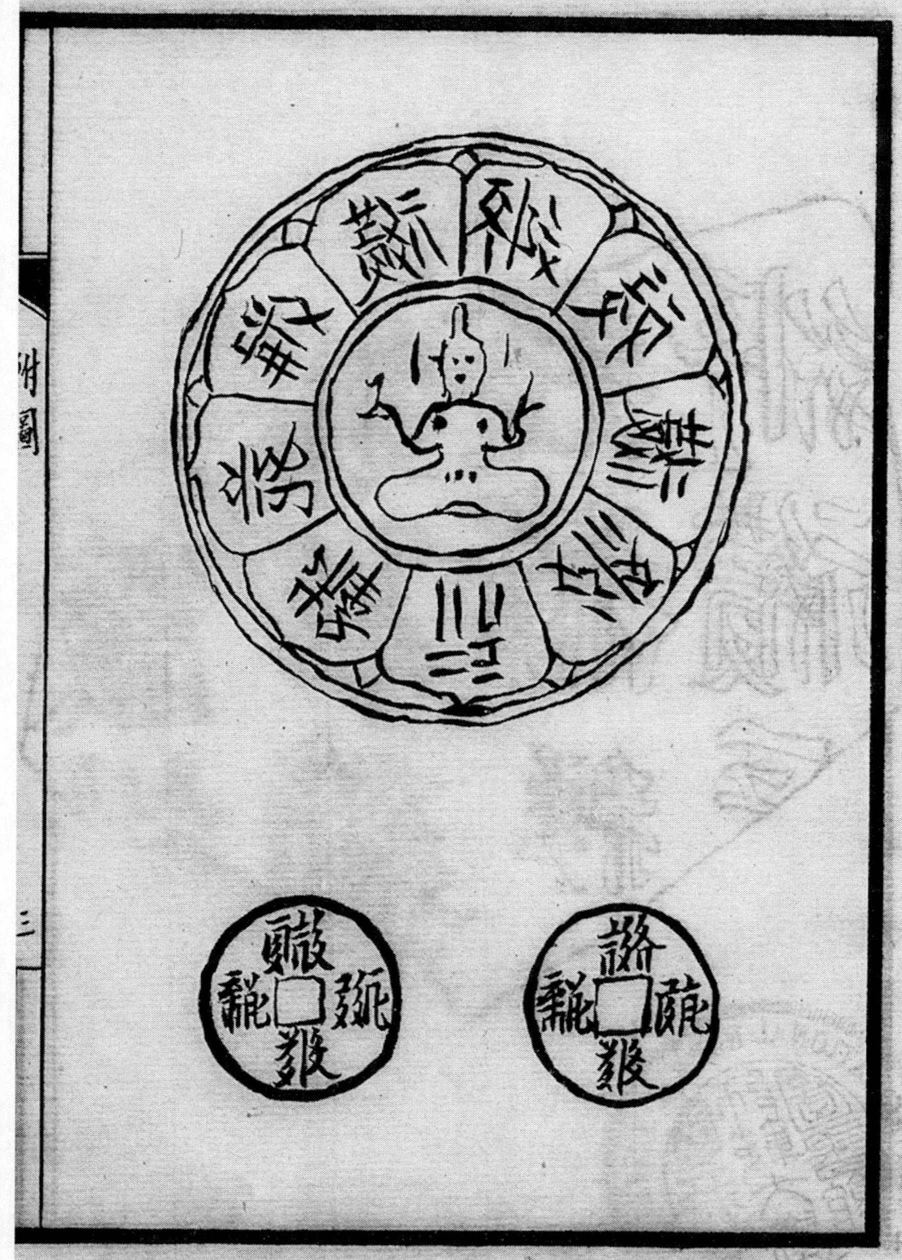

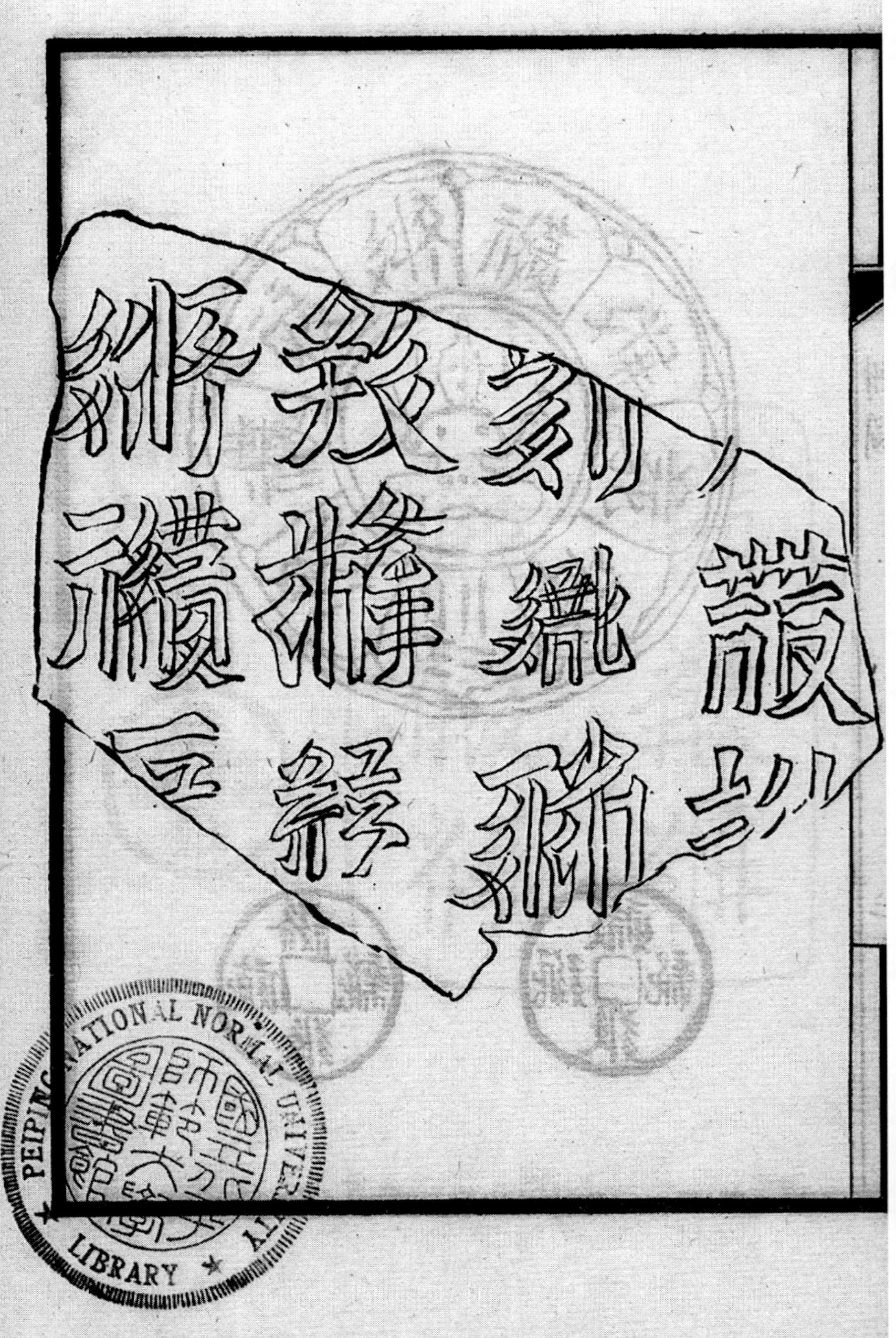

新編藏漢小辭典

上册

楊質夫編

民國二十一年（一九三二）

༄༅། །གསར་བསྒྲིགས་རྒྱ་བོད་
མིང་གི་རྒྱ་མཚོ་བཞུགས་སོ།།

བམ་པོ་དང་པོ།

新编
藏汉小辞典

上册

黎 序

我们要開發西北非喚起西北人自己起來開發不可西北的重要分子就是蒙藏同胞我们要喚起蒙藏同胞非使蒙藏同胞都能說漢話能識漢字不可我们要蒙藏同胞都識漢字我们自己非先識蒙藏文字不可

青海蒙族語言文字多與藏人同化是專識藏文已可溝通兩族感情況當拉薩以西尤與英境毗連那末藏文的應當研究在青海不更重要嗎

英人對於藏文之研究已在數十年前藏英字典有達氏的有夜氏的早已通行世界而我们本國至今尚無藏漢字典已覺瞠乎其後我们研究藏文尚須從藏英字典中討出路豈不令人愧死

我们社中本想出一部藏漢大字典以作溝通西北文化的工具一則印刷費極不易

籌齊一則一時技術尚未完備只好稍後再行付印

覺著現在編成的藏漢小字典於漢人初學藏文的最為方便我們的大字典一時既難出版這部小字典似應早日付印今幸勛公主席提倡由省府出資印行這也是學藏文的大好機會了

不過這本字典中有錯誤及不確當應行更改補正之處應請 識者詳加指正以便逐漸改良那就是本社所至幸而切感的

湘潭黎丹二一，一二，一于青海藏文研究社

青海省政府印刷局印

自序

西藏文字源於梵文唐貞觀十五年文成公主下嫁吐蕃其王贊普羨慕中國文明遂發憤為雄立十善之律建修佛寺遣其臣通密纖布札赴印度精研文字學成旋藏根據梵文五十字母損益剏造遂成字音三十母音四其所剏添上添下前置後置等拼音方法梵文所無也又復翻譯八轉聲等為文法西藏文字于焉大備厥後迻譯梵典闡揚佛法宏演廣布之功不遜於梵而西藏文字亦因是成現代獨立之文字矣

晚近列強各國無不注意此世界秘密之西藏或欲強佔其地得其寶藏或欲親歷絕險探討實際或欲窮究內典尋求哲理要皆以通文為先導以故近自日俄遠迄英法德美均不乏研究之士藏文辭書之編輯早在數十年前經典史籍之翻譯亦數見不鮮反觀西藏之隸屬我國已歷千年關係密切自不待言惟是歷代以來政府對於邊疆率以羈縻懷柔為政策而於民族感情之聯絡文化之溝通罔知顧及故雖歷時千年而感情之乖離思想之歧異一如往昔良可

歟也

民國成立五族共和國內民亟應一律平等然欲實現真正共和達到一律平等之目的非使感情融洽思想統一不為功故在今日之中國而言溝通民族文化實當前切要之圖也本師湘潭　黎雨民先生早年灼見及此於民國七八年間即從師研究藏文十三年創設西寧番文研究會徵求會員編者即從先生學先生於教授之暇手編藏文文法暨字類表式多種復命同學抄寫藏漢經籍名辭以為編輯字典之初步十六年得英人達氏所編英藏辭典欲譯漢文以資參考遂於是年冬橐筆赴京從事翻譯歷時一年始克竣事惟原書收羅較富不適於初學檢查之用且篇幅繁多印刷亦非易事編者於襄助翻譯之餘擇其普通應用之字數千益以蒙藏字典四體合璧及藏籍中常見之字共一萬以上錄成小帙原為個人自備檢查便利計二十年春奉命赴藏求學抵西寧以病纏道阻未能即往先生命組織青海藏文研究社并促將小本先行付印本年冬青海省政府

青海省政府印刷局印

馬主席勛臣與以資助囑即刋行問世編者自慚譾陋
未臻完善兼因付印倉卒未能細加校閱訛誤之點
所在難免尚希　　博雅君子不吝賜教俾再版
時增改完善為幸多矣是為序

21.12.1. 於青海藏文研究社

青海省政府印刷局印

例　言

一、本書專供漢人研究藏文或藏人研究漢文時檢查之用。

二、本書之編輯，以普通實用為目的；故取材之標準，以普通應用之字詞為限，凡專門名詞佛學術語概不攔入。

三、藏文單字不過五千，通常應用者，兩字以上之辭為數較多，本書採取兩字以下之辭字約一萬左右，註以漢文字義，其三字以上之辭概不列入，故定名為藏漢小辭典。

四、藏文較難之點，厥為動詞之變化，本書對於動詞之時間及性質，分析綦詳，一經檢出，即可瞭然，惟詳細解釋，大半列於現在時動詞之後，請閱者注意；

五、藏文拼音稍繁，非有相當時間，不能拼讀正確；且藏文為複音字，不能以漢文注音。此書在學習拼音以後，始可檢查；

故關於拼法一項，概未列入。

六、本書檢查之順序，以三十字根為先後，以藏文拼法為次序，今以ཀ字舉列如下；

ཀ་ཀྱ་ཀྲ་ཀླ་ཀྭ་དཀ་དཀྱ་དཀྲ་བཀ་བཀྱ་བཀྲ་བཀླ་རྐ་རྐྱ་སྐ་སྐྱ་བརྐ་བརྐྱ་བསྐ་བསྐྱ་བསྐྲ 餘類推。

七、本書材料，多半取自達氏英藏字典；而四體合璧文鑑，蒙藏字典，及其他藏文辭書，亦嘗作參考，特此聲明。

八、本書編者，學識譾陋，普通單詞既未能儘量搜集，而漢文註釋，亦頗多有未盡未當之處，倘蒙博雅君子，切實評正，不勝歡迎。

二十一年十二月一日編者謹識

青海省政府印刷局印

藏漢辭典

上冊

༄༅། །སྐུ་གསུམ་འགྲོ་བའི་སྐྱབས་གཅིག་ཉམས་གཙང་
སྲས། །སྐུ་བརྟུའི་མཐར་སོན་འཛམ་མགོན་སྨྲ་བའི་ལྷ། །
སྐུ་སྙིང་རྒྱན་གྱུར་སློན་ཏྲིན་མཁས་རྣམས་ལ། །སྐུ་ལ
ལུས་ཕབ་གུས་པས་ཕྱག་འཚལ་ལོ། །བློ་གྲོས་བཟང་
པོས་རབ་དཀར་དགེ་ལ་འདུན། །རབ་འབྱམས་གཞུང་
ལུགས་གཟིགས་པའི་སྤྱན་སྟོང་བཀྲ། །བྱམས་བརྩེ་བདག
ཉིད་མཚུངས་མེད་རྡོ་རྗེ་ཅན། །དྲིན་ཅན་བླ་མ་དག་ལ
ཕྱག་བགྱིས་ཏེ། །གཞུང་བརྒྱའི་སྒྲ་ཚོགས་མདོན་བརྗོད
ཆུ་ཕྲན་འབུམ། །གཅིག་ཏུ་འཁྱིལ་བ་མིང་གི་རྒྱ་མཚོ
ཆེ། །སྐལ་བཟང་གཉིས་སྐྱེས་དགའ་བའི་གཞིར་གྱུར
པ། །ཚུལ་འདི་བསྒྲུན་ལ་བདག་ཡིད་སྤྲོ་བས་དྲངས། །
ལེགས་ཉེས་འོ་ཆུ་འབྱེད་པའི་རྣམ་དཔྱོད་ཅན། །དད་
བརྩོན་འདབ་ཟུང་གཡོ་བའི་ལུས་དཀར་ཚོགས། །
སྐྱོན་མེད་ཡིད་བཞིན་རྒྱ་མཚོ་འདིར་ཞུགས་ལ། །ལེགས
པར་བཤད་པའི་དགའ་སྟོན་སྤྱོད་བར་རིགས། །

青海省藏文研究社編

青海省政府印刷局印

ཀ

ཀ〔名〕1.根本．如 ཀ་ནས་དག་པ 根本清淨． 2.能力．如 མི་འགྲོ་ཀ་མེད 不能不去． 3.此字可作接尾語，加於陽性 རྗེས་འཇུག 之後，如 སྐབས་ཀ，གཉིས་ཀ，དངོས་ཀ．

ཀ་ཀ〔名〕1.烏鴉；鴉鳴聲． 2.糞；屎．（撫育小孩用語）

ཀ་ཀ་ར་ཏ〔名〕胡瓜．

ཀ་ཀོ་ལ〔名〕益智子．（葯名）亦作 ཀ་ཀོ．

ཀ་ཁ〔名〕1.字母 ཀ་ཁ་པ 初學字母小孩童． 2.羽毛（秘密語）

ཀ་ཅ 亦作 ཀ་ཆ〔名〕1.貨財；財產． 2.動產；器具．

ཀ་ཅེ 俗語 ཀ་ཛེ〔名〕一種白粗棉布． 2.棉紗．

ཀ་ཅི་ལ〔名〕1.花名． 2.一種植物．

ཀ་ཛྙེ＝ཀ་ཅེ．

ཀ་ཆ 參看 ཀ་ཅ．

ཀ་ཙུག〔副〕1.如此；似彼 2.依照 ཀ་ཙུག་མཛོད 義為 དེ་ལྟར་བྱེད 像那樣做；照那樣做．

ཀ་ཏ〔名〕母親．（秘密語）

ཀ་ཏ་ཀ〔名〕樹名．（可作葯用）

ཀ་ཏ་ར〔名〕花名．

ཀ་ཏྲ = རེའུ་མིག [名] 縱橫交叉線所形成之方格；方格表.

ཀ་ཏན = རས [名] 棉布.

ཀ་ཏོ་ར = གཞོང [名] 皿；盆.

ཀ་ཐོ, ཀ་ཁའི་ཐོ [名] 1.字母記錄本. 2.指數. 3.索引.

ཀ་ཐོག [名] 西康一著名紅教寺院名.

ཀ་དག, ཀ་ནས་དག་པ [形] 根本清淨. 據佛舊派言：
此字義為 སྟོང་པ་ཉིད "空"

ཀ་དམ་པ [名] 樹名.

ཀ་སྡེ [名] 藏文字字母之第一組，即 ཀ་ཁ་ག་ང 四字.

ཀ་ན་ཀ [名] 金.

ཀ་གནམ [名] 西藏地名. 在ཁང་པོ之東北.

ཀ་པ་ལ [名] 1.頭蓋. 2.頭蓋骨作成之盌.

ཀ་པི [名] 1.樹膠；松香. 2.無花果樹. 3.蘋果樹. 4.雄黃.

ཀ་པིད [名] 1.葫蘆. 2.作葯用之果實.

ཀ་ཕ [名] 樹名.

ཀ་འཕན [名] 用以飾柱頭之絲縫或綉花絲

ཀ་བ [名] 1.柱子；圓柱；據ཀ་གཞུ 柱頭. ཀ་རྡོ 柱石. ཀ་ཟེར
柱頂. 2.止飢渴等之秘法(密教瑜伽六法之一) 3.

青海省政府印刷局印

腹內之大脈管; 胸旁之氣管.

ཀ་བེད [名] =ཀུ་བ 葫蘆.

ཀ་མ་རྗི [名] 一種可作藥用之植物.

ཀ་མ་རུ [名] 玉石 རྡོ་ཀ་མ་རུ 大理石.

ཀ་མ་ལ [名] 1.荷花. 2,河名.

ཀ་མ་ལི [名] 極銳利之刀.

ཀ་མིག [名] 十二尺平方之地, 周圍有四柱.

ཀ་མེད [形] 無能力; 無法可設.

ཀ་རྩོམ [名] 每句首字以字母次序排列之詩文或頌詞.

ཀ་རྩ་མ [名] 野燕麥之一種, 其質在蕎麥之上, 大麥之下.

ཀ་ཚལ [名] 拉薩東之一地名.

ཀ་གཞུ [名] 1.木柱之柱頭. 2,柱上用以承樑之弓形木板.

ཀ་ར [名] 1,糖. བྱེ་མ་ཀ་ར 砂糖 ཤེལ་ཀ་ར 冰糖. 2,探針.(醫用) 3,插入瘡口之藥布.

ཀ་ར་ད [名]鳥名, 其鳴聲似鼓音.

ཀ་ར་ཟད [名] 豬之食物.

ཀ་རས [名] 一種棉紗.

ཀ་རུ [動] 劈 [形] 白的.

ཀ་རེ 或 ག་རེ 西藏東部通用ག་རེ 甚麼？那一個.

ཀ་ལ་ཀ [名] 1.水壺；水瓶，2.大水缸.

ཀ་ལ་པིང་ཀ [名] 頻迦鳥.

ཀ་ལག [名] 1.泥. 2.代石灰用之泥與水.

ཀ་ལམ་པ [名] 1.鍋菜.(可煮食之菜) 2.野苣 3.一種可作藥用之植物.

ཀ་ལི 1.通常用以替代梵文之ཀཱ་ལི，參看ཀཱ་ལི. 2.ཀ་པ་ལི之縮寫 [名] 頭蓋.

106 ཀ་ལི 或作 ཀ་ལིབ [名] 馬鞍布.

ཀ་ཤ = སྤང་རྩྭ [名] 一種草；一種菌.

ཀ་ཤི་ཀ [名] 一種上等紗；地名.

ཀ་ཤིས 為ཀ་ཤི་ཀའི་རས之縮寫. [名] 棉布.

ཀ་ས 為ཀ་ས之俗寫 [形] 清楚；明白；白淨；清潔.

ཀཱ་ལི = ཀ་ཕྲེང [名] 藏文之子音(即三十字母以ཀ字為首故名)

ཀག [名] 1.與ཀག་མ同義，災難；不幸；危險；損傷.

ཀང་ཀ [名] 1.鷺；鶴. 2.西藏之一種食屍鳥，亦稱[illegible]

ཀད 有時用以代接尾字ཀ，如གཉིས་ཀད，གསུམ་ཀད.

ཀད་པ

青海省政府印刷局印

ཀན (1)參看 ཁན [名] 邊;岸. ཕ་ཀན 彼岸. 2,[名] 1,上顎. 2,疾. 3,强奪. 4,刺. 5,煩苦. 6,病.

ཀན་རྟ

ཀབ་ཀོབ = ཀོ་བ་ཚོང་པོ [名] 1,皮革. 2,未硝之皮.

ཀབ་ལྷམ [名] 1,靴;鞋. 2,西藏富人所穿印度式之皮鞋.

ཀ་ཞ [名] 西瓜.

ཀར [名] 大痛苦;苦楚.

ཀར་སྐྱིན [名] 貸金.(客氣語)見 སྐྱིན་པ.

ཀར་རྒྱལ [名] 一龍名.

ཀར་ཆག 亦寫作 དཀར་ཆགས [名] 1,目錄;索引. 2,字母記錄本. 3,表

ཀར་མ = འཕྲིན་ལས་或 ལས [名] 1,工作;職務. 2,所作之事業.

ཀར་མ་པ [名] 佛教中之密宗.

ཀར་སྣུག 或 ཀ་ར་སྣུག་པ [名] 褐色糖或糖漿.

ཀར་ཡོལ 或寫作 དཀར་ཡོལ [名] 1,磁器. 2,磁碗;磁杯.

ཀར་ཞུབས [名] 盌蓋;杯蓋.

ཀར་ས [名] 磚茶, 或名為 ཇང་ཇ

ཀྭ་འཇེ = ཀྭ་ཇེ [名] 1,襯衣. 2,中國;短衫;褂子.

ཀྭ 或 ཀྱེ [歎] 喂,呵. ཀྭ་ཡེ་གྲོགས་པོ 喂;朋友.

ཀྭ་ཡེ [歎] 呼喚下人之詞.

ཀི་ཀི [名] 祈禱時之忠告聲.

ཀི་ཀང [名] 1.野蒜. 2.土主神名.

ཀི་གུ [名] 1.鉤 2.母音第一符號 ི 之名(因其狀似鉤故名)

ཀི་ལྡིར [名] 尖銳之喊聲; 兇惡之號叫.

ཀི་ཙི [動] 輕觸使發癢.

ཀིང་ཤུ་ཀ [名] 1.一種花. 2.有美麗花之樹.

ཀི་མ་པ 亦作 ཀི་མ་ཡ་ཀ [名] 美而味苦之果.

ཀི་མ་པ་ལ 或 ཀི་བ་ལ [名] 1.樂器. 2.鐃鈸.

ཀི་ཙ [名] 一種小紅蒜, 似紅蘿蔔.

ཀི་ལ =ཀ་ལེ [副] 慢; 緩.

ཀུ [名] 妖精; 魔神. [動] 1.叫喊. 2.呻吟

༣ ཀུ་ཅོ [名] 聲音; 喧嘩.

ཀུ་ཤེར =མཐོ་རིས་རླུང [名] 1.和風. 2.天上之風.

ཀུ་བ 或 སྐུ་བ, [名] 1.瓜. 2.葫蘆.

ཀུ་མུ་ར =གསེར་མཆོག [名] 金葉.

ཀུ་མུད [名] 月式之荷花.

ཀུ་ཛ [名] 1.樹. 2.生於地上者. 3.火星.

青海省政府印刷局印

ཀུ་ཡ [名]小便之渣.(西藏醫生檢此以辨病症)

ཀུ་རེ 或 ཀུ་རེས [名]詼諧；消遣；娛樂.

ཀུ་ཤ [名]古沙草；莖長而多尖葉之草(作藥用)婆羅門教中聖草)

ཀུ་ཤུ [名]1.蘋果. 2.香櫞之一種.

ཀུ་འབོད [名]僧侶祀神時所喊之尖銳聲.

ཀུ་ཧུ [名]印度杜鵑之鳴聲.

ཀུ་ཧང [名]羊；山羊.

ཀུག [形]彎曲的. [名]鈎子.

ཀུག་ཀུག [形]彎曲的；不直的.

ཀུན [形]總共；全體；全；一切.

ཀུན་དཀྲིས = ཉོན་མོངས [名]1.纏；束縛一切者. 2.煩惱；不幸；苦楚. 3.腐敗；道德敗壞；罪.

ཀུན་སློང [形]擾亂的；感動的. [動]感動；搧惑.

ཀུན་མཁྱེན = ཐམས་ཅད་མཁྱེན་པ [名]全知者；一切知(佛名號之一)

ཀུན་འཁྱམས [名]浪蕩者；化緣者；乞丐.

ཀུན་དགའ [名]1.娛樂；衆喜.

ཀུན་ཆིངས [形]時時束縛的,即愛神.

ཀུན་བཅོམ [形]克服的；逼制的；制服.

ཀུན་ཆུབ, ཤེས་རབ [名] 知慧；至善. [形] 了解；通達.

ཀུན་འཇུག [形] 聚集；與全體調和.

ཀུན་འཇོམས [名] 1,克復者；征服者；制伏者；用以克服之物. 2,思慮. 3,集中.

ཀུན་ཏུ [副] 1,全部；到處；各方. 2,繼續；不斷.(時間)

ཀུན་རྟོག 與 རྣམ་རྟོག 同 [名] 虛妄,分別. 2,幻想.

ཀུན་བརྟགས [名] 觀念與思想之結合.

ཀུན་བརྟེན [動] 支持. [形] 忽略.

ཀུན་བསྟེན [動] 1,依賴. 2,辭去. 3,崇拜.

ཀུན་དོན [名] 公共之康寧；大家之利益；一切原因.

ཀུན་གདུང [名] 使一切煩惱者；情熱者；男女愛情之神

ཀུན་བརྡུང [名] 暴戾者；暴君.

ཀུན་འདྲེན [名] 一切之引導者.(佛之名號)

ཀུན་ནས 或 ཀུན་ལ [副] 從各地或各方；從一切. [形] 圍繞；全部；完全.

ཀུན་སྤྱོད [名] 1,常練習之事. 2,通常或習慣之工作. 3,習慣.

ཀུན་འབྱུང = ཉོན་མོངས་པ [名] 1,集；痛苦. 2,罪；煩惱.

ཀུན་སྤྱོར [名] 放縱；淫欲.

青海省政府印刷局印

ཀུན་སློངས [名] 錯誤；大錯.

ཀུན་རྫོབ [名] 世俗.

ཀུན་གཞི＝སེམས་ཉིད [名] 1.阿賴耶. 2.基礎. 3.心.

ཀུན་གཟིགས＝ཀུན་ལ་ལྟ་བ [名] 能見一切者；認識一切者；全知者；觀察一切者.

ཀུན་བཟང [名] 普賢；至善.

ཀུན་བཟོད＝ས་གཞི [名] 全忍耐的；地球.

ཀུན་རིག [形] 全知的. [名] 神名；有學知的人.

ཀུན་ལ [副] 對全體；到各處.

ཀུམ་པ [形] 彎曲；縮綹.

ཀུམ་པོ [形] 自卑；諂媚. [名] 自卑者.

ཀུར་ཏི [動] 催迫.

ཀེ་ཚེགས [名] 天文學上所認為某一時期不利之方向.

ཀེ་ཀྲུ [名] 1.西藏之一種民族. 2.西藏之一種蒜. 3.洞穴. 4.淺處.

ཀེ་ཀྲུ་ཏེ, ཀེ་ཏེ [名] 中國式之短衫.

ཀེ་ཀྲུ་ཚང [名] 庫藏；儲藏所.

ཀེ་ཡ [名] 惡行；不義.

ཀེ་ཤ [名] 1.髮. 2.鬃.

ཀག = བར་ཆད, [名] 危險；意外之事.

ཀང་རུས [名] 骨骼.

ཀང་ཤུ་ཀ [名] 常綠樹.

ཀར་ཀྲོ [名] 鐃鈸；樂器.

ཀར་ཀྱིས [副] 忽然.

ཀར་བ [動] 升起；舉起.

ཀོ, ཏེ [形] 1,一樣 2,這一樣 འདི་ཀོ=འདི་ཏེ. ད་ཀོ=
ད་ཏེ. [副] 完全；統共.

ཀོ་ཀོ 亦作 ཀོ་སྐོ, ཀོས་ཀོ, ཀོས་ཀོ, [名] 1,下頦. 2,喉；頸

ཀོ་ཙུ [形] 清淨；清潔.

ཀོ་ཀྱད [名] 舊靴鞋之爛皮，皮鞋.

ཀོ་སྐོ 見ཀོཀོ.

ཀོ་ཁུག [名] 皮夾；小皮袋（錢袋）

ཀོ་ཁྲལ [名] 皮条篩.

ཀོ་གྲུ [名] 皮船.

ཀོ་ཐག [名] 皮帶；皮条或皮繩.

ཀོ་ཐལ [名] 1,煤渣. 2,灰燼.

ཀོ་གདན [名] 1,皮毡；皮墊. 2,皮纓.

青海省政府印刷局印

ཀོ་མདའ [名] 皮箭；皮束之箭.

ཀོ་ཕྱིང [名] 皮製之盒.

ཀོ་ལྤགས [名] 1.革. 2.已硝之皮.

ཀོ་སྤྱིན [名] 膠；皮膠.

ཀོ་ཕངས [名] 六絃琵琶.(通常以牛肚皮製成)

ཀོ་ཕོར [名] 皮杯；皮碗.

ཀོ་བ [名] 1.皮；革.(牛馬的) 2.皮船.

ཀོ་རྒྱབས [名] 完整之皮.

ཀོ་འབྲུགས [名] 1.錐子. 2.縫皮之三稜針.

ཀོ་ཙེ, ཇ་བཙྲུད་པ [名] 磚茶.

ཀོ་རེ, ཀོར [名] 杯.

ཀོ་ལ [名] 生於皮中之蠐螬；皮蠹.

ཀོ་ལོང [名] 1.煩擾 2.不滿足. [動] 恨；忌；嫉惡.

ཀོག་པ [名] 1.蓋；封套. 2.八十五歲以上之老人稱為ཀོག་པ. [動] 1.劈. 2.碎成小片.

ཀོང 1.ཀོང་ཀོང [形] 陷下；挖空. 2.ཀོང་བོ, ཀོང་ཟླ 1.杯；泥罐. 2.多山谷之處.

ཀོང་ཇོ [名] 公主.(與吐蕃王蘇龍贊甘布結婚之文成公主)

ཀོང་བུ [名] 1,小杯形之黃銅器；淨水碗. 2,燒油之銅器.

ཀོང་མོ [名] 1,洞. 2,溝.

ཀོད [動] 煎熬.

ཀོན་པ 亦稱 ཀོན་པ་གབ་སྐྱེས [名] 藥名；生於石縫中之一種植物.

ཀོབ་ཀོབ 與 ཀབ་ཀོབ 同 [形] 揚皮革時所發之聲.

ཀོམ་པ [動] 硝皮.

ཀོམ་པ [名] 已硝之軟皮；革.

ཀོར 與 སྐོར 同, 用作 ཚིག་གྲོགས 即接尾字, 如 ལྟོད་སྐོར, ཡོད་ཀོར

ཀོར་ཀོ [動] 盤繞.

ཀོལ་ས 參看 འགོལ་ས 或 གོལ་ས.

ཀོས་ཀོ [名] 1,下頷. 2,喉. 3,氣管.

ཀྱུ་ལུ 或 གྱུ་ལུ [形] 小的.

ཀྱག 或 ཀྱག་ཀྱག [動] 阻礙他人工作(因怨恨) [形] 厚的；客的.

ཀྱག་ཀྱོག 或 ཀྱོག་ཀྱོག [形] 1,半圓的. 2,彎曲的；不直的.

ཀྱང I ཀྱང་ཀྱང 或 ཀྱང་པོ [形] 1,直的；公正的. 2,細長如棍

雖然；雖則；亦；仍然.

ཀྱང་ཀྱོང [形] 偷安；懶惰.

ཀྱར་ཀྱོར [形] 病後仍虛弱之狀.

青海省政府印刷局印

ཀྱལ, འཁྱལ་ཀྱལ [名] 1.談笑. 2.滑稽態度. [形]長而平；非圓的.

ཀྱལ་ཀ [名] 1.笑談；諧謔. 2.奸計.

ཀྱལ་པ [名] 1.空虛. 2.無為之談. 3.無意識.

ཀྱི (1)[連] 的,用於添後字ད,བ,ས 之後,與གི་གྱི་འི་ཡི同義

(2) 此字通常表示對偶,如"雖然"之後,加一 然而.

(3) 聯合助動詞與動詞之根,形成一常用之現在式如བྱེད་ཀྱི་ཡོད.

ཀྱི་སྒང [名]肘.

ཀྱི་ལྕེ [名]一種藥草.

ཀྱི་ཧུད [歎]哭,感歎,悲痛之聲,如:"唉""呀"等.

ཀྱིག་སྡེ [名]未燒之磚坯；土塊.

ཀྱིན 動詞尾語與 གྱིན,གིན,ཡིན同用,表示分詞現在式.

ཀྱིར, ཀྱིར་ཀྱིར [形]環繞；圓的.

ཀྱིས [後置字] 此字為具格之記號,用以添後字ད་བ ས之後,通常表示此動作之人物或主格,稱為བྱེད་པ་པོའི་སྒྲ "動作者."如 ཁྱོད་ཀྱིས,由你. ཁབ་ཀྱིས་བཙེམས,以針縫.

ཀྱུ [名]鉤；釣魚鉤. ལྕགས་ཀྱུ 鐵鉤.

ཀྱུར་ཀྱུར [名]1.喃喃聲. 2.小鳥之鳴聲.

ཀྱེ [歎]此字稱為འབོད་པའི་སྒྲ 呼詞,義為"喂!呀!呵!"

藏漢辭典 上冊 七

青海省藏文研究社編

ཀླད་རྒྱ [名] 腦質之韌膜.

ཀླད་པ [名] 最上之物. ཀླད་མ 居前; 起首; 頂.

ཀླན་ཀ [名] 責罵.

ཀླན་པ [動] 報仇; 雪恨.

ཀླན་ཚེ [名] 補整之部份.

ཀླམ་པ [名] 1.厚毯. 2.藏人裹頭之長布.

ཀླལ = བསྒྱིངས་པ [名] 呵欠. [動] 打呵欠.

ཀླས [形] 繁盛; 豐富.

ཀླིང་མ 或 ཀླིང་མ [名] 河邊或湖邊.

ཀླུ [名] 1.印度之龍(那迦) 2.普通之蛇. 3.花名.

ཀླུ་རྒྱལ 或 ཀླུའི་རྒྱལ་པོ [名] 龍王.

ཀླུ་དུག [名] 1.一種鴆毒. 2.一種極毒之蛇.

ཀླུ་ནད [名] 由龍所致之病; 癩.

ཀླུ་སྨན [名] 一種藥名.

ཀླུ་ཤིང [名] 蛇樹; 金皮樹.

ཀླུང [名] 1.流域. 2.河.

ཀླུང་རྟ = རླུང་རྟ.

ཀླུངས [名] 耕種之地; 田.

青海省政府印刷局印

ཀྲབ་ཀྲབ=འཁྲབ་པ [名] 踏脚或跳舞.

ཀྲམ [名] 白菜.

ཀྲི་ཁ [名] 喜鵲；白胸喜鵲.

ཀྲི་མི=ཀྱི་ཀག [名] 1,灰色鴨. 2,蟲.

ཀྲིག་ཀི [形] 直的、

ཀྲིང་ཀང [名] 1,似矛之兵器. 2,有叉之矛.

ཀྲིང་བག་སྐྱོ [名] 麪粉製之漿糊.

ཀྲིན་ནད [名] 肚痛.

ཀྲུ་ཀྲུ [名] 氣管.

ཀྲུམས [名] 食品.

ཀྲོང [形] 直立；站起.

ཀྲོན་ཀྲོན [形] 1,掛起. 2,動搖.

ཀླ་ཀློ [名] 野蠻人；未開化之民族；回回.

ཀླ་ཀློ་ཁ=ཟངས [名] 銅

ཀླག་ཅོར [名] 鼓噪；聲音.

ཀླག་པ [動] 學；讀.

ཀླགས 參看 ཀློག་པ.

ཀླད [名] 1.前面；上面；在上. 2,腦質. 3,第一.

藏漢辭典 上冊 八 青海省藏文研究社編

ཀྱེ་ཀྱེ縮寫為ཀྱེ與ཀྱེ同義.

ཀྱེ་ཀ〔名〕喜鵲.

ཀྱེ་མ〔歎〕嗚呼；唉.

ཀྱེ་རེ〔形〕直立.

ཀྱེ་ཧུད〔歎〕唉；哀哉；呀；吁.（表示憂愁或痛苦之聲）

ཀྱོབ〔名〕1.尖鐵鉤. 2.大針.

ཀྱོག，ཀྱོག་ཀྱོག，〔形〕彎曲的；半圓的.

ཀྱོག་པོ〔形〕彎曲的；不直的.

ཀྱོང或ཀྱོང་ཀྱོང〔名〕1.凹處. 2.固執.〔形〕辛苦的ཀྱོང་བུ小鏟；削刮器.

ཀྱོམ〔形〕易彎曲而無性的. 2.寬鬆；放鬆.

ཀྱོམ་ཀྱོམ〔形〕形狀不齊的.

ཀྱོར或ཀྱོར་ཀྱོར〔形〕柔弱的.

ཀྲག=བྲག石崖.

ཀྲང་ངེ〔名〕站立；直立.

ཀྲད་འཕོར〔名〕練習射藝時，作射的之圓圈；靶.

ཀྲད་པ〔名〕鞋；半截皮鞋.

ཀྲན་མ為སྲན་མ之俗字〔名〕豆.

ཀླུབ 完成式為 ཀླུབས [動] 佩粧飾品；着華服.

ཀླུས [名] 衣架.

ཀློག་པ 命令式為 ཀློགས 或 ཀློག 完成時為 ཀླགས 或 བཀླགས 未來時為 ཀླག 或 བཀླགས [動] 讀；諷誦.

ཀློགས 為 ཀློག་པ 之命令式.

ཀློང (1) ཀློང་བ [名] 1,體積;廣厚. 2,深. 3,波. (2)表示"廣大,無限""空間"དབྱིངས. (3)中心或中間,等於=དཀྱིལ.等字

ཀློངས་པ 與 དཀྱིགས་པ 同.

ཀློན [動] 修補；整鞋.

དཀག [名] 大便泌結或腸內閉塞.

དཀན [名] 上顎 有時代 རྐན.

དཀའ, དཀའ་བ 或 དཀའ་བོ 1,難；困難. 2,痛苦. 3,努力.

དཀའ་ཐུབ [名] 1,苦行,遁世. 2,懺悔. 3,藏曆正月之別名

དཀར = དཀར་པོ [形] 1,白的;灰色的. 2,忠誠.

དཀར་ཁང [名] 1,燈塔. 2,儲藏室.

དཀར་ཁུང = སྐར་ཁུང [名] 1,窗. 2,牆上透光之孔.

དཀར་ཆག [名] 1,索引. 2,字母記錄本. [形] 1,白色;灰色. 2,道德高尚；忠誠；正直.

དཀར་ཉེ = དཀར་བའི་ཉེ་བ [名] 忠友；忠心扶助他人者；友誼

དཀར་ཐག [名] 弓弦.

དཀར་པོ 或 དཀར་མོ [形] 白色的；清淨的；美的；聰明的. [名] 資格；才能；清淨.

དཀར་ཞིབས 亦作 དཀར་ཞིགས [名] 賞覽風景之樓閣或圓屋頂

དཀར་བ [形] 白的.

དཀར་མེ = མཆོད་མེ [名] 聖火；聖燈.

དཀར་མོ [名] 1.羊肉；已宰之羊肉. 2.白米.

དཀར་རྩིས 或 སྐར་རྩིས [名] 星相學.

དཀར་ཡོལ [名] 磁器.

དཀུ [名] 人體之兩脅.

དཀུ་མཉེ [名] 1.坐毯. 2.座位.

དཀུ་སྒྱུ [名] 籌劃；策略；機巧.

དཀོན, དཀོན་པ [形] 稀少；難得的. [名] 珍寶；奇物.

དཀོན་མཆོག [名] 最珍奇或極稀罕之物；寶(如佛法僧三寶)

དཀོན་གཉེར [名] 寺廟中之司香火者.

དཀོན་པོ 或 དཀོན་མོ [形] 稀少；貴重.

དཀོན་བུ [名] 圈.

青海省政府印刷局印

དཀོར་＝རྫས་ 亦代 ནོར་ 〔名〕1.物質. 2.財富；財產.

དཀོར་པ་ 〔名〕司庫者；保管寺院中財產或基金者.

དཀོར་ཟ་＝ནོར་ཟམས་པ་ 〔名〕浪子.

དཀོལ་པ་ 〔形〕受災難；受折磨. 〔名〕受痛苦者.

དཀོས་ཐག་＝ཉམས་ཐག 〔名〕1.痛苦；折磨. 2.惹人討厭.

དཀྱར་ 〔名〕長桶靴.（渡冰河之具）

དཀྱིལ་，དབུས་ 或 མཐིལ་ 〔名〕中心；底；基礎.

དཀྱིལ་དཀྲུངས་ 〔名〕盤腿坐；跏趺.

དཀྱིལ་འཁོར་ 〔名〕1.輪；圓周；球；半圓. 2.面龐. 3.壇場.

དཀྱུ་རྟ་ 〔名〕競賽之馬.

དཀྱུ་པ་ 〔動〕毁色.（因洗久）

དཀྱུ་བ་ 〔動〕1.跑；賽跑. 2.榨出；濾出.

དཀྱུད་པ་＝བརྗེད་པ་ 〔動〕忘記.

དཀྱུས་ 〔名〕長度；縱長或橫長.〔形〕1.不真；無理. 2.大膽.

དཀྱུས་མ་ 〔形〕1.普通的；俗的. 2.劣等的.

དཀྱུས་མོ་＝མགྱོགས་པ་ 〔副〕疾速.

དཀྱེལ་＝ཚོད 〔名〕周界；量.

དཀྱི 〔名〕作包裹用之物；結.

དཀྲི་བ [動] 完成式為 དཀྲིས (參照 འཁྲིད) 1, 教授； 引導. 2, 包裹；環繞； 摺. [名] 陷阱.

དཀྲིག [副] 親自的.

དཀྲིགས [名] 大數名目；一千兆, [形] 密；密集(如雲) [動] 使黑暗；散布.

དཀྲིས་པ [動] 1, 環繞，陷. 2, 等於 བཅིངས 縛；纏繞；陷溺.

དཀྲུ་བ = དྲི་མ [名] 大惡；污辱； 垢污.

དཀྲུག་པ [動] 擾亂； 使動.

དཀྲུགས་པ [形] 搖動；激動；紛擾；擾害；慫恿.

དཀྲུམ་པ [形] 易碎.

དཀྲ [名] 陽物之龜頭.

དཀྲོག [動] 1, 攪；侵擾；慫恿；混合. 2, 喚醒；驚起；搖尾.

དཀྲོང་བསྐྱེད [名] 瞬息之生；瞬息之開悟.

90 དཀྲོལ 為 འཁྲོལ་བ 之完成式及未來式 [名] 奏(樂.)

བཀག 為 འགེགས་པ 之完成式 [動] 1, 阻碍. 2, 反對.

[名] 禁止； 阻碍； 阻止.

བཀག་སྒོར [副] 遲延； 阻礙.

བཀང 為 འགེང་བ 之完成式 [動] 使滿； 溢於邊.

བཀད [形] 井然有序. [動] 排列.

青海省政府印刷局印

བཀད་ས [名] 1,烘烤房；廚房. 2,住處；家.

བཀན་པ [動] 1,彎；使曲. 2,壓；使用. 3,保持；伸長.

བཀབ་པ 為 འགེབས་པ 之完成式 [動] 遮蓋；蓋覆.

བཀམ་པ [名] 鉗子.

བཀའ [名] 命令；訓誡；諾誡；語言(敬重語)

བཀའ་བཀྱོན [名] 責罵；申斥；口頭申斥；長者之責罵.

བཀའ་དཀྱོལ [名] 缺席；散席.

བཀའ་ཁྱོལ [名] 極重要之命令.

བཀའ་འཁོར [名] 使者；僕役；從人；僚佐.

བཀའ་ཁྱབ [名] 命令；法令；告諭.

བཀའ་ཁྲིམས [名] 法律；諭旨.

བཀའ་གྲོས [名] 會議；商議. [動] 商確；勸告；給教訓.

བཀའ་ཤོགས [名] 信；親筆手書.

བཀའ་འགྱུར [名] 1,佛之教訓. 2,西藏大藏經中之甘角備部.(佛親口所說之經,從梵文譯為藏文者).

བཀའ་རྒྱུད 或 བཀའ་བརྒྱུད 1,教義之傳續. 2,西藏喇嘛教之一派.(བཀའ་བརྒྱུད་པ.).

བཀའ་སྒྱུར [名] 規戒；責備.

བཀའ་ཆེམས [名] 遺命；遺囑.

བཀའ་མཆིད [名] 指令或答覆之命令；尊顯者之語言

བཀའ་གཅན [名] 殘酷之長官.

བཀའ་རྟགས [名] 1.印；關防. 2.教規；格言.

བཀའ་སྡོད [名] 部屬；委員.

བཀའ་ཐང [名] 命令；文字之命令；誥誡.

བཀའ་ཐམ [名] 印；鈐記；關防.

བཀའ་དྲིན [名] 恩慧；仁愛；慈惠.

བཀའ་དྲུང [名] 大臣；總長.

བཀའ་འཕྲིན [名] 信；消息.

བཀའ་བྲིས [名] 親筆之證據；信.

བཀའ་དབང [名] 太臣.

97 བཀའ་བློན [名] 太臣.（拉薩內閣四大臣）

བཀའ་ཚོགས [名] 教訓式之答覆.

青海省政府印刷局印

བཀའ་ལུང [名] 命令；誥誡；教誡.

བཀའ་ལོག [名] 違背佛之教令者；放棄宗教之誓約者；還俗之僧侶.

བཀའ་ཤག [名] 拉薩四大臣之會議廳.

བཀའ་ཤོག [名] 1.公文；公緘. 2.命令；諭；執據；護照.

བཀར་བ 為 དཀར་བ之完成式[動]分開；開放；選擇．充軍或驅逐．

བཀལ་བ 為 འགེལ་བ之完成式[動]載；裝運；又為འཁལ་བ之完成式，紡；紐．

བཀས 為 འགེས་པ之完成式[動]破碎；劈開；裂開．

བཀུ་བ [名]精英；精華．

བཀུག་པ 為 འགུགས་པ之完成式[動]拖向前；召．

བཀུར་སྟི [名]尊重；榮譽；敬重；崇重；光榮之表現；崇敬之款待．

བཀུར་བ [動]1.虔敬；尊重．2.攜帶；捎取；遞送．

བཀོག་པ 為 འགོག་པ之完成式．

བཀོང་བ 為 འགོང་བ之完成式．

བཀོད [動]指定；任命；升座．

བཀོད་པ [名]排列．[動]建設；建築；排列；計劃；安置．

བཀོན་པ 為 འཁོན་པ之完成式．

བཀོལ་བ 為 འཁོལ་བ之完成式[動]1.煎煮．2.甘願服務；雇用．

བཀྲལ [名]無謂之談．

བཀྲིས [動]縛．

བཀྲིགས་པ 為 འཁྲིགས་པ之完成式．

བཀྱེ་བ 為 འགྱེད་པ 之完成式及未來式〔動〕送；遣使.

བཀྱེད་པ〔動〕向後彎；斜倚.

བཀྱོན་པ〔動〕譴責；罵；撻；擊.

བཀྲ་བ〔形〕有變化；美麗；斑紋.

བཀྲ་ཤིས〔形〕吉祥；吉利；幸福.

བཀྲག〔名〕閃光；光澤.

བཀྲག་པ〔名〕美麗之面色或外觀.

བཀྲབ་པ 完成式為 བཀྲབས་པ〔動〕選擇.

བཀྲམ་པ 完成式為 བཀྲམས་པ, 亦為 འགྲེམ་པ 之一狀,〔動〕展布；撒布.

བཀྲལ་བ 為 འགྲེལ་བ 之完成式〔動〕1,解释；註解. 2,指之或任命.

བཀྲས་པ 1,為 བཀྲ་ཤིས་པ 之縮寫, 2,為 བཀྲ་བ 之完成式.

བཀྲི་བ〔動〕1,為 འཁྲིད་པ 之完成式, 依次引導. 2,拖；試為；獲得；尋覓.

བཀྲིས་པ 為 འཁྲིད་པ 之完成式.

བཀྲུ 為 འཁྲུད་པ 之未來式.〔動〕洗；浴.

བཀྲུས་པ 為 ཁྲུས་པ 之完成式.

བཀྲེན་པ〔形〕貧乏；飢餓.

青海省政府印刷局印

བཀྲེས་པ [形] 飢餓.

བཀྲོངས་པ [形] 殺戮的; 死的.

བཀྲོལ་བ 為 འགྲོལ་བ 之完成式 [動] 解鬆; 解放; 赦免.

བཀྲོས [動] 選擇; 選舉.

བཀྱག 為 སྐྱག་པ 之未來式.

བཀྱགས 參看 སྐྱག་པ.

རྐ [名] ཆུ་རྐ 漕; 水溝.

རྐང [名] 1.髓; 柏油. 2.世系; 根源; 血統. 3.材料; 品質. 4.一束; 一捆; 一把; 一絡.

རྐང་ཀྲི [名] 裹腿.

རྐང་ཁྲི [名] 腳凳.

རྐང་གླིང [名] 以死人脛骨所製之號筒.

རྐང་བརྒྱ [名] 百足蟲; 蜈蚣.

རྐང་རྗེས [名] 腳步; 足跡; 腳痕; 痕跡.

རྐང་གདུབ [名] 足釧 (飾品)

རྐང་རྟེན [名] 腳凳; 支架.

རྐང་ཐང [形] 徒步; 徒行.

རྐང་དུང [名] 以死人脛骨製成之號筒.

རྐང་གདུབ [名] 足環.

རྐང་སྣམ [名] 西藏粗毛製之裹腿.

རྐང་པ 或 རྐང་བ 1.脚；腿；獸之後腿. 2.詩節. 3.下層；基礎.

རྐང་སྦས [文] 隱足. [名] 蛇.

རྐང་མར [名] 柏油；髓.

རྐང་དམག [名] 步兵.

རྐང་བཞི [名] 四足者；獸.

རྐང་ཤིང [名] 機之踏板.

རྐང་ཤུབས [名] 袜；襪.

རྐན 有 སྐན [名] 上顎.

རྐམ་པ [名] 易感動之情緒或情慾；深情；貪望.

རྐུ་བ 完成式為 བརྐུས 未來式為 བརྐུ 命令式為 རྐུས [動] 偷竊；搶竊.

73 རྐུན་པོ 女性為 རྐུན་མོ [名] 竊賊；强盜.

རྐུན་མ [名] 賊；偷竊者.

རྐུབ [名] 1.肛門. 2.後部；臀；尾閭.

རྐུབ་ཀྱག [名] 椅.

རྐུ་ཚོས [名] 臀.

青海省政府印刷局印

རྐས་参看 རྐྱ་བ.

རྐ་བ [形] 虛弱；瘦.

རྐེད་པ [名] 腰；繫帶之部.

རྐེད་འབྲུམ [名] 藥名；治熱病之一種果實.

རྐོ་བ 完成式為 བརྐོས 未來式為 བརྐོ 命令式為 རྐོས་ཤིག [動] 1.挖；掘；鋤出；犁. 2.刻；雕.

རྐོ་ཕྱད [名] 1.猪. 2.穴居者；鼠. 3.掘具；鋤器；鏟. 4.箭.

རྐོ་མ [名] 一種小鋤.

རྐོང་བ＝ཟ་རྐོང [名] 金錢癬；疥.

རྐོད་པ＝རྐོ་བ [動] 1.挖. 2.刻.

རྐོད་པ [名] 1.網；2.羅網之鳥.

རྐོས 参看 རྐོ་བ.

རྐྱག་པ [名] 大便；糞. [動] 滌罪；滌污.

རྐྱང [名] 野騾. [形] 單獨；單一；簡單；每一；孤.

རྐྱན [名] 1.銅茶壺；牛乳壺. 2.胃；碩腹.

རྐྱལ་ཀ [名] 空談；嘲弄；玩笑.

རྐྱལ་པ [名] 袋；皮袋.

རྐྱལ་བ [動] 游泳.

རྐྱལ་བུ [名] 小袋；小囊.

རྐྱེན [名] 1,緣；外緣；2,不幸；災難；舛運；3.器具

རྐྱེན་པ [名] 大麥.

རྐྱེན་རྩེ [名] 判斷病原之藥.

རྐྱོང་བ 完成式為བརྐྱངས 未來式為བརྐྱང 命令式為རྐྱོངས

伸長；伸出；展張.

རྐྱོང་ལོ [名] 燈；燭.

རྐྱོངས་པ 為 རྐྱོང་བ 之命令式.

ལྐུག [名] 賭物.

ལྐུགས་པ [形] 1,啞；默然. 2,呆；魯鈍.

ལྐོག [形] 秘處；秘密.

ལྐོག་རྔན [名] 秘密所給之報酬；賄.

ལྐོག་མདུད [名] 喉頭.

ལྐོག་ཤལ [名] 牛頸下之垂肉.

ལྐོག་སོག [名] 膝子.

ལྐོབ [形] 肥；垂.

སྐ་བ [形] 濃；密；堅實.

སྐ་རགས [名] 腰帶.

青海省政府印刷局印

སྐག [名] 1,柳宿；凶星. 2,災；厄運；惡.

སྐང་བ [名] 滿足.

སྐད [名] 1,聲音；叫喚. 2,言語. 3,聲名；名譽. 4,=སྐས་ཀ 梯.

སྐད་ངར [名] 俚語.

སྐད་ཅིག [名] 刹那；瞬息；暫時.

སྐད་ཆ [名] 1,言語；談語；語資. 2,新聞，報告；討論.

སྐད་བརྙན [名] 回聲.

སྐད་པ [動] 命名；稱呼；述；述說. [名] 口譯者；語言教師；教員.

སྐད་ཡོག [名] 大聲；疾呼；銳呼.

སྐབ [名] 遲延.

སྐབས [名] 1,時間，機會；情形；遭遇. 2,範圍；情形；狀況. 3,方法；款式；狀態.

སྐམ [名] 鉗；拑物之具；釘拔.

སྐམ་དྲས [形] 清潔.

སྐམ་པ [形] 乾；乾燥. [名] 1,陸地. 2,鉗子.

སྐམ་པོ [形] 乾的；乾燥.

སྐམ་ཕོག [名] 官吏或僕人之粮俸.

སྐམ་ས་པ [名] 荒涼之地.

སྐར་ཁུང [名] 屋内透光之孔；窗；天窗.

སྐར་ཁོངས [名] 月宮之區域.

སྐར་མཁན [名] 星術家.

སྐར་ཆག [名] 嚴律之質問；笞打.

སྐར་མདའ [名] 隕星；流星.

སྐར་དཔྱད [名] 星術學.

སྐར་བ (1)完成式為བསྐར 命令式為སྐོར [動]掛起；衡量.(2)[名] 1,牛羊之欄；分類.[動]關於欄中；分開；收揩.

སྐར་མ [名] 星；恒星；星宿.

སྐར་འཛིན [動] 擇星；擇吉日.

སྐར་འོད [名] 星光；花名.

སྐལ་པ [名] 機會；命運.

སྐལ་བ [名] 1,部份；股份. 2,承繼.

སྐས 或 སྐས་ཀ [名] 梯.

སྐུ 與 ལུས 同[名] 身體，(敬重語)此字置於物名之前；表示敬意.

སྐུ་ཁམས [名] 身體，偉人之外貌；康健之情形.

སྐུ་རྒྱུ [名] 塑像之料.

སྐུ་མཆེད [名] 兄弟姊妹.(尊顯者的)

སྐུ་མཉེད [名] 手巾.

སྐུ་གཉེར [名] 寺廟中之保管神像者.

སྐུ་བརྙན [名] 佛像；神像.

སྐུ་ཚག [名] 一生；一世.

སྐུ་གདུང [名] 1,遺體；殘餘. 2,血統；後裔.

སྐུ་འདྲ [名] 像，神像；佛像.

སྐུ་ཚབ [名] 代表；使臣.

སྐུ་ཞབས 俗語為སྐུ་ཞོགས 稱人之詞，義為"大人，老爺，足下；閣下."

སྐུ་རགས [名] 1,頭巾. 2,腰帶.(尊稱)

སྐུ་རིང [名] 一生之時期.

སྐུ་ཅུ [名] 無車緣之水車；磨輪.

སྐུ་བསྲུངས [名] 從人；僕役，衛隊.

སྐུགས [名] 賭品；勝者所贏之賭品.

སྐུང་བ 完成式為བསྐུངས，未來式為བསྐུང，[動] 隱匿；

藏於地；埋.

སྐུངས་ས [名] 潛覆處；隱匿處.

སྐུད་པ 或 སྐུད. 1.[名] 線；絨線；金屬線. 2.完成式為 བསྐུས 未來式為 བསྐུ 命令式為 སྐུས [動] 塗；抹；擦.

སྐུད་པོ [名] 1.妻之兄弟. 2.岳父.

སྐུན་བུ [名] 柳条籃；竹籃.

སྐུབ [名] 極低下.

སྐུམ་པ 完成式為 བསྐུམས, 未來式為 བསྐུམ, 命令式為 སྐུམས, [動] 排列次序；緊縮；使無力.

སྐུམས 參看 སྐུམ་པ.

སྐུར་པ [名] 1.讒言；偽證. 2.褻瀆；不敬；侮辱.

སྐུར་བ [名] 贈品；贈禮. [動] 贈；給；授與；傳遞.

སྐུལ་བ 未來式及完成式為 བསྐུལ, [動] 激勵；勉勵.
༢༦ 訓戒；遺命.

སྐུལ་ཚིག [名] 1.忠言. 2.命令語.

སྐུས 為 སྐུད་པ 之命令式.

སྐེ [名] 1.頸. 2.喉.

སྐེ་སྙོང [名] 喉頭之下窩.

青海省政府印刷局印

སྐེ་ཚ་或སྐེ་ཙ [名] 黑芥子；芥菜.

སྐེ་རགས [名] 腰帶；似帶之飾品.

སྐེག [名] 一星宿名；柳宿.

སྐེག་ཚོས [名] 白粉；胭脂.

སྐེད་པ [名] 腰，腰部.

སྐེམ་ནད [名] 肺癆.

སྐེམ་པ 1,完成式為བསྐམས，未來式為བསྐམ，命令式為 [動] 使乾瘦；枯槁. 2,＝སྐམ་པོ，[形] 瘦；乾. 3,[名] 羸弱之身體.

སྐེམ་བྱེད [名] 旱魃.

སྐེམས་པ [形] 極乾瘦

སྐོ་སྐེ [名] 下頷.

སྐོ་བ 完成式བསྐོས，未來式བསྐོ，命令式སྐོས [動] 指定；選擇；付託；委託.

སྐོགས [名] 堅實之蓋；果皮；樹皮；殼.

སྐོང་བ 完成式為བསྐངས，未來式為བསྐང，命令式為སྐོངས [動] 1,成功；成就；達到 2,增錄；補足；添滿

སྐོངས 參看སྐོང་བ.

སྐོན་པ (1) 參看 ཀོན་པ. 2,完成式與未來式為 བསྐོན,

[動] 穿衣；著；為人穿衣.

སྐོམ [名] 1,渴；飲料. 2,乾地.

སྐོམ་སྐྱུར [名] 酸啤酒；酸酒.

སྐོམ་ཤ [名] 羔羊肉.

སྐོམས 為 སྐོམ་པ 之命令式.

སྐོར [名] 類別；關於；區域；巡繞；班.[形] 圓；

圓的.

སྐོར་ཐག [名] 車機之繩.

སྐོར་ཐང [名] 價值；利息.

སྐོར་པ [名] 旋磨工；鏇木器者.

སྐོར་བ 完成式及未來式為 བསྐོར [動] 1,旋轉；圍繞；

圍攻；充滿；屢來；封閉. 2,為 སྐོར་བ 之命令式.

སྐོར་ཤིང [名] 旋磨者之車機或器具.

青海省政府印刷局印

སྐོལ་བ 未來式與完成式為 བསྐོལ [動] 煮；煎.

སྐོས་པ 參看 སྐོབ.

སྐྱ [名] 1,收穫,一年之出產. 2,槳；杓 3,牆；板

壁. 4,白的；素的.

སྐྱ་ཀ, སྐྱག [名] 喜鵲.

སྐྱ་སྐྱ [名] 灰色；灰白色.

སྐྱ་ཞེལ [名] 鉛.

སྐྱ་ནར [名] 花名. [形] 棕色；淡黄色.

སྐྱ་བ (1) 完成式為བསྐྱས 未來式為བསྐྱ [動] 携帶；運送.(如木水石等) (2) སྐྱ་བོ [形] 灰色；灰白色；素.

སྐྱ་མ [名] 堅瘠之土.

སྐྱ་རེས [名] 外形；圖稿.(用炭畫者)

སྐྱ་རེངས [名] 晨；黎明.

སྐྱ་ལེབ [名] 舵.

སྐྱག་པ [名] 1,糞；人糞. 2,壞人；社會之廢物. [動] 完成式為བསྐྱགས, 未來式為བསྐྱག, 命令式為སྐྱོག, [動] 用費；耗費；消耗.

སྐྱང [名] 棕紅色.

སྐྱངས [形] 羞；忸怩.

སྐྱབས [動] 保護；防衛；帮助.

སྐྱབས་མགོན [名] 保護者，帮助者；拯救者.

སྐྱར་ཧོག [形] 赤裸的.

སྐྱར་བ [副] 屢次.

སྐྱར་ཚབ [名]浮腫；灰色瘋濕痺性之浮腫.

སྐྱར་མོ [名] 水雞之一種；蒼鷺.

སྐྱར་ལིབ 潦皃

སྐྱལ [名] 游泳.

སྐྱས [名]遷移居所. [動] 完成式為བསྐྱས, 未來式為
བསྐྱ, 死.

སྐྱས་མ 1, 參看སྐྱེས་མ 2, [名]鳳尾草.

སྐྱི [名] 借款之利息；皮革之外表.

སྐྱི་བ [名]一種葯草；番藷. [動] 完成式為 བསྐྱིས,
未來式為བསྐྱི 命令式為སྐྱིས [動] 借.

སྐྱིབུང [名] 雲.

སྐྱིབུན [名] 癬；疥.

སྐྱིཤ [名]皮之內外面；肛門.

སྐྱིག་པ [名] 打呃.

སྐྱིད་ཁབ [名] 嵌金線或銀線之刺繡.

སྐྱིད་པ 或 སྐྱིད་པོ [名] 1, 快樂. 2, 快樂的；舒服的.

སྐྱིད་ལྡན [形] 興旺；吉利；快樂.

青海省政府印刷局印

སྐྱིན [名] 西藏之山羊.

སྐྱིན་ཐང [名] 冰雹.

སྐྱིན་པ [名] 借貸;不拘息之借款.[動] 完成式為 བསྐྱིན, 借入.

སྐྱིན་པོ [名] 借貸;所借之物.

སྐྱིབས [名] 藏身處.(崖,樹,屋檐下,或洞中)

སྐྱིམ [名] 紅漆或他種顏色之皮.

སྐྱིལ་ཀྲུང [名] 盤坐之姿勢;結跏趺坐.

སྐྱིལ་བ 完成式及未來式為 བསྐྱིལ [動] 1,關閉;築河堤. 2,屈.

སྐྱིས 参看 སྐྱིབ.

སྐྱུ་གང [名] 1,飲料. 2,茶與麥粉合成之麵糰.

སྐྱུ་རུ [名] 1,一種葯果. 2,酸酒;醋.

སྐྱུ་རུ་ར [名] 一種酸果;(可治痰胆血等症)青果;青果樹.

སྐྱུ་རུམ [名] 一種蔬菜;香料;醬油;酸水或鹽水所浸之物.

སྐྱུག་པ 完成式為 སྐྱུགས [動] 作嘔;吐;放.

སྐྱུག་ལྡང [名] 反胃;逆氣.

སྐྱུག་སྨན [名] 吐劑.

སྐྱུགས་པ 參看སྐྱུག་པ.

སྐྱུགས་ལོ [形] 清楚. [名] 珊瑚色嘴之鳥.

སྐྱུང་བ 完成式為བསྐྱུངས 未來式為བསྐྱུང 命令式為
སྐྱུངས [動] 減少; 縮小.

སྐྱུར [動] 1, 忘記. 2, 轉達; 受聖餐; 吞下.

སྐྱུར་བ (1) 完成式及未來式བསྐྱུར [動] 拋丟; 擱置; 擲. (2)[形] 漂白的.

སྐྱུར་བ [形] 酸的. [名] 酸味.

སྐྱུར་མ [名] 墮胎; 流產.

སྐྱུར་ཙེ [名] 一種檸檬; 橘子.

སྐྱུས [副] 總共.

སྐྱེ 參看སྐྱེད 與སྐྱེ་བ.

སྐྱེ་དགུ [名] 一切生物; 衆生. 亦作སྐྱེ་རྒུ.

སྐྱེ་འགྲོ [名] 生物; 種物.

སྐྱེ་མཆེད [名] 1, 處; 入. 2, 意識之内外氣官.

སྐྱེ་ལྡུམ [名] 香蕉.

སྐྱེ་གནས [名] 1, 降生地; 女生殖器. 2, 植物之位置或

青海省政府印刷局印

青海省藏文研究社編

狀態. 3,生或輪廻之情狀.

སྐྱེ་བ [動] 降生. [名] 降生; 輪廻. [形] 變成; 發生; 長成; 發育.

སྐྱེ་བོ [名] 1,生物之總稱. 2,人類.

སྐྱེ་ཚེ [名] 芥菜.

སྐྱེ་རགས [名] 腰帶.

སྐྱེ་ཤིང [名] 大樹.

སྐྱེག [名] 不幸; 災難.

སྐྱེགས [名] 鳥名; 水雞.

སྐྱེང་བ 或 སྐྱེངས་པ [形] 羞辱; 含羞.

སྐྱེད [名] 1,生長; 進步; 增加. 2,利息; 利益; 所獲.

སྐྱེད་སྒོ [名] 頭門; 顖門.

སྐྱེད་པ 完成式為 བསྐྱེད, 自動式為 སྐྱེ. [動] 産; 發生;
形成; 致使; 生育

སྐྱེད་བྱེད [名] 1,父親. 2,地球. 3,樹.

སྐྱེད་མ [名] 1,母親. 2,影; 蔭.

སྐྱེད་ཚལ [名] 園; 西藏之公園; 人造之叢林.

སྐྱེན [名] 刺.

སྐྱེན་པ [形] 1,疾; 速 2,輕率; 急; 慌張. 3,敏捷; 機警

སྐྱེམ་ཚ [形] སྐྱེམས 渴. [名] 酒; 飲料(啤酒)

སྐྱེར་སྐྱ [形] 棕紅色.

སྐྱེར་སྐྱེར [形] 孤獨; 荒寂.

སྐྱེར་ཁ [名] 黃顏料; 淡黃色.

སྐྱེར་པ [名] 叢刺樹; 黃刺.

སྐྱེར་དམན = སྐྱེ་དམན [名] 婦人.

སྐྱེལ་བ (1) 完成式及未來式為བསྐྱལ 命令式為སྐྱོལ, [動] 1, 攜帶; 取去; 寄. 2, 送衣. 3, 冒險. 4, 用; 雇用. (2) 完成式及未來式為བསྐྱལ 命令式為སྐྱོལ [動] 送; 領導; 結伴.

སྐྱེས [名] 1, 贈品; 禮物. 2, 新聞; 消息. [動] 生長; 誕生. [形] 長成.

སྐྱེས་ལྡན = མི་རྒྱུ [名] 人類.

20 སྐྱེས་པ [名] 男子; 壯; 成熟; 成年. [動] 為སྐྱེ་བ 之完成式, 生長; 出生; 降生.

སྐྱེས་སྦྱོར [名] 量具(量穀米者)

སྐྱེས་མན [名] 小姐; 處女.

སྐྱེས་བུ [名] 人; 神人; 丈夫; 士夫.

སྐྱེས་མ [名] 1,女人；牝者；新婦. 2,鳳尾草.

སྐྱེས་དམན [名] 婦人.(俗人)

སྐྱེས་རྗེངས [名] 耕種；田莊.

སྐྱེས་རབས [名] 傳記；佛之降生記.

སྐྱོ 或སྐྱོ་བ [名] 憂愁；哀傷. [形] 憂愁的；哀傷的.

སྐྱོ་ངས [名] 懺悔；悔悟.

སྐྱོ་བ [形] 憂愁；悔；厭煩.

སྐྱོ་མ [名] 1,爭鬥；訴訟. 2,漿糊. 3,犯罪者.

སྐྱོ་ཚག [名] 麥粉與稀牛乳油合成之湯.

སྐྱོ་རོགས [名] 安慰者；勸解者.

སྐྱོ་ཤས [形] 憂愁；哀傷.

སྐྱོ་སངས [動] 安慰.

སྐྱོག 為སྐྱོག་པ之命令式.

སྐྱོག་ཤོག [名] 鐵匙；鐵杓.

སྐྱོགས [名] 1,匙；杓；鏇. 2,酒杯；盌；無柄杯.

སྐྱོགས་པ [動] 1,轉動；彎曲. 2,指摘；擄短.

སྐྱོང་བ 完成式為བསྐྱངས，未來式為བསྐྱང 命令式為སྐྱོངས [動] 守護；保守；防衛；救；保護；扶助.

སྐྱོད་པ完成式與未來式為བསྐྱོད [動]移動；動；走；經過.

སྐྱོན [名]過失；缺點；殘缺；殘廢.

སྐྱོན་པ完成式與命令式為བསྐྱོན [動]橫跨；登上；騎.

སྐྱོན་ཕྱེས [名]士人；批評家.

སྐྱོབ་པ完成式為བསྐྱབས 未來式為བསྐྱབ 命令式為སྐྱོབས [動]救；保護；防衛；保存.

སྐྱོབ་སྐྱོང [名]保護者.

སྐྱབས 1.[名]幫助；扶助. 2.參看སྐྱོབ་པ.

སྐྱོམ་པ完成式為བསྐྱོམས 未來式為བསྐྱོམ 命令式為སྐྱོམས [動]傾出；激動；攪；給.

སྐྱོར [名]滿掘.[形]彎曲；緊縮.

སྐྱོར་སྐྱོར [副]屢次；重複.

སྐྱོར་བ完成式與未來式為བསྐྱོར. [動] 1.頂住；扶住；粘着. 2.重述；默誦. 3.封閉；圍繞.(籬)

སྐྱོལ་བ代སྐྱེལ་བ,參看སྐྱེལ་བ.

སྐྱོས་པ[形]污毀的；衰微的；荒蕪的.

སྐྱོས་མ [名]餞行之禮物；賀禮.

སྐྲ [名]髮.

青海省政府印刷局印

སྐྲ་མཁན [名] 理髮匠.

སྐྲ་གནས [名] 一種有感覺之植物.

སྐྲ་ཚལ [名] 假髮.

སྐྲག་སྐྲག [形] 硬；難.

སྐྲག་པ [形] 恐懼；驚駭.

སྐྲང་བ 完成式為 སྐྲངས [動] 腫.

སྐྲངས་པོ [名] 疱；瘤.

སྐྲན [名] 腹內之肉或瘤塊；腸內之瘤；腺內之浮腫.

སྐྲབ་པ [動] 以一足踏地；踐踏；跳舞.

སྐྲས་ཀ, སྐས་ཀ [名] 梯子.

སྐྲི་བ [動] 引導；送.

སྐྲུ་བ 完成式為 བསྐྲུ, 未來式為 བསྐྲུས, 1.等候. 2.斫；切.

སྐྲུད་པ [動] 用計使人跑開.

སྐྲུཨ [名] 肉食；貴人之肉食.

སྐྲོག [動] 擊；敲(鼓)；搖.

སྐྲོག་པ [動] 撓動；攪.

སྐྲོད་པ [動] 驅逐；逐出；驅擯.

བསྐྲུ 參看 སྐྲུ་བ.

བརྐྱས 為 རྐྱ་བ 之完成式.

བསྐེ 參看 སྐེ་བ.

བསྐེས 為 སྐེ་བ 之完成式.

བརྐྱངས 參看 རྐྱོང་བ.

བརྐྱངས 為 རྐྱོང་བ 之完成式

བསྐ་བ〔形〕嚴酷的；厚的；淡的(味.)

བསྐང 為 སྐོང་བ 之未來式.

བསྐངས〔動〕溢於邊；盈溢. 參看 སྐོང་བ.

བསྐམ 參看 སྐེམ་པ.

བསྐམས〔動〕乾；燒. 參看 སྐེམ་པ.

བསྐར 為 སྐོར་བ之完成式及未來式.

བསྐལ་བ〔名〕劫；劫數.

བསྐུ 為 སྐུད་པ之未來式〔動〕抹；擦.

བསྐུང 為 སྐུང་བ之未來式.

བསྐུངས〔動〕藏匿.

བསྐུམ 為 སྐུམ 之未來式.

བསྐུམ་མཇིད〔名〕拇指距中指之長度.

བསྐུམ་ཁྲུ〔名〕自肘至中指末端之長度.(十八英寸)

青海省政府印刷局印

བསྐུམ་འདོམ[名] 伸開兩臂(握拳)之長度.
བསྐུམས 為 སྐུམ་པ之完成式.
བསྐུར [動] 送給；允許；授與.
བསྐུལ 參看 སྐུལ་བ.
བསྐུས 為 སྐུད་པ之完成式.[動] 塗油染色；加毒.
བསྐོ་བ 為 སྐོ་བ 之未來式.
བསྐོན་པ[動] 穿；著.
བསྐོལ[動] 環繞；旋轉.參看
བསྐོལ་བ 為 སྐོལ་བ之未來式及完成式.
བསྐོས 參看 སྐོ་བ.
བསྐྱག 為 སྐྱག་པ之未來式.
བསྐྱང 參看 སྐྱོང་བ.
བསྐྱངས[動] 保護；撫養；懷抱.
བསྐྱབ 為 སྐྱོབ་པ 之未來式.
བསྐྱབས[動] 救；保護.參看 སྐྱོབ་པ.
བསྐྱམས＝བསྐམས.
བསྐྱར [副] 再；屢次.
བསྐྱལ་བ 為 སྐྱེལ་བ之完成式.

བསྐྱུས 為 སྐྱུ་བ 之完成式.

བསྐྱེ 参看 སྐྱེ་བ.

བསྐྱེད 参看 སྐྱེད་པ

བསྐྱེལ 参看 སྐྱེལ་བ

བསྐྱེས 参看 སྐྱེ་བ

བསྐྱང 参看 སྐྱོང་བ.

བསྐྱངས 為 སྐྱོང་བ 之完成式

བསྐྱུར་བ [動] 發出；放出；逐出. 参看

བསྐྱེད་པ [動] 出產；產生；形成；發生.

བསྐྱོགས 為 སྐྱོག་པ 之完成式.

བསྐྱོད་པ [動] 動；移動；感動.

བསྐྱོན 参看 སྐྱོན་པ.

བསྐྱོམ 参看 སྐྱོམ་པ

༢༧ བསྐྱོམས 為 སྐྱོམ་པ 之完成式.

བསྐྲད་པ [動] 驅逐，趕.

བསྐྲུ 参看 སྐྲུ་བ

བསྐྲུན་པ [動] 1.相承. 2.生長；造作. 3.印刷；排版.

བསྐྲུས་པ 為 སྐྲུ་བ 之完成式.

ཁ

ཁ [名] 1, 口; 前面; 表面; 上面. 2, 此字常作後置字, 大都置中性添後字的後, 如 ཞེད་ཁ. 有時表示時候, 如 འགྲོ་ཁ, འཆི་ཁ. 3, 根源, 如 གསེར་ཁ, 金礦.

ཁ་དཀྲི [名] 遮口布; 面幕; 圍巾.

ཁ་ལྐུག [形] 1, 啞. 2, 不清楚的語言.

ཁ་སྐད [名] 口述; 傳聞; 叙述; 俗語.

ཁ་སྐོང [名] 1, 滿口; 填滿; 完成; 成功. 2, 附錄.

ཁ་སྐྱེངས [名] 汗顏; 羞.

ཁ་ཁ [副] 離開; 分開. [名] 口味; 苦味.

ཁ་ཁེབས [名] 1, 面幕. 2, 蓋.

ཁ་ཁྱག [名] 抗議; 否認他人之責成.

ཁ་ཁྲམ [名] 詐談; 欺人之語.

ཁ་ཁྲལ [名] 1, 尊重; 頌詞. 2, 人頭稅.

ཁ་གབ [名] 蓋.

ཁ་གྲངས [名] 計核.

ཁ་འགྲིལ [名] 布端之散織邊.

ཁ་ཆོད [名] 惡言; 粗語; 進讒者.

ཁ་ཀན [名] 年老之特權.

ཁ་ཀྱན [名] 葯醫.（印度的）

ཁ་ཀྱག [名] 無稽之談.

ཁ་ཀྲོར [名] 肩骨.

ཁ་བསྐོས [名] 忠告；勸戒.

ཁ་ཅིག [名] 某人；或者；有些.

ཁ་བཅུད [名] 葯名；石膏.

ཁ་གཅོད [名] 蓋子；塞子.

ཁ་བཅོལ [名] 無稽之談；空談.

ཁ་ཆག [名] 1,刀或斧之缺點. 2,惡言；凌辱.

ཁ་ཆུ [名] 口水；涎沫.

ཁ་ཆེ [名] 1,克什米爾人；回回. 2,主要或重要事.

ཁ་ཆེམས [名] 遺囑

ཁ་ཆོས [名] 虛偽；口頭之宗教.

ཁ་འཆམ [形] 同意；一致.

ཁ་འཆལ [名] 空談；譫語；無稽之談.

ཁ་ཇེ [名] 1,大帝；大人物. 2,佳運；福.

ཁ་ཉུང [名]或[形] 簡言；寡言.

青海省政府印刷局印

ཁ་མཉམ [形] 意見相同，語言一致.

ཁ་བསྙོངས [形] 口蜜腹劍.

ཁ་ཏ [名] 忠言；教訓.

ཁ་ཏིག [形] 辛苦；苦味.

ཁ་ཏོན 或 ཁ་འདོན [名] 諷誦；大聲背誦或讀.

ཁ་གཏམ [名] 口傳；口述.

ཁ་གཏུགས [動] 接吻.

ཁ་བཏགས [名] 1,置於面前而要求接受之禮物.2,綵巾.

ཁ་སྟོང [形] 尚未進食；枵腹.

ཁ་ཐོག [名] 頂；表面.

ཁ་ཐོར [名] 口瘡.

ཁ་མཐུན [形] 一致；同意.

ཁ་དག [名] 掃淨；清潔；全無.

ཁ་དིག 或 ཁ་ལྕིག [形] 結舌.

ཁ་དོག [名] 顏色.

ཁ་དྲག [形] 驕傲；自大.

ཁ་འདིག [名] 木塞；栓.

ཁ་འདོན 參看 ཁ་ཏོན.

ཁ་ཟ [動] 細語；默念；喃喃.

ཁ་བཟ [名] 談話；預言.

ཁ་བཟའ [名] 口述；談話.

ཁ་སང [名] 昨晨.

ཁ་ནིང [名] 去年.

ཁ་ཙོག 或 ཁ་ཀྲོག [形] 1.吵雜；吵擾. 2.常索.

ཁ་སྤུ [名] 面部之毛；鬍鬚.

ཁ་ཡོ [名] 誇口.

ཁ་ཡོག [名] 口責.

ཁ་ཡོར [名] 杯；醬油碟.

ཁ་ཕྱིས [名] 席布；小巾.

ཁ་འཕྱུར [名] 立體的量具.（量穀用）

ཁ་བ [形] 苦味；苦的. [名] 雪.

ཁ་བྱང [形] 俯首；有學識的；聰明的.

ཁ་བྱག [名] 尖石；叉狀物.

ཁ་བྱལ [名] 分開；離婚.

ཁ་དབྱག [名] 裂口；分開.

ཁ་སྦྱང [名] 辯才.

青海省政府印刷局印

ཁ་སྦྱོར〔名〕殘餚；〔動〕接吻.

ཁ་ཤེད〔名〕無敵的勢力；魔力.

ཁ་སང〔名〕昨天上午；昨天.

ཁ་ཚེ〔形〕誇口.

ཁ་ཚེཙ〔形〕全體一致；意見一致.

ཁ་མཆུལ〔名〕1，牛馬之口部. 2，口；面之下部.

ཁ་མཆུ〔動〕詈罵.

ཁ་ཤུར〔名〕水鷄.

ཁ་ཟས〔名〕食物；食品.

ཁ་ཟུམ〔動〕閉口；蓋口.

ཁ་ཀ་ཟར〔名〕羹；柄杓.

ཁ་ཀ་ཟི་འམ་ཁ་ཟི〔名〕耙；拖運之物.

ཁ་ཉི་ཉིན〔名〕前天.

ཁ་ཡ〔名〕伴人談話者；詞能勝人者；幫助者；對手.

ཁ་ཀ་ཡོགས〔名〕器皿之蓋；籃蓋.

ཁ་རས〔名〕圍巾；面巾.

ཁ་རོག〔形〕靜寂；悄悄；無回答.

ཁ་ལོ〔副〕向口；〔名〕船長；御者.

ཁ་ཤ [名] 有斑之鹿；麋.

ཁ་ཤས [形] 有些；幾個.

ཁ་ཤོབ [名] 謊言；無稽之譚.

ཁ་ཤོར [形] 背約；信口開河.

ཁ་སང [名] 昨天

ཁ་སངས [動] 坦白陳述.

ཁ་སུབ [名] 賄賂.

ཁ་སིང [名] 1, 前天. 2, 數星期前；某時前.

ཁ་སློབ [名] 1, 苦學. 2, 啟蒙讀本.

ཁ་བསླུས [動] 1, 搧惑. 2, 欺騙（用甘言）

ཁ་ཟྭག [名] 分叉之口；分叉之夾.

ཁ་ལྷག [名] 殘餚

ཁྭ 或 ཁྭ་ཏ [名] 烏鴉.

ཁྭ་བ [名] 稅收；租金.

ཁག [名] 1, 方法；策略. 2, 事業工作；職務；托付；負責. [形] 重要的. [名] 1, 分開者；類別. 2, 部；章；節.

ཁག་པོ [形] 1, 困難；不易. 2, 不好的；壞的；枯朽的.

青海省政府印刷局印

ཁང་པ[名] 房屋；所住家；建築物.

ཁང་བུ[名] 小屋，茅屋.

ཁང་ཞབས [名] 地板.

ཁངས་པ[名] 1,遲延. 2,距離.

ཁད [形] 近；將近. [名] 身車.

ཁད་ཀྱིས[副] 遲遲；漸漸；依次.

ཁད་པ與ཁོད་པ [動] 粘固；被捉；停止；阻碍参看འཁད.

ཁན [名] 少許；一小塊.

ཁན་ད[名] 蜜餞；糖果汁；糖醬.

ཁན་པ[名] 艾草. [動] 加.(數學)

ཁན་མན[形] 謙遜.

ཁབ [名] 1,偉人之住所；堡壘；宮室；國. 2,妻；夫妻. 3,針.

ཁབ་ལེ[形] 難；困難.

ཁབ་ལེན་རྡོ[名] 磁石；吸鐵石.

ཁབ་ལོང[名] 磁石.

ཁབས[名] 病名.

ཁམ [名] 1,顏色. 2,小許；一小塊；一段. 3,蘆筆之尖．4,嗜慾．

ཁམ་ཁམ[形] 灰黃色．

ཁམ་ཁྲུམ[形] 凹凸不平．

ཁམ་པ [形] 1,狐色；淡黃；棕色．2,粘土；磁泥．

ཁམ་ཕོར[名] 1,磁杯；磁碟．2,糌粑所做之杯．

ཁམ་བུ[名] 桃子；黃梅．

ཁམ་ས[名] 製陶器之土．

ཁམ་སང[名] 排洩；小便．

ཁམ་སེར[形] 淡灰黃色；枯竹色．

ཁམས [名] 1,人體之康健；生理之構造；構造或重要部分；身體．2,界；界限．3,國；領土；管轄之地．4,嗜慾．5,地名，即西康省．

ཁམས་ཚན[名] 寺院中之招待所．

ཁར་བ [名] 銅與鉛之混合物；鑄鐘之銅．

ཁར་གསིལ[名] 秘教僧人所用之三义戟．

ཁལ [名] 1,擔；負載．2,衡度或量度．3,隊商．

ཁལ་པ[名] 閹羊；苦菜．

ཁལ་བན[名] 水壺；瓶．

青海省政府印刷局印

ཁལ་མ། [名] 負載之獸.

ཁས་ཆེ། [名] 承認；允許.

ཁས་བརྗོད། [名] 歌 [動] 唱歌.

ཁས་བླངས། [名] 承認；允許；贊成；接受.

ཁྲི [名] 小刀.

ཁུ 可代ཁུ་བ [名] 流質；汁液；精.

ཁུ་ཀུ [名] 叔父.

ཁུ་ཏུ [名] 茅屋；小屋（樹枝搭成者）

ཁུ་རྡུལ [名] 水花；浪花.

ཁུ་ཟ＝ཁུ་རྡུལ.

ཁུ་བ [名] 1,流質；汁液. 2,男精.

ཁུ་བོ [名] 伯父；叔父.

ཁུ་བྱུག [名] 杜鵑；可姑鳥.

ཁུ་མག [名] 小袋；錢袋.

ཁུ་ཚུར [名] 緊握之手；拳.

ཁུ་ར [名] 餅；饅頭.

ཁུ་ལུ [名] 1,犛牛之柔毛. 2,花柳病；梅毒.

ཁུག 或 ཁུགས,（1）[名] 1,角；隅；小彎；海彎. 2,入口.

(2) 為 འགུག་པ་之命令式.

ཁུག་ཁོག [名] 幽靜；幽靜之地；寂寥處.

ཁུག་རྟ [名] 燕子.

ཁུག་རྣ 或 ཁུག་སྣ [名] 霧；障.

ཁུག་པ (1) [形] 曲屈；如線之彎曲；曲折. (2) [動] 尋覓；獲得；牽；施.

ཁུག་མ [名] 小錢袋；小袋.

ཁུང [名] 1, 洞；穴；孔；阱；中空處；黑洞. 2, 根源.

ཁུང་པ 或 ཁུང་པོ [名] 洞；大洞

ཁུང་བུ [名] 小洞；穴.

ཁུངས [名] 根源；來源.

ཁུངས་མ [名] 原始的；真實存在.

ཁུད [名] 圍裙；罩衣.

ཁུད་པ [名] 袋；小袋.

ཁུད་མ [名] 邊緣.

ཁུན་པ [名] 不清楚之音；聲音；轔轔聲；轆轆.

[動] 作豬聲.

ཁུམས 1, [形] 彎曲. 2, 參看 འཁུམས་པ.

青海省政府印刷局印

ཁུམས་ལག[動] 減少；變更．

ཁུར 或 ཁུར་བ[名] 負擔；載．

ཁུར་པ, ཁུར་མི[名] 負載者；苦力．

ཁུར་བ 1,[名] 頰． 2. 為འཁུར་བ之完成式．

ཁུར་མང[名] 車前草．

ཁུར་ཚོས[名] 頰．

ཁུར་ལེན[名,動] 管理；負責．

ཁུལ [名] 1,權限；區域；領土；省；縣． 2,狀態，情狀． 3,山谷． 4,柔絨毛．

ཁུལ་མ[名] 物之底或邊．

ཁུ་ཅེ[副] 多量；全部的；大多的．

ཁེ, ཁེ་ཕ或ཁེ་མ [名] 利益．

ཁེ་པ[名] 商人；販賣者；營利者．

ཁེགས་པ[動] 阻碍；閉關．[名]闇，黑暗；昏暗．

ཁེངས་པ[名] 驕傲；自大．[動]為འཁེངས之完成式，充滿；盈溢．[形]驕傲的；自大的．

ཁེན་འདུ[名] 一種棉布．

ཁེན་པ [名] 艾草．[動] 依賴．

ཁེབས [名] 蓋；被；祭壇之圍欄．參看 ཁེབས་པ．

ཁེབས་པ [形] 有蓋的；有面幕的．

ཁེམ 參看 ཁྱེམ．

ཁེར་རྐྱང [名] 孤寂；單獨．

ཁེལ་བ 參看 འཁེལ [動] 載之；依賴．

ཁེས་ཉིན [名] 前天．

ཁེས་པ [動] 擊中．

ཁོ [代] 他．（第三人稱單數各性同用）

ཁོ་ཏི [名] 茶壺．

ཁོ་ན [名] 唯一；僅一；真實；確切．[形] 正是；就是．

ཁོ་བོ [代] 我；我自己．

ཁོ་མ ＝ ཁོམ [名] 背囊；袋．

ཁོ་མོ [代] 我；我們．（女性）

ཁོ་ར [名] 周界；四周之地．

ཁོ་རེ [名] 惡或怒．

ཁོ་ལག [名] 全身；四肢．

ཁོག 代 ཁོང་པ [名] 內部；內面．

ཁོག་གཅོང [名] 體內或胃中之痼疾．

青海省政府印刷局印

ཁོག་ཆུད [形] 了解；通達.

ཁོག་པ [名] 1, 裏面；2, 胃；腹腔.

ཁོག་མ [名] 盆；藏人煮食物之土器.

ཁོགས (1) 為 འཁོག་པ 之命令式. (2) [動] 咳嗽.

ཁོང = ཁོ [代] 他或她. (尊稱)

ཁོང་འཁྲུག [形] 不舒暢；憂愁；渴望.

ཁོང་ཁྲོ [名] 怒；瞋恚；忿恨；感情.

ཁོང་པ [名] 內部；裏面；體內.

ཁོངས [名] 中心；中間.

ཁོངས་པ [形] 大害；凶暴；殘虐；粗魯.

ཁོད (1) [名] 外表；表面. (2) 參看 འཁོད འགོད

ཁོན [名] 1.怨恨；怒；憎惡；敵意. 2, 坎卦.

ཁོབ [形] 肥胖；重笨.

ཁོབ་ཁྲོབ [名] 兩物輕擊聲.

ཁོམ [名] 袋；皮袋；皮箱.

ཁོམ་པ [名] 閑暇；空閑；無障碍.

ཁོར་ཡུག [名] 天邊；極邊；外周界.

ཁོལ 或 ཁོལ་བུ [名] 簡略；撮要. 參看 འཁོལ་བ

ཁོལ་མཆུ [名] 風箱口.

ཁོལ་བ [動] 煮. [形] 煮沸的.

ཁོལ་པོ [名] 僕人；奴.

ཁོལ་བུ [形] 少許；小塊.

ཁོལ་མ [名] 1,窗；牆上透光之孔；天窗. 2,已煮之物.

ཁོལ་མོ [名] 1,女僕；僕人用之氈毯. 2,已割之稻草. 3,羊皮製之風箱.

ཁོས 為 གས་པ 之命令式. [動] 劈裂.

ཁྱག་པ [副] 罕少. [形]＝ཁྱགས 凍結. [名] 結冰；冰. [動] 擔承；承做；擔任.

ཁྱགས [形] 凍. [名] 冰.

ཁྱད་པ [名] 區別；不同. [形] 極好之物；最優者.

ཁྱད་དུ [副] 特別的；極佳的.

༣༠ ཁྱད་པར [名] 1,區別；不同. 2,種類.

ཁྱད་པར་དུ＝ཁྱད་དུ.

ཁྱབ་པ [動] [形] 1,充滿；貫入. 2,擁抱. 3,估計 4,包含.

ཁྱབ་ཆ [名] 職務；普通事業；工作.

ཁྱབ་འཇུག [名] 1,全知者；遍入. 2,毘瑟紐.（一天神名）

青海省政府印刷局印

ཁྱབ་གདལ [動] 1,均勻展開. 2,吸收一切. [名]空虛.

ཁྱབ་བདག [名] 全知之神；一切之主.

ཁྱམས [名] 1,天井；院. 2,空地；露天；露臺.

ཁྱི [名] 犬；獵犬.

ཁྱི་སྐད [名] 犬吠聲.

ཁྱི་གུ [名] 1,小犬；狗崽. 2,芽；植物之芽.

ཁྱི་དམ [名] 火烙印.

ཁྱི་དུག [名] 瘋犬所咬之毒.

ཁྱི་ཕྱུལ [名] 狗舍.

ཁྱི་སྤྱང [名] 狗類；豺.

ཁྱི་ཟ [名] 惡而咬人之狗.

ཁྱི་ར་བ [名] 獵人；用獵獸者

ཁྱི་སྦྲང [名] 狗蚤；狗蠅.

ཁྱི་མཚོད [名] 賣小食者；做小食者.

ཁྱི་དུ་ཀ [名] 削剩之物.

ཁྱི་ར [動] 打獵；行獵.

ཁྱི་ཤིང [名] 葯材.（治目疾及肺病者）

ཁྱིག 參看 འཁྱིག་པ.

藏漢辭典 上冊 三一 青海省藏文研究社編

164

ཁྱིད [名] 拇指至小指尖伸直之長度.

ཁྱིམ [名] 1,家；住所. 2,十二宿圖；宮. 3,兩小時之久. 4,圓圈.(圍繞日或月的)

ཁྱིམ་སྐྱེས [形] 家飼的；土産的.

ཁྱིམ་ཁོལ [名] 閹人；家奴；屬家庭的.

ཁྱིམ་ཐབ 或 ཁྱིམ་ཐབས [名] 夫婦；妻.

ཁྱིམ་བདག [名] 家主；長者；管家；丈夫；有家者；公民.

ཁྱིམ་བདག་མོ [名] 主婦；女管家.

ཁྱིམ་པ [名] 在家；俗人；已婚者.

ཁྱིམ་ཕྱུབ [動] 分居.

ཁྱིམ་བྱ [名] 家禽；雞.

37 ཁྱིམ་ཚང [名] 家庭；家屬.

ཁྱིམ་མཚེས [名] 鄰家；鄰近.

ཁྱིམ་ཞག [名] 黃道日.

ཁྱིམ་ཟླ [名] 黃道月.

ཁྱིམ་སེ [名] 思家.

ཁྱུ [名] 羣；隊.

青海省政府印刷局印

ཁྱུ་མཆོག [名] 首領；君王；金牛宮.

ཁྱུ་ལྕང [名] 垂柳.

ཁྱུག [動] 參看 འཁྱུག.

ཁྱུག་ཁྱུག [形] 閃閃.(電)

ཁྱུག་ཙམ [形] 少許；一刻.

ཁྱུང [名] 1,羣；衆. 2,鳳；金鷲；金翅鳥.

ཁྱུང་སྡེར [名] 1,鷹爪. 2,葯樹根.

ཁྱུང་པ [名] 羣集者.

ཁྱུང་ཞིལ [名] 大圓籃.

ཁྱུད་པ [動] 祭祀；敬仰.

ཁྱུད་མོ [名] 裝馬之具；器皿之邊.

ཁྱུད་པོ [形] 完全；充滿.

ཁྱུས [名] 牆邊.

ཁྱུལ [形] 廣濶.

ཁྱེའུ [名] 男孩；兒子.

ཁྱེད [代] 你.(尊稱)

ཁྱེད་ཏོ [代] 他或她.

ཁྱེམ [名] =ཁེམ, 鏟；鍬.

ཁྱེའུ [名] 小孩；嬰孩；少年.

ཁྱེར་བ [動] 拿；携；取.

ཁྱོ 或 ཁྱོ་བ, [名] 丈夫.

ཁྱོ་ག [名] 丈夫；男子.

ཁྱོ་བོ [名] 丈夫.

ཁྱོར [動] 立正.

ཁྱོ་ཤུག [名] 夫婦.

ཁྱོག 参看 འཁྱོག་པ.

ཁྱོག་པ [形] 彎曲；滑稽.

ཁྱོགས [名] 轎；絞台；舁牀；鞦韆. [形] 搖擺.

ཁྱོགས་པ [名] 載用之具；乘.

ཁྱོད [名] 款待.

ཁྱོད [代] 你（稱屬下或平輩）

ཁྱོད་ཤུགས 参看 ཁྱོ་ཤུག [名] 一對；成對.

ཁྱོན [名] 廣袤；長；濶；高；厚；全；一齊.

ཁྱོན་སྒྲིལ [副] 全體；總共.

ཁྱོན་སྡོམ [名] 全體；總數；內容；狹長.

ཁྱོན་ནས [副] 全體的；從全體.

青海省政府印刷局印

ཁྱོམ་ཁྱོམ [形] 傾斜；歪的；不整齊.

ཁྱོར་བ [動] 蹣跚而動；震搖；失足；頭暈 [形] 滿握

ཁྱོལ 參看 འཁྱོལ [動] 攜帶；拿.

ཁྲ [名] 1,一種鷹；鷂. 2,謊言；說謊者；拐騙者,
3,書信.

ཁྲ་ཁྲ [名][形] 斑點；雜色.

ཁྲ་རྒྱུ [名] 各種顏色.

ཁྲ་བརྒྱན [形] 飾以貴重寶石.

ཁྲ་པ [名] 架鷹者；養鷂捕雀者.

ཁྲ་བོ [形] 多色(花的)，雜色；有斑點或斑紋者.

ཁྲམ [名] 1,字母記錄本；索引. 2,司法之判決.

ཁྲག 3,一種穀.(成熟極速之大麥)
[名] 血.

ཁྲག་སྐེམ [名] 止血之藥菜.

ཁྲག་ཁྲིག [名] 大數目名.

ཁྲག་ཁྲུག 或 ཁྲག་ཁྲོག [形] 凌亂；雜亂；書頁散亂.

ཁྲག་འཁྲུགས [名] 激動，擾亂；血機亢進.

ཁྲག་རྒྱུན [名] 血液的循環.

ཁྲག་རོ [名] 血塊.

ཁྲག་ལིང [名] 血之液結.

ཁྲག་ཤོར [名] 失血症；出血.

ཁྲང 參看 མཁྲང.

ཁྲད་པ [動] 伸出.

ཁྲབ [名] 鉀；鎧；盾；鱗.

ཁྲབ་ཁྲབ [名][形] 泣者；慣哭者.

ཁྲབ་མཁན [名] 製甲鎧者.

ཁྲབ་ཅན [名] 有鱗的.

ཁྲམ, ཕྲ་མ [名] 假語；離間語；滑稽者，兩舌者.

ཁྲམ་ཁྲུམ [名] 碎片.

ཁྲམ་པ [名] 謊言者；欺騙者；狡者. [形] 1, 敏捷而有生氣. 2, 謙恭；留心.

ཁྲལ [名] 1, 稅；貢品；職務；强為之事. 2, 處罰；罪惡之懲罰；賞罰.

ཁྲལ་ཁྲུལ [名] 破損之物.

ཁྲི [形] 數目名；萬，一萬. [名] 座位；椅，寶座；牀；架；棚架.

青海省政府印刷局印

ཁྲི་ཆེན [名] 1,大椅. 2,噶丹寺之尺巴（方丈）

ཁྲི་འཕང [名] 椅之高；高椅；官品.

ཁྲི་མོན, ཁྲི་ཤུར [名] 牢；獄.

ཁྲི་ཤིང [名] 1,ཁྲིའུ, 椅. 2,爬藤植物.

ཁྲིག་ཁྲིག [名] 適當；相宜；不多不少. [形] 戰慄.

ཁྲིགས [動] 排列次序；使整齊.

ཁྲིགས་སེ [形] 豐滿；完全.

ཁྲིད. [動] 教訓；教授；引導；保護. [名] 排；次序；行列. 為འཁྲིད་པ之完成式.

ཁྲིད་ཕྲུག [名] 學者；學生.

ཁྲིམས [名] 法律；國法；普通之公理；特別法.

ཁྲིམས་ཁང [名] 審判所；裁判所；法院.

ཁྲིའུ [名] 牀架；小椅；凳；小桌.

ཁྲིལ 參看 འཁྲིལ.

ཁྲུ, ཁྲུ་མ [名] 兩臂伸長之四分之一；一肘.

ཁྲུ་བ 有時代替 འཁྲུ་བ [動] 洗滌.

ཁྲུ་ཐ་ཟེར [名] 燒鍋之一種.

ཁྲུ་སྨོག 或 ཁྲུ་རྨོག [動] 耕；握. [名] 儲穀之穴.

青海省藏文研究社編

ཁྲུང་ཁྲུང་ [名] 鶴；鸛.

ཁྲུད་པ [動] 洗滌.

ཁྲུན [名] 高；伸展.

ཁྲུམ་ཁྲུམ [動] 舂；搗.

ཁྲུམས [名] 星宿名；室宿. 亦作 ཁྲུམས་སྟོད.

ཁྲུམས་སྨད [名] 星名； 壁宿.

ཁྲུལ [動] 令墜落；落下.

ཁྲུལ་པོ [形] 高興；快樂. [名] 奸夫.

ཁྲུལ་མ [名] 1,彎柄；柄. 2,淫婦.

ཁྲུས [名] 沐浴；齋戒沐浴.

ཁྲུས་ཆལ [名] 洗物用之材料，如肥皂等.

ཁྲུས་པ [動] 洗滌. [形] 已洗的.

ཁྲེ [名] 稷.

ཁྲེ་རྒོད [名] 黍.

ཁྲེགས་པ 參看 མཁྲེགས་པ.

ཁྲེམས་པ [動] 灌溉田園；漬水.

ཁྲེལ [名] 1,一種粟. 2,羞愧；汗顏；知恥. 3,虔誠.

ཁྲེལ་གད [名] 訕笑.

青海省政府印刷局印

ཁྲེལ་ལྡོས [形] 無志氣；卑鄙；忸怩.

ཁྲེལ་ལྡན [形] 謙遜；知恥.

ཁྲེལ་བ [動] 羞；愧.

ཁྲེལ་མེད [形] 不知恥；不害羞；無愧.

ཁྲེལ་ཡོད [形] 知恥；愧；謙遜；貞潔；清正.

ཁྲེས 或 ཁྲེས་པོ [名] 載；負擔.

ཁྲོ [名] 一種青銅.

ཁྲོ་ཆུ [名] 銅或鐵溶液.

ཁྲོ་གཉེར [名] 顰蹙.（怒時）

ཁྲོ་བ [名] 怒；盛怒；忿怒.

ཁྲོ་བོ [名] 忿怒明王；發怒之妖魔；作怒容之神.

ཁྲོག [動] ཁྲོག་བརྒྱབ་པ，急飲；嚥下.

ཁྲོག་ཆུང [名] 鋸齒狀之葯草

ཁྲོག་པོ [名] 叢生樹幹之葉.

ཁྲོག་སྨན [名] 未經泡製之葯.

ཁྲོང་རེ [形] 正；直.

ཁྲོང་པོ [形] 鄙吝.

ཁྲོད [名] 一羣；會集；羣衆. [副] 中；內.

ཁྲོན [名] 爪.(鳥)

ཁྲོན་པ [名] 井.

ཁྲོན་ཟླ [名] 根葯；一種輕瀉劑.

ཁྲོམ [名] 市場；羣衆.

ཁྲོམ་པ [名] 市場中之商人.

ཁྲོམ་མེ [形] 閃光.

ཁྲོམས 參看 འཁྲིམ.

ཁྲོལ [名] 聲音. [形] 放鬆；未束縛. [動] 參看 འཁྲོལ་བ.

ཁྲོལ་ཁྲོལ [形] 放光；光亮.

ཁྲོལ་ཆ [名] 1, 放學；散會.(僧人) 2, 饒恕.

ཁྲོལ་དོང [名] 大鈴.

ཁྲོལ་པོ [形] 1, 高興；快樂. 2, 放光；耀目；清楚；明瞭. [名] 奸夫.

ཁྲོལ་མ [名] 篩子.

ཁྲོལ་མོ [形] 易碎的；脆. [名] 壺；聲音.

ཁྲོལ་ཚགས [名] 篩.

ཁྲོས [形] 發怒；似怒.

མཁན 此字置於名詞或動詞之後，表示主詞，人，或主動者，如：ཤིང་མཁན་木匠．ཡོང་མཁན་來者．འབྲི་མཁན་寫者．

མཁན་པ［名］1，鳳尾草、2，香料；乳香．

མཁན་པོ［名］1，教師；親教師；寺院中之主．2，西藏寺院學校之校長；為沙彌傳戒之高僧；達賴班禪屬下之宮名，即堪布．

མཁན་བུ［名］學生，徒弟．

མཁན་མོ［名］主婦；女教師．

མཁའ，ནམ་མཁའ［名］空；天空．

མཁའ་འགྲོ［名］神，鳥；箭．

མཁའ་ལྡིང［名］翱翔於空中之鷹；金翅鳥；妙翅鳥．

མཁའ་སྤྱོད［名］已騰天者；揵闥婆（天空樂師）

མཁར［名］堡壘；城；衛城；要塞；貴族之房屋．

མཁར་རྔ［名］1，鑼．2，操琴而歌者．

མཁར་ཚེ［名］葯名；一種硫化礦．

མཁར་གཞོང［名］鐘銅製之盤或盆．

མཁར་བ［名］1，鑄鐘之金屬．2，杖；棍．

མཁར་བསིལ［名］銅鏡．

མཁལ་མ［名］1，腎．2，兩種葯果（治腎病者）

藏漢辭典　上冊　三六　青海省藏文研究社編

མཁས་གྲུབ [名] 佛教中學者；已完成佛教之學問者.

མཁས་མཆོག [名] 博學者；有最高之知識者.

མཁས་པ [形] 聰明；有學識；善巧；熟練. [名] 有學識者；善巧者.

མཁས་པོ 或 མཁས་པ, [名] 具學識者.

མཁས་མ [名] 聰明或有學識之婦人.

མཁས་བཙུན [形] 有學識而正直；品學兼優.

མཁས་ཤོད [形] 最練達；最機敏.

མཁུན་པ 參看 ཁུན་པ.

མཁུར་བ [名] 額

མཁོ་བ [形] 必須的；合意的；需要.

མཁྱིད་གང [名] 握拳而伸拇指之長度.

མཁྱུད་པ [動] 保存；保留；保持；悋惜.

མཁྱུད་སྒྲོད [名] 1,藥瓶；藥袋. 2,妖術.

མཁྱེན [動] 知.

མཁྱེན་པ [動] 知道. [名] 學識.

མཁྱེན་དཔྱོད [名] 學問知識.

མཁྱེན་རབ [名] 智慧；上智.

མཁྲང་པ [名] 胎兒發育之第四期.

མཁྲང་པོ [名] 强健而堅實之體質.

མཁྲང་བ [形] 硬的；堅的；堅實的.

མཁྲིག་མ [名] 手腕.

མཁྲིགས་པ 有時代 མཁྲིག་མ.

མཁྲིས་པ [名] 膽；膽囊；膽汁.

མཁྲིས་མ = མཁྲིས་པ.

མཁྲེགས་པ [形] 堅硬的；打不破的；不能分的；不怕.

འཁང [動] 傷心；觸犯；鼓舞. [名] 報服之心.
[形] 爭鬥；口角.

འཁད་པ [動] 坐；坐定；留坐；固定；停止.

འཁམ་པ།,[動] 跌暈；暈去；暈倒. 2, 放入水中.

འཁར [名] 慾望；情慾；愛情.

འཁར་སྒོང [名] 白晶圓石.(葯)

འཁར་བ [名] 杖；拐杖. [動] 屬着；粘着.

འཁར་རྔ [名] 鑼.

འཁར་གཞོང [名] 銅盤；銅盆.

འཁར་ཟངས [名] 銅壺.

འཁར་གསིལ [名] 遊僧所持之杖；錫杖.

འཁལ [名] 紡織之緯線.

འཁལ་བ [動] 1.紡. 2.送，送物.

འཁུ་འཁྲིག [名] 1.怨恨貪慾等使腦筋暈亂之情緒. 2.驕傲. [動] 競爭；侮慢；恨，希望.

འཁུ་བ [動] 競爭；觸犯. [形] 盛怒的；不遵令. [名] 侵犯；傷害.

འཁུན་པ [動] 呻吟；深歎.

འཁུམ་པ 完成式為 འཁུམས [動] 1.聞；領悟. 2.縮；畏縮.

འཁུམས་པ [形] 1.緊縮；畏縮. 2.儉省；限制；奪權.

འཁུར་བ [名] 饅頭類. [動] 攜帶；負；攫；拿.

འཁུར་ཚོས 參看 ཁུར་ཚོས.

འཁུར་ར [名] 烤或油渣之麪包及饅頭等.

༣༢ འཁུལ་བ [動] 克制；以口辯服人作事.

འཁེགས་པ [動] 阻止；停止；拒絕.

འཁེངས་པ 完成式為 ཁེངས [動] 盈溢；充滿.

འཁེབ་པ 完成式為 ཁེབས [動] 遮蓋；鋪蓋.

འཁེལ་བ，འགེལ་བ 完成式為 ཁེལ [名] 置於上；裝載；打包

青海省政府印刷局印

འཁོ་བ〔動〕希望；須要；想為有用；有機會．

འཁོགས་པ〔形〕因年老而極衰弱；老而無用；腐朽．〔名〕遣移，浪遊．〔動〕咳嗽．

འཁོང་བ〔動〕拉人之四股；蹲踞；自醫．

འཁོད〔名〕表面；面積．

འཁོད་པ〔動〕坐下；坐；住；放下；放置．

འཁོན〔名〕怨恨；爭端；戰爭；毒惡．

འཁོན་པ〔動〕怨恨；有惡意；不滿．

འཁོབ་པ〔形〕下賤；不好的；惡的；野蠻的；粗鄙的．

འཁོབས〔名〕一人工作之範圍．〔動〕驚惶；激動；受驚．

འཁོར〔名〕1.從人；眷屬．2.代འཁོར་ལོ輪．

འཁོར་ཁ〔名〕循環．(年月日)周匝．

འཁོར་ཉན〔名〕樂譜中第七節之第一音．

འཁོར་བ〔名〕世界；循環之存在；輪廻；生死．〔動〕旋轉；周行；經過；形成．

འཁོར་མེད〔形〕不斷；相續．

འཁོར་ཞག〔名〕歸期；僧侶或兵士的假期．

འཁོར་ཡུག〔名〕1.天際．2.城牆或壁壘．

འཁོར་ལོ [名] 輪；圓體；圓，平盤．

འཁོར་ས [名] 寺廟四周之繞道；從者之位置．

འཁོར་གསུམ [名] 人，馬，牛．

འཁོལ་བ [動] 1,完成式為བཁོལ，命令式為ཁོལ，使人為奴使為僕；使服侍； 2,完成式用ཁོལ 煮；煎．3,救；節省；享受節制．4失知覺；睡着；四肢麻木．

འཁོལ་མོ，འཁོལ་མ [名] 僕；女從人．

འཁོས 或 འཁོས་ཀ [名] 價值；重要；必須．

འཁྱག་པ [動] 1,結冰；凍凝；凝結；結晶．2,覺冷；凍．[名] 冰．

འཁྱགས་རུམ [名] 冰滑；冰塊．

འཁྱམས་པ [動] 1,浪遊；漫遊；遊行．2,流浪流落；飄泊；無目的之遊行；異域之遊．

འཁྱམས་པོ [形] 錯誤的．[名] 流浪；痞子．

འཁྱར་བ [動] 弄錯；走錯路；迷途．

འཁྱལ་བ＝འཆལ [形] 不適切；無謂．

འཁྱིལ་བ

青海省政府印刷局印

འཁྱིག་པ [動] 1.束縛；作囚犯. 2. 絞死；窒死.

འཁྱིགས་པ 完成式為 བཀྱིགས [動] 束縛.

འཁྱིད་པ [動] 拉出；用力拖；滚；旋轉.

འཁྱིམ་པ [動] 旋.（水）

འཁྱིམས་པ [動] 環繞.

འཁྱིར་བ [動] 環轉.

འཁྱིལ་བ [動] 繞；旋；旋轉. [名] 髮；旋渦.

འཁྱིས་པ 參看 འཁྱེད་པ [動] 發展.

འཁྱུ་བ 或 འཁྱུས་པ [形] 彎曲；不直. [動] 完成式為
འཁྱུས 跑開.

འཁྱུག་པ 完成式為 ཁྱུག [動] 快跑；快動.

འཁྱུག་ཡིག [名] 疾書；通常之書寫.

འཁྱུད་པ [動] 摟抱；投入；可能. [名] 男女之擁抱；
摟抱.

འཁྱུར་བ 為 བསྐྱུར 之未來式 [動] 分離；離婚，停止，結
束；背棄.

འཁྱུས 參看 འཁྱུ་བ.

འཁྱེར་བ [動] 充滿.

青海省藏文研究社編

འཁྱེད་པ〔動〕1.充足；耐久；忍受；足夠 2.訟勝；闡釋 3.未去頭上之物而鞠躬.（此為不甚恭敬之禮）

འཁྱེར་བ〔動〕拿去；取去；攜帶.

འཁྱེར་སོ〔名〕1.舉行；態度；行為；整潔. 2.利益；卓越；快樂.

འཁྱེལ་བ〔動〕打；擊.

འཁྱོག་འཁྱོག〔形〕彎曲.

འཁྱོག་པ完成式為ཁྱོག 命令式為ཁྱོག〔動〕舉起；攜帶；拿.

འཁྱོག་པོ或ཁྱོག་པོ〔形〕彎曲；不直.

འཁྱོགས或ཁྱོགས〔名〕轎；舁牀.

འཁྱོང་བ或འཁྱོངས〔動〕觀察；尊奉.

འཁྱོམ〔名〕流質.〔動〕眩暈；彎曲.

འཁྱོར་བ〔動〕1.不定；動搖；失誤；失敗. 2.未擊中 3.因醉而暈. 4.彎曲.

འཁྱོལ་བ完成式為འཁྱོལ，參看སྐྱོལ〔動〕攜帶；到；達到.

འཁྲོས་མ[名] 贈品；餽物.

འཁྲ་བ完成式為འཁྲས [動] 依賴.

འཁྲ་ས[名] 支棍；椅背.

འཁྲངས[形] 硬的；難的.

འཁྲད་པ[動] 逐出.（俗語）

འཁྲབ་པ完成式為བཁྲབ 或ཁྲབ [動] 打；擊；推；重踏. 2,揃. 3,閃目. 4,開玩笑；詼諧. 5,跳雀躍. 6,澆出；汲出.

འཁྲལ་འཁྲུལ[形] 昏亂；昏迷.

འཁྲས[形] 有希望；附着

འཁྲི[形] 減少；減價.

འཁྲི་བ完成式為འཁྲིས 參照དཀྲི་བ. [動] 1,繞；纏繞；壓縮；緊縮. 2,貪愛；愛情.

འཁྲི་ཤིང[名] 爬藤植物.

འཁྲིག་པ[動] 粘合；粘攏；變厚；混合.[名] 交媾.

འཁྲིག་མ[名] 手腕.

འཁྲིགས[名] 雲之集合.

འཁྲིད་པ完成式為ཁྲིད, བཁྲིད [動] 引導；指導；帶之一地.

འཁྲིམས [名] 恐懼；驚惶；恐怖.

འཁྲིལ་བ,འཁྲིས [動] 繞；纏繞(如蛇)拉攏；緊抱；擁抱.

འཁྲིལ་ཤིང=འཁྲི་ཤིང 爬藤植物.

འཁྲིས [形] 附近. [名] 近岸.

འཁྲུ་བ=འཁྲུད་པ [動] 洗；沐浴.

འཁྲུག་ཞི [名] 痢症.

འཁྲུག [名] 擾亂.

འཁྲུག་པ [動] 完成式為འཁྲུགས 1,騷動；擾亂；受驚. 2,發怒；爭論；戰. [名] 戰爭；爭論；紛裂.

འཁྲུགས [形] 1,搖動；激動；煽動；戰慄. 2,怒；盛怒；擾亂.

༧༠ འཁྲུང་བ 或 འཁྲུངས [動] 1,降生.(尊稱,如對偉人或喇嘛) 2,起來；發生；由…來.

འཁྲུད་པ 完成式為ཁྲུས,未來式བཀྲུ [動] 洗滌；沐浴；洗去.

འཁྲུན་ཆོད [名] 事物最後之決定.

འཁྲུན་ཞིང [形] 其長；縱的. [名] 縱.

青海省政府印刷局印

འཁྲུལ་ 或འཁྲུལ་པ[名] 錯誤；瘋狂；狂暴；幻想；[形]錯誤的；混亂的；欺騙的.[動]心亂；瘋狂

འཁྲུལ་འཁོར[名] 1.機器. 2.詭計；計謀.

འཁྲུལ་སྣང[名] 幻想；幻的表現.

འཁྲུལ་གཞི[名] 錯誤之基礎或原因；根本之錯誤.

འཁྲུལ་ཡས[名] 一極大數目.

འཁྲེགས་པ=སྲ་བ[形] 極堅硬或難.

འཁྲེན་པ=ཞེན་པ[名] 慾望；感情.[動]1.希望.2.嫉視

འཁྲོ་བ 完成式為ཁྲོས[動] 發怒.

འཁྲོལ་བ 完成式與未來式為དཀྲོལ，命令式為ཁྲོལ[動] 奏；玩；使發聲；發生聲音；作大聲.

འཁྲོགས[形] 位置錯亂.

ག

ག 1,〔代〕何；什麼. 2,常作接尾字用,如

ག་ཁྲལ〔名〕課税.（牛羊等）

ག་ག〔名〕尊貴之職銜.(藏西)

ག་ཙེན或ག་ཚེན〔形〕有些；許多.

ག་སྐྱེད〔名〕茴香子.

ག་བུར〔名〕樟腦.

ག་བྲ〔名〕一種葯名；樹枝；新芽.

ག་ཚམ〔副〕若干.

ག་ཚོད〔副〕若干；幾多.

ག་ཁེ=ག་ཁའ或ག་ཤེ〔名〕笑語；玩笑；詼諧.

ག་ཇུག〔副〕怎樣；如何.

ག་ཡ་ཟི〔名〕側視.

ག་འུ〔名〕護符；避邪符.

ག་འུ་ལི〔名〕簿册；帳簿；書頁邊所寫之小記載.

ག་རེ〔副〕1,什麼(拉薩俗語) 2,何處；由何處.

ག་ལེ〔副〕慢；溫和；緩.

ག་ལོག〔名〕邪視.

གད་པ [名] 1,掃除者，清道夫；洗淨者. 2,石崖；絕壁；巨石之大裂縫.

གད་ཕུག [名] 石洞；石隙.

གད་མོ [名] 笑；大笑.

གན [副] 近；附近；跟前.

གན་ཀྱལ་或གན་རྐྱལ [形] 仰卧.

གན་རྒྱ=ལག་རྒྱ [名] 合同；契約.

གན་དར [名] 綵布；哈達.

གན་མཛོད [名] 儲藏室；堆棧；庫.

གབ་ཁུང [名] 膝蓋背面之空處.

གབ་སྒྲ [名] 噎氣.

གབ་པ [動] 隱藏；自匿.

གབ་ཚད [名] 慢性而隱伏之熱症.

གབ་ཚིག [名] 謎語；秘密語.

གབ་ས [名] 隱藏之所.

གམ [副] 附近.

གའུ [名] 懸於項間之符袋

གར [名] 跳舞；演戲之動作；作手勢. [代] 何處；

向何處；[名]營.

གར་མཁན[名]舞者；伶人.

གར་མཁན་མ[名]舞女.

གར་ཅིག, གང་ཞིག[代]誰一；無論何一；任何.

གར་འཆམ[名]西藏舊派喇嘛之跳舞.

གར་པ[名]舞者；跳舞.

གར་པོ, གར་མོ[形]1.厚；密. 2.凝結的；非流質的.

གར་བ[名]收斂的；莊嚴的；强的.

གལ[形]壓迫；强迫. [名]1.抑制；强迫. 2.重要.

གལ་འགག[形]重要的.

གལ་ཆུང[形]不重要的. 無關係的. 輕忽.

གལ་ཆེ་བ[形]極重要.

གལ་ཏེ[接]倘若；如.

གལ་བ[動]威迫；强人作事.

གལ་བཟུང[名]廢棄.

གལ་རོ[名]廢物；渣滓.

གི 與ཀྱི同義，用於ག,ང之後.

གི་གུ[名]母音 ི 記號.

青海省政府印刷局印

གི་ཝང[名] 牛黄；殺腸蟲之葯，此字亦寫作གི་ཧང.

གི་ལིང[名] 身體強壯之馬.

གིང [名] 小鼓.（跳舞時用）

གིམ[名] 一種柔音調之名.

གིར་སོ[名] 印度盧比.

གིས=ཀྱིས 用於添後字 ག་ང 之後。

གུ=ཀུ[名] 1,表示小者之字,如ཁྱི་གུ,ལུ་གུ. 2,展張；伸長；餘地；寬濶.

གུ་ཏེ[形] 聾.

གུ་ཡུ[名] 水銀檳榔.

གུ་ཡུར[副] 慢慢；無聲音；温和的.

གུ་རུ=བླ་མ[名] 教師；師長.

གུ་རུག[名] 小狗或小驢.

གུ་སུ[名] 衣服.

གུག་གུག[形] 深鞠躬.

གུག་གེ་བ[形] 1,彎曲. 2,下垂.

གུག་པ[動] 鞠躬敬禮.

གུང [名] 1,公爵. 2,西藏一種似豹之貓類；中亞細亞之大頭虎．3，中間；中心；正午；夜半．

གུང་ཇ [名] 午茶．

གུང་པ=འབྲིང་པོ [名] 三兄弟中之第二者；居中者．

གུང་འཛུག [名] 中指．

གུད [名] 傾斜；分開；幽靜．

གུད་པ=འགུད་པ．

གུད་པོ [形] 值昂．參看 གུད་པོ

གུན [名] 損失；耗損．

གུན་དྲུམ [名] 盛果實之圓籃．

གུན་པོ [形] 價昂．

གུམ་པ 參看 འགུམ་པ．

གུར [名] 帳幕；蒙古包；茅屋或草屋．

གུར་གུམ或གུར་ཀུམ [名] 番紅花；萬壽橘．

གུར་གུར [名] 預備茶時之小攪乳器．

གུར་ཏིག [名] 治瘡痛之葯．

གུལ་གུལ [名] 戰慄；如被大風之動搖．

གུས་པ [名] 謙恭；尊敬；虔誠．[形] 尊敬的；謙誠的．

གུང་པོ [形] 價昂．參看 གུད་པོ 與 གུད．

青海省政府印刷局印

གེ་ཡ [名] 垂於肩後之頭巾.

གེ་སར [名] 紅花；花冠；花蕊.

གེགས=བགེགས [名] 阻止；停止；障碍.

གེལ་པ [名] 螺螄形之樹幹.

གོ [名] 1. 一羣或一隊中之首領. 2. 空處；餘地；地位；隙間. 3. 位置；品級；生活狀況；方法.

གོ་སྐབས [名] 中間；閑暇；空處；機會. [副] 同時.

གོ་སྐལ [名] 依照品級所應得之一部.

གོ་ཁང，གོ་ཆའི་ཁང་པ [名] 兵工場.

གོ་ཆ，གོ་ཅ [名] 盔甲. 裝具；服飾；器具.

གོ་སྙོད [名] 茴香子.

གོ་འཕང=གོ་གནས [名] 品級；地位；位置.

གོ་བ [動] 了解；領悟.

གོ་བོ 或 ཁྲ་གོ་བོ [名] 一種鷹.

གོ་ཡུ [名] 檳榔.

གོ་ར=བཙོན་ར [名] 牢獄.

གོ་རིམ [名] 次序；次第；排列.

གོ་ལེ=ག་ལེ 或 དལ་མོ [副] 慢慢；緩.

གོ་ས [名] 地位；位置；品級；任務；高貴．

གོག 西藏西部代 གོང་པོ [名] 塊．

གོག་པ [動] 爬行；搗碎；括去．

གོག་པོ [形] 破壞的；耗損的；廢墟；用壞的．

གོང [名] 1,值；價值．2,上面；前面（時間或空間）

གོང་པོ，གོང་བུ [名] 集會；名譽；著名．

གོང་བ [名] 衣領．

གོང་བུ [名] 1,圓塊；一塊；一堆．2,原子之集成球，極微之合體．

གོང་མ [名] 尊長者；前者；首先舉出者．

གོང་མོ [名] 在上者；中指；白松雞．

གོང་མོ་སྐྱག [名] 雉．

གོང་ས [名] 有大權或高位者；元首．

གོད [名] 損失；耗損．

གོན [名] 葫蘆；東瓜．

གོན་པ [動] 穿；著；（冠衣履等）

གོབཙོན [動] 激弄；激怒；觸怒．

གོམ་པ [名] 步；一步．

青海省政府印刷局印

གོམས་པ[名] 修習；熟練各種工作者；[形] 精巧的．
慣熟的．

གོར 或 ཕྱུགས་གོར=ནོར་ནད [名] 獸瘟；牛病．

གོར་གྲུ[名] 1, 四角形． 2, 智慧．

གོར་མ[名] 石之雅稱或尊稱．

གོར་མ་ཆག[形] 自然的；決定的；無可疑的．

གོར་མོ[名] 1, 石． 2, 瞋恚之心．

གོལ་བ 參看 འགོལ་བ．

གོས[名] 1. 蓋；衣服． 2, 緞．

གོས་སྐུད[名] 絲線或紗線．

གོས་སྙབ[名] 衣或袍之邊．

གོས་གྲུམ[名] 中國緞所製之方毯

གོས་ཙན[名] 1, 一種檀香． 2, 小桌；一塊布．

གོས་ཆེན[名] 絲織物；緞；中國緞．

གོས་ཐུང[名] 褌．

གོས་མཐའ[名] 衣袍之邊．

གོས་འཕྱག 或 ཆུ་གོས[名] 浴布．

གོས་པ 為 བགོ་བ 之完成式 [動] 應用；摩擦；粘貼；染

污. [名] 擦藥膏.

གོས་པོ་=གྱོས་པོ [名] 岳父.

གོས་ཕྲ [名] 上等絲; 棉紗.

གོས་ཕྱེད [名] 利益, 承諾, 實行; 榮譽.

གོས་བྲལ[形] 裸體的; 未着衣服的.

གོས་མེད[形] 棄絕塵慾的; 無染.

གོས་ཡུག[名] 一襲衣料之緞或布.

གོས་ལག[名] 衣服.

གྱ་གྱུ=གཡོན་ཅན[形] 偽善; 不直; 詭計; 暗謀.

གྱ་མ་གྱུ[形] 寂靜, 徐流; (河水) 謹慎; 有計謀的.

གྱ་ཉེས[形] 不可思議的, 不可解的.

གྱ་དོ [名] 胸前之板甲.

གྱ་ནོམ་པ[名] 富足者. [形] 豐富的; 有財勢的.

གྱ་པ 或གྱ་བ[形] 污壞的; 衰微的; 毀壞形體.

གྱ་ཧོམ或གྱ་ཧྲོམ[名] 極忙; 魯莽; 輕躁.

གྱ་ཚོམ[形] 不審思; 不堅定; 頃刻.

གྱ་ག་པ[形] 破壞的; 虛廢的; 減少的.

གྱང [名] 磚; 牆.

青海省政府印刷局印

གྱད [名] 戰士；體力强者；競技者.

གྱམ [名] 藏身處，石之凹處.

གྱར་གྱོད [名] 損失；耗損.

གྱི 在末尾字ན，མ，ར，ལ之後，代ཀྱི，參看ཀྱི.

གྱི་ལིང [名] 青海良馬種

གྱིག [名] 橡皮；印度橡皮.

གྱིག་ཤིང་ངམ་གྱིག་སྡོང [名] 橡樹.

གྱེང་ཤོ [形] 緩傾斜；漸漸而下.

གྱེན 參看གྱེད.

གྱེམ་བག 汞與他金屬相雜之物.

གྱེམ་ཤིང，རོལ་མོ [名] 音樂；鐃鈸.

གྱིས། 在末尾字ན，མ，ར，ལ之後，同ཀྱིས，為[2]བགྱིད་པ之命令式.
[動] 誠實工作；如此作.

གྱུ་བ＝བཀུར་བ [動] 尊敬；重視.

གྱུར 為འགྱུར་བ之完成式及命令式.

གྱུ་གུ [名] 不直，曲線；塊；駝峯.

གྱུད་པ 參看 འགྱུད་པ.

གྱེན [形] 上.

ཁྱེར 参看 འཁྱེར་བ.

ཁྱེར་ལིང〔名〕上種馬或騎.

ཁྱེས 参看 འཁྱེ་བ.

ཁྱེས་བརྗེས〔形〕升起；大量；高貴.

ཁྱེས་པ〔動〕分析；解決；分開.

ཁྱོ་དུམ〔名〕1,糖. 2,鍋或壺之破片；磚瓦.

ཁྱོ་མོ〔名〕小石；沙礫；瓦礫.

ཁྱོག་པ〔形〕彎曲的；弧形的.

ཁྱོག་ཡོ〔形〕魯鈍的；用左手的.

ཁྱོགས 代སྒྱོགས〔名〕大炮.

ཁྱོང〔名〕缺乏；空乏；須要.

ཁྱོང་ཡོ〔形〕彎曲的；粗魯的；難懂的.

ཁྱོང་བ〔形〕極粗野；輕忽.

ཁྱོང་རལ＝ས་ཞག〔名〕水上所浮不潔之膜；浮渣.

ཁྱོད 参看 འཁྱོད.

ཁྱོད་ཁ〔名〕悔恨；口角；訴訟.

ཁྱོད་གཞི〔名〕口角或爭鬥之原因.

ཁྱོར་བ〔動〕穿；戴.

གྱོལ〔名〕綠葉或嫩枝.

གྱོལ་པ〔名〕綠嘴之喜鵲.

གྱོས་པོ〔名〕岳父.

གྱོས་མོ〔名〕1,岳母. 2,主婦；家中之老婦人.

གྲ〔名〕西藏古時六部落之一.

གྲ་རྒྱས〔形〕厚簺.(如馬獅之鬃)

གྲ་སྒྲིག〔動〕布置或預備適當.

གྲ་སྡེབས〔名〕適當之次序與排列

གྲ་སྙག〔名〕中國所製之鐃鈸.

གྲ་མ〔名〕芒.(五穀及野穀的)

གྲ་ཟུར〔名〕邊之接縫處；角.

གྲྭ〔名〕1,角；邊. 2,膝衣；裙. 3,學校.

གྲྭ་ཁང〔名〕圓形屋；學校之房屋；僧侶之住所.

གྲྭ་པ〔名〕學童，學僧；門徒；沙彌.

གྲྭ་དཔོན〔名〕校長；主僧.

གྲྭ་ཕྲུག〔名〕學童.

གྲྭ་ཚང〔名〕和尚受佛經之學校；大寺院中之一部.

གྲྭ་ཚོགས〔名〕僧侶之集合.

青海省藏文研究社編

གྲྭ་ཟུར [名] 隅室或僧侶所坐之穴.

གྲྭ་ས [名] 寺院.

གྲྭ་ཏེ [名] 盤, 碟.

གྲག་པ 或 གྲགས་པ [名] 1.音調, 聲調; 聲音高低之度. 2.名譽; 聲音; 謠言 3.衆人中之特出者.

གྲགས་པ [動] 為 འགྲོག་པ 之完成式, 束縛. [名] 榮耀, 名稱; 聲名與性質.(傳聞者)

གྲགས་པ་ཅན [名] 著名的; 顯達的.

གྲགས་ཡམས [形] 名震全球的; 名譽極大的.

གྲང་བ, གྲང་མོ [形] 冷; 寒冷.

གྲང་གཞི [名] 受害所致之疾.

གྲང་སྣུང [名] 腹中受寒; 風寒.

གྲངས [名] 1.數目. 2.記號. 3.星相家.

༡༥ གྲངས་ཅན [名] 不能數清之數目.

གྲངས་གཞིར [動] 列舉; 枚舉.

གྲབ་རྒྱབ [名] 驕傲; 矜誇.

གྲབས [名] 預備; 排列; 計劃; 計謀.

གྲམ [名] 水中之石

青海省政府印刷局印

གྲམ་པ [名] 河灘.

གྲམས [形] 有石的.

གྲལ [名] 一排；一連；繩；班；層次.

གྲལ་སྒྲིག [動] 排成次序或行列.

གྲལ་རིམ [名] 1.行列；排次；班次. 2.職名；請求之權利.

གྲལ་པ [名] 啤酒店之主顧.

གྲལ་མ [名] 1.小樑. 2.桷.

གྲས [名] 輩數；班次；次序；官階；高貴.

གྲས་པ 代 དྲས་པ [動] 束縛. [名] 木樑；橫木.

གྲི [名] 刀；腰刀；兵器.

གྲི་གྲུ = ཁུག་ཅིག [名] 角；壁龕.

གྲི་གུ [名] 小刀.

གྲིན་པ，སྒྲིན་པོ [形] 精通；聰明.

གྲིབ [名] 1.影子. 2.污穢；穢跡；污垢.

གྲིབ་ཙན [名] 強硬；背逆.

གྲིབ་མ [名] 影子；蔭.

གྲིམ་པ [動] 催趕；速之.

གྲིམས་པ [形] 聰明，精通；靈巧；謹慎.

གྲིལ 參照 འགྲིལ་བ [名] 一捲.

གྲུ [名] 1,廣長之地域；有角之物. 2,光澤. 3,船；筏

གྲུ་དཀར [名] 璁玉之一種.

གྲུ་སྐྱ [名] 槳.

གྲུ་ཁ [名] 渡頭；河邊之上岸處.

གྲུ་མཁན [名] 航海者；架渡者.

གྲུ་ག [名] 線球 參一絞紗. 藍白色之石或畫.

གྲུ་གུ [名] 球；線球；圓球之棉紗.

གྲུ་གླ [名] 渡資；船價.

གྲུ་ཆར [名] 雨；多雨；多雨季；時雨.

གྲུ་པ [名] 舟子；架渡船者.

གྲུ་མ [名] 1,角；四角或凸角. 2,邊；邊界.

གྲུ་མོ [名] 肘.

གྲུ་བཙས [名] 渡資.

གྲུ་གསུམ [名] 三角形.

གྲུ་ཤན [名] 船.

གྲུ་བཞི [名] 四方形.

གྲུག་པ [動] 擊碎；劈碎.

青海省政府印刷局印

གྲུང་པོ། [形] 1.上智，聰明. 2.溫和，溫良.

གྲུངས་པོ། 或 ས་བོན་ཕྲུལ་ཡས་པོ [名] 未爛之種穀

གྲུབ [形] 全；一切. [名] 不藉人工而自然完成之事物. [動] 參看 འགྲུབ་པ.

གྲུབ་ཆེན，གྲུབ་མཆོག [名] 大聖人.

གྲུབ་ཐོབ [名] 聖人；達到成功圓滿者.

གྲུབ་མཐའ [名] 已決之結論；意見；理論；教派；宗派. 2.決定解脫痛苦；決定得涅槃.

གྲུབ་པ [動] 為 འགྲུབ་པ 之完成式，完成；成就 [名] ཟིན་པ，存在；成功.

གྲུམ་པ [名] 西藏之猪獾.

གྲུམ་པོ [名] 殘廢者；破者.

གྲུམ་བུ 或 གྲུམ་ནད [名] 風濕骨痛.

གྲུལ་བུམ [名] 一種吮血食尸之鬼.

གྲུས 參看 འགྲུ་བ.

གྲུས་པོ [名] 兩三歲之犛牛.

གྲེ [名] 星宿名；張宿.

གྲེ་བ [名] 喉，頸，氣管與食道之前部；聲音.

གྲི་བོ [名] 一種魔鬼.

གྲེའུ [名] 1, 或作 དྲེའུ 幼熊. 2, 豆; 莞豆.

གྲེ་སམ [名] 1, 閃光. 2, ཏྲེ་སམ 一種植物.

གྲོ [名] 麥; 小麥.

གྲོ་རྫོང [名] 冬季儲麥之倉或地窖.

གྲོ་མ [名] 蕨麻; 一種草名.

གྲོ་བཞིན [名] 星宿名; 牛宿.

གྲོ་སོག [名] 麥莖; 麥草.

གྲོག = གྲོག་མ 或 གྲོག་མོ [名] 螞蟻.

གྲོག་མཁར [名] 蟻蛭.

གྲོག་པོ [名] 急流之深谷.

གྲོག་ཚང [名] 蟻窩.

གྲོག་ཞིང [名] 1, འབྲོག་ཞིང 牧場. 2, 一種葯名.(利小便者)

〥〇

གྲོགས [名] 朋友; 夥伴; 工友; 扶助者. 2, 戀人; 情人; 丈夫.

གྲོགས་པོ [名] 友; 同盟者.

གྲོགས་བྱེད་པ [名] 1, 交友. 2, 互助; 協助. [動] 結交.

གྲོགས་མོ [名] 女友; 主婦.

青海省政府印刷局印

གྲོགས་པ་བཟང [名] 友誼；情人.

གྲོང 1. 為འགྲོང་བ之完成式 [動] 死. 2. [名] 居處；村鎮；小村落；屋；鄉村.

གྲོང་ཁྱེར [名] 城市；大鎮；有牆圍繞之地.

གྲོང་གཏམ或གྲོང་སྐད [名] 方言；土語.

གྲོང་པ [名] 村人；鄉人；佃户；有房屋者.

གྲོང་དཔོན [名] 村長；村中之首領.

གྲོང་ཚིག [名] 方言.

གྲོང་ཚོ [名] 大鄉村；鄉鎮；村莊之聚合.

གྲོང་གཞི [名] 田莊；產業.

གྲོང་ཡུལ [名] 鄉閭之地.

གྲོངས 參看འགྲོང་བ [動] 死.

གྲོད་པ 或 གསུས་པ [名] 腹；反芻動物之胃.

གྲོན་ཅན [形] 無益的；有害的.

གྲོན་པ [名] 費用浩大. [形] 價高，多費用. [動] 用費，浪費. [名] 極有忍耐性者；耐久而堅實之物.

གྲོལ [名] 釋放；拯救；解脫.

གྲོལ་བ 為འགྲོལ་བ之完成式 [動] 解脫；超脫塵世.

གྲོས [名] 1,忠告；指導. 2,語言；談話；商議. 3,小心；細心；謹慎.

གྲོས་པ[名] 商量者；顧問；上院議員；商量.

གྲོས་མི[名] 諮詢者；忠告者.

གྲོས་ཡ[名] 秘書；顧問.

གླ [名] 工資；薪金；作完工之報酬；代價.

གླ་པ 或 གླ་བོ， [名] 雇工；固定工資之僕；日工.

གླ་བ[名] 麝.

གླ་མི[名] 僕人；雇工.

གླ་མོ[名] 1,女傭. 2,牝麝.

གླ་རྩི[名] 麝香.

གླག 或 ཧ་གླག，[名] 鳥名；鵰.

49 གླག་པ=ལྟག་པ[名] 上邊；後邊；上部；後部.

གླགས [名] 機會；時機；可能.

གླགས་པ[動] 去；前進；相近.

གླང [名] 1,牛；犢；金牛宮. 2,腹中痛；腸痛；絞長痛；痙攣及其他類似之病.

གླང་ཁྱིམ[名] 1,牛欄. 2,有裝飾之拱門.

青海省政府印刷局印

གླང་རྒོད [名] 野牛、

གླང་ཆེན=གླང་པོ་ཆེ[名] 象.

གླང་ཐུག [名] 牯牛；公羊.

གླང་འདྲེད=ཞོར་ལ་ཁབ [名] 鄉愚；耕者.

གླང་ཕྲན=གླང་ཕྲུག[名] 小象.

གླང་ཕྲེས [名] 牛槽；象柵.

གླང་མ [名] 一種葯植物.

གླང་མོ [名] 母象；牝象.

གླང་དམར [名] 未閹之牛.

གླང་རྫི [名] 牧牛者；牧人；馭象者；芒神.

གླང་ཤ [名] 一種蹄瘡.

གླད 或གླད་པ [名] 頭；腦. 參看ཀླད.

གླན་པ, གློན་པ [動] 1,補綴；修理、2,回轉.3,答問；對答.

གླན་གླེན參看གླེན་པ. [形] 啞.

གླལ་བ[動] 打呵欠.

གླིང [名] 1,一種仙草. 2,洲；部洲；島；地球之一部；土地之區分, 3,寺院；大寺院.

གླིང་ཀ〔名〕花園；快活林．

གླིང་བུ〔名〕笛；蘆笛；箄藁．

གླིང་མ〔名〕湖邊；河邊．

གླིང་ལོག〔名〕革命；內閧．

གླུ〔名〕歌；小曲；調．

གླུ་དབྱངས〔名〕歌音；音樂之和聲．

གླུད〔名〕作贖金之物．

གླུམ 或 སྦང་གླུམ〔名〕新鮮而發酵之米麥．

གླེ〔名〕未開墾之小島；森林．

གླེགས〔名〕板；桌；盤．

གླེགས་བམ〔名〕書卷；夾於平板內之書．

གླེགས་བུ〔名〕書卷上之標籤；書板．

གླེགས་ཤིང〔名〕木板；夾書之夾板．

གླེང་བ 或 གླེངས་པ〔動〕說；談話；描寫．

གླེང་མོ〔名〕談話；會談；故事；記述．

གླེན་པ〔形〕癡呆；愚蠢；無知識．〔名〕蠢人；癡呆者．

གླེབ་པ 完成式為 གླེབས〔動〕使平坦；使扁；踐踏；壓．

གླེབས་པ 參看 གླེབ་པ．

青海省政府印刷局印

གླེམ [動] 壓，擠出，軋扁，壓壞.

གློ [名] 1, 旁.(人體的) 2, 咳嗽.

གློ་སྐོགས་པ [動] 咳嗽，清喉.

གློ་ཁ [名] 顏色名;(如肺血者) 暗紅色.

གློ་ཁུག [名] 小錢袋.

གློ་དོང [名] 笛、

གློ་ཕུག [名] 藏物之處.(在牆上或屋角)

གློ་བ [名] 肺.

གློ་བུར [副] 忽然.

གློ་འབུར [名] 拋出. [形] 升起.

གློ་སྦུབ [名] 笛.

གློག [名] 電，閃電.

གློད་པ＝ལྷོད་པ [動] 放鬆，休養.

གླན་པ [動] 1, 答. 2, 縫補，修理.

གླེན་པ [名] 頑梗，無知識.

དགག་པ 為 འགོག་པ 之未來式 [動] 阻止，阻攔，禁止.

དགག་དབྱེ＝དགགས་དབྱེ [形] 停頓，阻碍.

དགང་བ [名] འགེངས་པ 之未來式. [動] 充滿，填滿.

དགབ་པ 為འགེབས་པ之未來式.

དགབ་ཆ[名]衣服.

དགའ་གྲོགས[名]愛人；愛友，夫婦.

དགའ་དགྱུར[名]交合，聯合，愉快.

དགའ་སྟོན[名]節期；祭日，喜筵.

དགའ་དར[名]為喜慶而贈之哈達.

དགའ་ལྡན[名]1,佛教之極樂國；兜率天（亦稱具喜天,欲界天之一） 2,拉薩東北之噶丹寺（為宗喀巴所建立）

དགའ་སྤྲོད[名]款待；愉樂；好品行.

དགའ་བ[名]愉快；喜樂；[動]喜悅.

དགའ་མོ[形]好的；愛的.

དགའ་ཚང[形]好的；美麗.

དགར་བ[動]分開；禁止.

དགལ་བ 為འགེལ་བ之未來式.

དགས་པ 參看འགེས་པ[動]破裂.

དགུ[形]1,九. 2,多數；許多.

དགུ་པ[形]1,第九. 2,其長為九或有九數者.

青海省政府印刷局印

དགུ་བ [動] 彎曲；使彎，[名] 曲身之動作；鞠躬．[形] 彎曲．

དགུ་རྩིགས [名] 一種黃色花名．

དགུ་ཚིགས [名] 天河．

དགུག་པ 參看 འགུག་པ．

དགུང [名] 1, 午夜；正午． 2, 中部．

དགུང་ཆར=ཆར་པ [名] 雨．

དགུང་སྐྱིད [名] 一年；一歲．(年齡)

དགུང་ཐིག [名] 子午線．

དགུང་མོ [名] 黃昏；下午四時至七時之時間．

དགུང་ལོ [名] 年齡，(對偉人之尊稱)

དགུན, དགུན་ཁ [名] 冬，冬季．

དགུན་འབྲུམ [名] 葡萄．

དགུན་ས [名] 冬季住宅．

དགུམ་པ 為 འགུམ་པ 之完成式．

དགུར [形] 1, 彎曲的． 2, 許多；一切；全．

དགུར་པོ [名] 彎曲之物；駝子．

དགེ་སྒྲིས [名] 妖媚；美容．

དགེ་སྐྱོན [名] 小過；微疵.

དགེ་སྐོས 或 དགེ་བསྐོས [名] 寺院僧侶之總監.

དགེ་རྒན [名] 1,僧侶中之長老. 2,校長；師傅.

དགེ་རྒྱས [名] 天國之一地域名；徧淨天；廣善天.

དགེ་ཆུ [名] 聖水；淨水.

དགེ་ཆུང [名] 小善天.

དགེ་བསྙེན [名] 未出家而篤信佛教者；近事；居士.

དགེ་བསྙེན་མ [名] 篤信佛教之女人；近事女；女居士.

དགེ་འདུན [名] 僧；僧伽；衆.

དགེ་ལྡན [形] 有道德；虔誠的.

དགེ་ལྡན་པ [名] དགེ་ལུགས་པ,宗喀巴派之名.

དགེ་སྦྱོར [名] 宗教之動作；善行.

དགེ་ཕྲུག [名] 僧徒；新沙彌；學童；學生.

དགེ་བ [名] 善；幸福；道德；快樂. [形] 善的；快樂的；慈悲.

དགེ་སྦྱོང [名] 沙門；修行者.(凡棄絕世欲者皆以此名之)

དགེ་མ [名] 1,凡. 2,和平.

青海省政府印刷局印

དགེ་ཚུལ་[名] 沙彌，勤策.

དགེ་ཚུལ་མ་[名] 尼；勤策尼.

དགེ་མཚན་[名] 1.祥兆；預兆、2.款待；娛樂.

དགེ་གཡོག་[名] 僧之從人.

དགེ་ལུགས་པ་[名] 宗喀巴所創之教宗；宗喀巴派.

དགེ་ལེགས་ 或 དགེ་བ་[名] 善；虔誠；祥瑞及好之行為.

དགེ་ཤིས་[名] 祥善；善與吉祥.

དགེ་བཤེས་[名] 高僧；長於佛學之和尚；善知識.

དགེ་སློང་[名] 比丘，比丘.（寺院中修行完成而入最高級之僧人，須受二百五十三戒者）

དགེ་སློང་མ་[名] 比丘尼.

དགེ་སློབ་[名] 正學.（預備進高級者）

དགེང་ལ，དགང་ལ，[前] 在上；在內；對於.

དགེ་ར་བ＝གཡོ་བ 炒煎；烤.（食物）

དགེས་པ＝དགྱེས་པ[形] 喜悅.

དགོ་བ[名] 一種羚羊.

དགོག་པ[名] 出神；遐思.

དགོང་ཚུ[名] 意見.

དགོང་མོ་ 或 དགོངས་མོ་[名] 黃昏；日晡.

དགོངས་པ་ [動] 1,思想，回憶；參禪；注意. 2,有意，意欲. [名] 思想及回憶之行為.

དགོངས་མོ་=དགོང་མོ་ [名] 夜晚.

དགོངས་འགྲེལ་[名] 註釋.

དགོངས་ཞུ་[名] 請假作事.

དགོད་ [名] 笑；笑話. [動]1,笑. 2,參看 འགོད་པ.

དགོན་ལུང་[名] 沙漠；無水之荒涼地.

དགོན་པ་ 或 དགོན་ [名] 曠野；荒蕪處；寂靜；寺院；隱舍；無花果樹.

དགོན་གཞི་[名] 寺院之捐地；寺產.

དགོལ་ 代 དགྲོལ་ [動] 分散.

དགོས་ཆ་[名] 必需之物；不可缺之物.

དགོས་པ་[名] 需要；必需；應當或欲望之物. [形] 必需的；應當的；有用的.

དགྱེ་བ་ [動] 彎曲；成弧形；轉.

དགྱེ་བོ་ [形] 彎曲的.

དགྱེར་བ་ 或 གླུ་ལེན་པ་[動] 唱歌.

༥༥

青海省政府印刷局印

དགྱེལ་བ 或 སྒྱེལ་བ [動] 傾；跌倒.

དགྱེས་པ 為 དགའ་བ 之尊稱 [動] 快樂；歡喜.

དགྱེས་ཞལ [名] 喜悅之貌.

དགྲ, དགྲ་བོ [名] 仇敵.

དགྲ་བཅོམ་པ [名] 破敵者；阿羅漢.（降服煩惱敵者）

དགྲ་ཆས [名] 戰具，兵器；刀槍.

དགྲ་སྟ [名] 鉞；半圓形之斧；兵器.

དགྲ་ཟོན [形] 看守；小心；防.

དགྲ་ཟླ [名] 敵人；敵手；冤家.

དགྲད་པ [名] 廣袤.

དགྲ་ན་ཟླ [名] 仇敵；冤家；對手.

དགྲམ་པ 為 འགྲམ་པ 之未來式 [名] 播散之花.

དགྲོངས་པ, ཤི་བ [動] 死亡.

དགྲོལ་བ 為 འགྲོལ་བ 之未來式 [動] 使自由；釋放.

བགགས་པ 為 འགེགས་པ 之完成式 [動] 阻礙.

བགད་པ [動] 笑.

བགམ་པ [動] 吃；吞；拋入口.

བགེགས [名] 1,གེགས 妖魔. 2,阻礙；障礙.

བགོ་སྐལ [名] 部分；份；血親；請救者；精密分配之法.

བགོ་བ [名] 衣服，[動] 1，完成式為 བགོས 穿衣服；着.
2，為 བགོད་པ 之未來式.

བགོ་ཆ [名] 股份；股份之量或數

བགོ་བཤའ，བགོ་སྐལ [名] 股份.

བགོད་པ 未來式為 བགོ 完成式為 བགོས [動] 分；分配.

བགོམ་པ 或 བགོམས་པ [動] 行走；步行；跨步.

བགོམ་ཆ [名] 道路.

བགྲངས་པ 參看 སྒྲོང་བ.

བགྱི་བ 為 བགྱིད་པ 之未來式.

བགྱིད་པ 完成式為 བགྱིས，未來式為 བགྱི，命令式為 གྱིས
(為 བྱེད་པ 之尊稱) 做；作為；造；製造.

བགྱིས [名] 事業；行為. 參看 བགྱིད་པ.

བགྲང [名] 數目；數目字.

བགྲང་བ [動] 計算；數.

བགྲད་པ，གྲད་ས [動] 開張；塗抹.

བགྲམ་པ [形] 分開；渴欲.

青海省政府印刷局印

བགྲིལ་བ [動] 跌倒；落下.

བགྲུ་བ 為 བགྲུད་པ之未來式.

བགྲུང་བ 或 བགྲུངས [動] 濾淨；去沫.

བགྲུད་པ 完成式為 བགྲུས 未來式為 བགྲུ [動] 去糠；去殼；脫落.

བགྲུས 為 བགྲུད་པ之完成式.

བགྲེ [形] 老；年齡增長.

བགྲེང་ཕྲེང [名] 唸珠；鬘.

བགྲེན་པ 參看 འགྲེན་པ.

བགྲེས་པོ [名] 老者.(年邁者)

བགྲོ [名] 歌.

བགྲོ་གླེང་བ [動] 辯論；討論；會議.

བགྲོ་བ 完成式為 བགྲོས, གླེང་བ [動] 商議；辯論；討論

བགྲོང་བ = བགྲང་བ [動] 計算.

བགྲོད [名] 進行；步態.

བགྲོད་པ [動] 行走；浪遊；越過.

བགྲོས [名] 會議；磋商.

མགར [名] 匠人之工作或手藝.

མགར་བ [名] 鐵匠；下等人.

མགལ་དུམ [名] 劈開或半燒之木片.

མགལ་པ་或འགལ་བ [名] 小木片.

མགལ་བ [名] 牙骨；牙牀骨.

མགལ་མེ [名] 長木片之大把.

མགུ་བ [動] 愉快；滿足；使喜悅；使滿足.

མགུར = མགུར [名] 1,咽喉；頸. 2,聲音；歌；曲調.

མགུར་རྩ [名] 塔之基或柱脚.

མགུལ་གླུ [名] 歌曲.

མགུལ་རྒྱན [名] 頸珠；頸飾.

མགུལ་སྲུང [名] 小避邪符.(懸於頸者)

མགུལ་དར་或དཔལ་དར [名] 綵巾.(圍於頸上示尊貴者) 2,山脊.

མགུལ་གདུ [名] 頸釧；頸飾.

མགེའུ 與 མགོའུ 同.

མགོ [名] 1,頭. 2,頂；巔；高. 3,首要或首先之地；主要部. 4,起首；開始. 5,一星宿名；觜宿.

青海省政府印刷局印

མགོ་སྐོར [名] 偽冒；欺騙.

མགོ་སྐྲས [名] 髮.

མགོ་སྐྱོང, མགོ་འཛིན [名] 保護者；恩人.

མགོ་སྐྱབ=རྨོག[名] 胄.

མགོ་ཁྲ [名] 癩頭；瘌痢頭.

མགོ་ཀྲལ[名] 髮.

མགོ་རྙོག[形] 紛亂；紊亂；煩擾.

མགོ་བཏགས [名] 歸依，投誠.

མགོ་སྟོང [名] 腦筋不清醒者；獃子；不能謀己者.

མགོ་ཟླུག[名] 敵手；匹對；相等者.

མགོ་ནན, ཐོག་མ[形] 最初；第一.

མགོ་སྤྲག [名] 已宰之牛羊等之頭及肉.

མགོ་བ[名] 頭.

མགོ་ཟོག[名] 圓腫之頭.

མགོ་འཛིན[名] 官吏或工頭之主首.

མགོ་ཟླུམ或མགོ་རེག[名] 剃髮之頭；圓禿頭；僧侶.

མགོ་ཆུང[形] 小頭或無頭的.[名] 藏文行書.

མགོ་སྒུག[動] 彎頭；頭下鞠.

མགོ་རེག 或 མགོ་བྲེགས [名] 剃度；僧侶.

མགོན་པོ [名] 救主；保護者；恩人.上帝；護持神.

མགོན་མེད [形] 無保護；無依；孤獨.

མགྱོགས་འགྲོ [名] 馬；風.(借喻的)

མགྱོགས་པ [形,副] 快；迅速.

མགྱོགས་ལམ [名] 直而近之路；捷徑.

མགྲིན་སྙན, གླུ་དབྱངས [名] 歌；音樂.

མགྲིན་གཅིག [副] 一氣；一致.

མགྲིན་སྔོན [名] 杜鵑；可姑.

མགྲིན་པ [名] 頸；喉嚨.

མགྲོན [名] 1,與སྐུ་མགྲོན同,讌會；款待.2, 祀禱之物.

མགྲོན་གཉེར [動] 請客；名客.[名] 招待者,承啟官；傳令者.

མགོན་པོ [名] 新來者；客人.

འགག [名] 阻礙；阻塞；險隘.

འགག་སྒོར [名] 遮圍之物.(圍田園或物者)

འགག་པ 為འགོགས་པ之完成式.[動] 停止；靜止.[名] 守門者.

青海省政府印刷局印

འགང 與 ཀར 同.

འགང་པོ [名] 職務；事業或委託之重累.

འགངས་ཆེན, འགང་ཆེན [形] 重要；極貴重.

འགངས་པ [形] 困難；煩擾.

འགན [名] 責任.

འགྲན་དཀྲིས [動] 使負責.

འགན་རྒྱ = གན་རྒྱ [名] 1, 同意. 2, 契約；合同.

འགབ་པ [動] 藏；遮蓋；隱匿.

འགམ་པ [動] 以乾食物拋入口中.

འགལ་བ [動] 相矛盾；不同意；弄錯.

འགལ་ཟླ [名] 仇敵.

འགས་པ [動] 劈開；裂開；爆開.

འགུགས་པ [動] 召集；拉回.

འགུད་པ 參看 སྒུད་པ.

འགུམ་པ [動] 死亡.

འགུལ་བ [動] 動搖；震動.

འགོགས་པ 未來式為 དགགས, 完成式為 བཀག, [動] 阻礙；障礙；阻塞.

འགེངས་པ། 完成式為 བཀང་, 未來式為 དགང་ 命令式為 ཁོངས, [動] 充滿；食飽.

འགེབས 完成式為 བཀབ, 未來式為 དགབ 命令式為 ཁོབ, [動] 遮蓋；穿戴；隱匿.

འགེམས [動] 紊亂；克服.

འགེལ་བ = འཁེལ་བ 完成式為 ཀལ, 未來式為 དགལ, 命令式為 ཁོལ [動] 1,載；裝載. 2,課稅；付托. 3,任命；置放；使負責.

འགེས་པ 未來式為 དགག, 完成式為 བཀས, 命令式為 ཁོས, [動] 劈開；分開.

འགོ 與 མགོ 同 [名] 1,來源；根源. 2,起始；第一者. [形] 最先；在前.

འགོ་ནན, ཐོག་མ [形] 起始；第一.

འགོ་སྣམ [名] 1,寬布. 2,上等毡毯.

འགོ་བ [名] 村長.

འགོ་དཔོན [名] 教區長，指導者，領袖；主腦.

འགོ་ཞིབ, ཀོ་ཞིབ, [名] 蓋；塚或廟之圓頂.

འགོ་ཡེར = གོ་ཆོད་པ, [形] 有用.

青海省政府印刷局印

འགོ་བ 完成式為གོས 或འགོས 〔動〕毀色，污壞，玷污，染污，受病傳染．

འགོ་མ〔名〕1,起首．2,公園．3,首領．

འགོག་པ(1) 參看འགོགས་པ(2)＝འཇོག་པ〔動〕保存，放置，排列．〔名〕押欵，存欵，抵押品．3,完成式為བཀོག 未來式為དགོག 命令式為ཁོག〔動〕1,奪去，攫去，扯出．2,去蓋，提壺（從火上）

འགོགས 1,＝བཀག་པ，2,〔動〕經過，超越．

འགོགས＝འགེགས〔動〕阻礙，避免不幸事，進藥防病，驅退，驅逐．（如魔鬼）

འགོང་བ〔動〕以符咒迷人，惑人，經過，佔優越，克服．

འགོང་པོ〔名〕一種害人畜之魔鬼．

འགོད་པ 完成式為བཀོད，未來式為དགོད，命令式為ཁོད，〔動〕1,計劃，圖謀．2,建設，建築，創立，製造，形成．3,放置，變為某狀態，使有次序．4,統治，〔名〕1,屋宇，下層之式樣，建築之略圖，描樣，圖稿，形狀，標本，式樣．

2, 房屋；宮殿建築；架；形.

འགོམ་པ [動] 踐踏.

འགོར [副] 在起首. [動] 遲延；逗留.

འགོར་གཞི [名] 遲延.

འགོལ་བ 完成式為 གོལ [動] 1,分開；分離. 2,迷途；錯誤；走錯.

འགོལ་ས [名] 道路岔口之處；錯誤.

འགོས་པ (1) 為 འགོབ 之完成式.(2) 擦藥；塗敷藥. (3) [形] 塗油的；塗敷的.

འགྱུག་པ [動] 賣；費用.

འགྱང་བ 完成式為 འགྱངས, [動] 遲延；延期；最遠.

འགྱིང་པ [名] 驕傲或尊大之態度.

50 འགྱིང་བ [動] 驕傲；自大；昂然而坐；輕視；藐視他人.

འགྱིང་བག [名] 態度；姿勢；狀態.

འགྱིངས་པ 參看 འགྱིང་བ.

འགྱིམ་པ [名] 周界.

འགྱུ་བ 完成式為 འགྱུས, [動] 疾馳；頓現.(如電

青海省政府印刷局印

映景及腦筋之想象)

འགྱུར་བ 完成式為 གྱུར་པ, 命令式為 གྱུར་ཅིག (動) 轉變長成；增加；變更. (名) 改變；更迭；革命；改革.

འགྱེ(འོད) (名) 1, 發出；(光) 輻射；分開. 2, 鞭苦.

འགྱེ་བ 完成式及命令式為 གྱེས, (動) 分散；分開；發出；傳布.

འགྱེག=གནད (名) 真義；要義，精華.

འགྱེད (名) 布施之財物.

འགྱེད་པ 完成式為 བཀྱེས 未來式為 བཀྱེ (動) 1, 分開；分散；發出. 2, 遣使；使去. 3, 創立.

འགྱེར་བ 或 སྒྱེང་བ (動) 落下；推倒；拋棄.

འགྱེལ་བ (動) 跌倒；墜下.

འགྱེས་པ 為 འགྱེ་བ 之別字 (動) 分開.

འགྱོག་པ (動) 登上.

འགྱོད་པ (動) 後悔；憂愁；哀悼；憐憫 (名) 後悔.

འགྱོད་ཚོ་བ (動) 使後悔；使人覺後悔之痛苦.

འགྲིགས་གྲིགས 或 གྲིགས་སེ་འགྲིགས (形) 極光明.

འགྲགས་པ 完成式為 གྲགས་པ[動] 1.發聲；大聲叫喊；著名；稱呼．2.束縛．

འགྲང་བ [動] 1.参看 བགྲང་བ,計算．2.食飽．

འགྲངས [動] 飼飽；食飽；充盈．

འགྲངས་པ [形] 果腹；食飽的．

འགྲད་པ或བགྲད་པ[動] 散布；進入．

འགྲན 参看 འགྲན་པ,[形] 挑戰；挑撥；懇求．

འགྲན་དོ＝འགྲན་ཟླ．

འགྲན་པ [動] 競爭；逐角；比較．

འགྲན་ཟླ [名] 競爭者；敵手；相等之敵手．

འགྲམ [名] 岸；濱；邊；鄰境．

འགྲམ་ལྕག [名] 掌頰；耳光．

འགྲམ་པ [名] 頰，顋；頷，

འགྲམ་གཞི [名] 基礎．

འགྲམ་ཡིག [名] 告示；布告；宣布；出版．

འགྲམ་སོ [名] 白齒；大牙．

འགྲམས་པ [動] 散布；展開．

འགྲམས་ཚད [名] 力不能勝之熱病．

青海省政府印刷局印

འགྲས་འགྲུམ = ཁྱུ་ཁྱུ [形] 蜿蜒；彎曲的.

འགྲས་པ [名] 不同意；意見相歧.

འགྲིག་འགྲིག [動] 排列有次序. [名] 膠汁；肉漿.

འགྲིག་པ 參照སྒྲིག་པ, [動] 相合；使適當；準備.

འགྲིབ་པ [動] 減少，變黑暗，腐朽. [名] 損失，減少

འགྲིམ་འགྲུལ [名] 交通；旅客；商人；進香者.

འགྲིམ་པ 完成式為འགྲིམས, 代འདྲིམ, [動] 巡遊；徘徊.

འགྲིམས 或 འགྲིམས་པ [名] 卑下；不相同；量少或質少.

འགྲིལ་བ 完成式為གྲིལ, 參照སྒྲིལ [動] 1, 扭轉；捲. 2, 落下.

འགྲིས [動] 相識.

འགྲུ་བ 完成式為གྲུས, [動] 予痛苦；勤苦；受苦.

འགྲུབ་པ 完成式為གྲུབ [動] 成就；自然完成；準備.

འགྲུལ་པ [名] 客人；旅客；搭客；香客.

འགྲུལ་བ [動] 1, 行走；經過；旅行. 2, 通用.(如錢)

འགྲུལ་ཐུད [名] 道路；交通.

འགྲུས་པ 為འགྲུ་བ 之完成式, [動] 勤；奮勉；熱心.

འགྲེ་བ [動] 滾轉.

འགྲེ་ལོག་或འགྲེ་ལོག་བྱེད་པ་(動) 打滚.

འགྲེང་བ参照སྒྲེང་བ. (動) 站立

འགྲེང་བུ(名) 母音第三記號 ེ .

འགྲེམས་པ完成式བཀྲམ, 未來式དཀྲམ, 命令式為ཁྲོམས, (動) 1, 散播；噴；灑；2, 安置有序；(標) 展開；顯露；扯起(窗帘)

འགྲེལ་བ(動) 1, =འཚོལ་བ, 尋求；懇求. 2, 排列. 3, 解釋；述意.

འགྲེལ་བཤད, (名) 註解；註釋.

འགྲེས་པ(名) 前任官吏.

འགྲོ་སྒོ=འགྲོ་སོང་བ(名) 用費；所用之物；支出之項.

འགྲོ་བ完成式與命令式為སོང, (動) 行走；去；前進. (名) 生物；能動者；移動.

༥༢

འགྲོགས་པ(動) 聯合；結伴；結合.

འགྲོན་བུ(名) 作錢幣用之貝殼；骰子.

འགྲོལ་བ(動) 1, 完成式為བཀྲོལ, 未來式為དཀྲོལ 闡明；使放鬆；釋放；未束縛. 2, 完成式為གྲོལ 解脫；超脫；使脫離.

青海省政府印刷局印

འགྲོས [名]步態；人馬等之步態．

རྒ་བ 完成式為རྒས [動]變老；走下去；落下．[名]老年．

རྒང [名]刺蝟．

རྒད་པ＝རྒན་པ [形]老的；年長的．

རྒད་པོ [名]老人；斑白者．

རྒན་རྒོན [名]老人及老女人．

རྒན་པ [形]老的；年長的．

རྒན་པོ [名]老人；年長的；村長．

རྒལ＝རབ [名]淺水．

རྒལ་པ或རྒལ་བ 完成式及未來式為བརྒལ命令式為རྒོལ [動]涉；渡；經過；越過．

རྒལ་ཚིགས[名]脊柱；背脊骨．

རྒལ་རིག[名]蜴蜥．

རྒེས＝རྒབ[形]老的；熟的．

རྒས་པ[形]年老的；衰弱的；[名]老人．

རྒུ＝དགུ [形]許多．

རྒུད་པ [名]困苦；不利．[動]衰頽；衰微；變脆弱．

རྒུད་པོ 參看 སྒུད་པོ．

青海省政府印刷局印

རྒུན=རྒུན་འབྲུམ, 〔名〕葡萄.

རྒུར་པོ 或 སྒུར་པོ 〔名〕駝背人.

རྒོ 有時代སྔོ.

རྒོ་བ=དགོ་བ,〔名〕羚羊.

རྒོངས་མོ=དགོང་མོ 〔名〕黃昏.(古文中)

རྒོད་པ〔形〕野的.

རྒོད་པ=གཡེང་བ〔動〕1,笑. 2,掉擧; 變衰弱; 變懶惰.

རྒོད་མ〔名〕牝馬.

རྒོལ་བ 1,=རྩོད་པ 完成式及未來式為: བརྒོལ〔動〕爭鬥, 爭辯; 戰爭; 相抗. 2,參看ཀོལ་བ.

རྒྱ〔名〕1,記號; 印章; 表記. 2,網; 陷阱. 3,鹿類之一種動物. 4,廣袤; 大小. 5,盈滿; 圓滿. 6,印度與中國之名.(因地廣)

རྒྱ་སྐྱེགས〔名〕一種膠質; 一種樹膠.

རྒྱ་གར〔名〕印度.

རྒྱ་སྒོ〔名〕大門; 中門; 主要入道.

རྒྱ་ཆད〔名〕偏私; 可釀成嫉妒之特性.

རྒྱ་ཆེ་བ=རྒྱ་ཆེན་པོ[形] 廣大；豐多.

རྒྱ་རྟགས [名] 記號，標識，印章， 簽字.

རྒྱ་འདྲེ=རྒྱམ་འདྲེ[名] 口角.

རྒྱ་ནག[名] 中國.

རྒྱ་བ=ཕན་པ[名] 有用；可作用； 努力.

རྒྱ་བོ [名] 鬍鬚.

རྒྱ་མ[名] 1,秤；鋼碼秤；2,斤.

རྒྱ་མོ[名] 1,網．2,中國婦人.

རྒྱ་སྨུག [形] 肝色的；紫色的.

རྒྱ་རྩངས [名] 一種蜴蜥.

རྒྱ་རྩི，སྣ་རྩི[名] 漆；中國漆.

རྒྱ་ཚྭ[名] 硇砂.

རྒྱ་ཚོས[名] 硃砂.

རྒྱ་མཚོ[名] 大海；洋.

རྒྱ་གཟིབ [名] 大網，收割用之大耙.

རྒྱ་ཡན=གཡེང་[名] 懶惰，荒怠.

རྒྱ་ཡུལ[名] 印度或中國.

རྒྱ་རི[名] 繪畫之圖；一份肉；量名.

རྒྱ་ལམ་[名] 大道；要道.

རྒྱ་ཤུག [名] 杜松；棗樹.

རྒྱ་ཏོས = རྒྱ་མཚོས[名] 硃砂.

རྒྱ་སེར [名] 1,石與冰塊之破口或裂縫. 2,狗(鼻上有黃斑點者) 3,俄國. རྒྱ་སེར་པ,俄人.

རྒྱ་སྲང [名] 寬道；街道；廣場；秤.

རྒྱག་པ 為 རྒྱབ་པ 之別式 [動] 擲；拋. 與 འདེབས་པ 同意義.

རྒྱགས་པ [名] 1,儲糧；飯糧；食物. 2,= དྲེགས་པ, 驕傲. [形] 倨傲；驕傲；沉醉.

རྒྱང = གྱང[名] 1,牆. 2,距離.

རྒྱང་གྲགས [名] 俱盧舍；(約二哩之距離) 可聽見之距離.

༨༤

རྒྱང་བ 代 བརྒྱང་བ,[形] 伸展.

རྒྱང་མ[名] 距離，相隔極遠.

རྒྱང་ཆས[名] 相隔不遠.

རྒྱང་རིང་པོ[形] 遠.

རྒྱང་རིང་བ [形] 遲延；擔擱.

青海省政府印刷局印

རྒྱངས [副] 遠.

རྒྱན [名] 1.裝飾品. 2.ལྷུགས, 賭博之質物; 3.命運. 天命.

རྒྱན་པ = བཀག་པ [名] 裝飾的; 飾以寶珠的.

རྒྱན་པོ [名] 擲骰者. 賭徒.

རྒྱབ [名] 背; 身後; 物之後部; 載負.

རྒྱབ་རྟེན [名] 支背之物; 靠背; 後靠.

རྒྱབ་གཉེན [名] 1.堅信; 認可. 2.後靠.

རྒྱབ་པ 完成式及未來式為བརྒྱབ་པ命令為རྒྱོབ [動] 拋; 擲; 打; 擊; 施; 加.

རྒྱབ་འབོལ, རྒྱབ་རྟེན [名] 背之墊物.

རྒྱབ་དམག [名] 援助; 留存; 援兵.

རྒྱབ་གཞུང [名] 背脊骨.

རྒྱབ་རིང [名] 1.長背. 2.魚; 蛇.(借喻)

རྒྱབ་ལོགས [名] 背; 後部; 事之反變.

རྒྱམ་ཚྭ [名] 一種石鹽.(用於醫藥者)

རྒྱལ [名] 星宿名; 鬼宿. [形] 勝利的; 尊貴的; 大的; 主要的.

རྒྱལ་ཁབ [名] 國家; 政府.

རྒྱལ་ཁྲིམས [名] 法律；國法；王法.

རྒྱལ་རྒྱུད [名] 皇世；皇族；皇帝系統.

རྒྱལ་རྔ [名] 勝利鼓.

རྒྱལ་པོ [名] 1,王；國王；首領；統治者. 2,優美者；超羣者.

རྒྱལ་ཕྲན [名] 諸侯；受封之太子.

རྒྱལ་བ [名] 1,佛.(最高之征服者) 2,勝利；勝利者. [形] 戰勝的；崇高的；優美的. [動] 勝利；戰勝；征服；制服.

རྒྱལ་བུ [名] 皇子；太子.

རྒྱལ་བློན [名] 國王及大臣；內閣總理.

རྒྱལ་མོ [名] 皇后.

རྒྱལ་ཚབ [名] 1,西藏之攝政者. 2,繼承皇位之皇子.

རྒྱལ་མཚན [名] 勝幢；佛教勝利之旗.

རྒྱལ་ཟླ [名] 十二月.

རྒྱལ་རབས [名] 帝王之本紀.

རྒྱལ་རིགས [名] 王族；印度之武士級.

རྒྱལ་ས [名] 寶座；國王之地位；政府之主席.

རྒྱལ་སྲས [名] 1.王子；皇太子. 2.佛子；菩薩.

རྒྱལ་སྲིད [名] 國家；王國；帝國；州.

རྒྱས་འགྲེལ [名] 廣釋；淹博之註解.

རྒྱས་པ (རྒྱ་བ)[動] 增加；散布；傳播；發達；發展. [形] 擴大；廣大；多種；許多.

རྒྱས་བྱེད [名] 豐富之地；印度.

རྒྱུ [名] 1.物質；材料. 2.錢財；金錢. 3.因；原因；理由；動機；主要情形. 4.此字置於動詞之後，則表示未來式，如ཟ་རྒྱུ་ཡིན，將食.

རྒྱུ་རྐྱེན [名] 因緣；關係.

རྒྱུ་སྐར [名] 行星；星宿.

རྒྱུ་ངེས [名] 實在原因.

རྒྱུ་ནད [名] 腸病.

རྒྱུ་སྤུན [名] 織布之縱紗及橫紗.

རྒྱུ་བ [動] 行走；浪遊.

རྒྱུ་བྱེད [名] 1.腳. 2.動者.

རྒྱུ་མ [名] 臟腑；腸；小腸.

རྒྱུ་མཚན [名] 1.原因；情形；實事之聯絡. 2.表記；

記號；特點．3.証明；証據．

རྒྱུ་གཟེར 〔名〕疝痛；痢疾．

རྒྱུ་ས=ལམ〔名〕道路；小道．

རྒྱུ་སྲང 〔名〕道路；路徑．

རྒྱུག་པ 完成式為བརྒྱུགས，未來式為བརྒྱུག，命令式為རྒྱུགས

〔動〕跑；賽跑．

རྒྱུད 〔名〕1.練；繩索；練絡．2.密教之論文；禮典．

རྒྱུད་པ〔動〕束；繫；聯結．

རྒྱུད་པ〔名〕1.宗教之教師；玄學之教師，2.世系；血統；家族；屬於家族．

རྒྱུན 〔名〕連續；常常；繼續的．

རྒྱུན་ཁྲི 〔名〕固定之坐位或寶座．

རྒྱུན་གཏན=དུས་རྒྱུན〔副〕常常．〔名〕時間之連續．

རྒྱུས་པ 〔名〕筋肉；腱筋．

རྒྱོ 〔名〕交媾．（俗語）

རྒྱོ་བ 完成式為བརྒྱོས，未來式為བརྒྱོ 命令式為རྒྱོས，

〔動〕交媾；强姦；姦淫．

青海省政府印刷局印

རྒྱོགས [名] 槍；飛器．(飛彈，飛箭)

རྒྱོང་བ 完成式為བརྒྱངས，未來式為བརྒྱང [動]伸長；展布．

རྒྱོབ 參看རྒྱབ་པ

རྒྱོར་བ [動] 殺．

རྒྱོས 參看རྒྱོབ．

ལྒ 古字，近世為སྒ [名] 薑．

ལྒང་ངེ [形] 如大理石之白．

ལྒང་པ 或ལྒང་ཕུག [名] 膀胱．

ལྒང་བུ 與ལྒང་པ同 [名] 1，膀胱．2，殼；莢；貝殼．

ལྒཨུ་ག་སེར [名] 鮮薑．＝སྒ་སྐྱོ．

ལྒོ [名] 一種菌．(似馬勃及牛尿菰者)

སྒ＝ལྒ [名] 1，薑．2，馬鞍．

སྒ་སྐྱ [名] 薑．

སྒ་ཁེབས [名] 鞍布；鞍上之皮墊．

སྒ་གློ [名] 鞍子肚帶．

སྒ་པ [名] 可備鞍之駒．

སྒ་ཕོང [名] 蝙蝠．

སྒ་ཚ [名] 薑花．

སྒ་སྐྱ [名] 辛薑.

སྒ་ལག [名] 鞍架；鞍之前穹；鞍骨.

སྒག་ཕྲུང [名] 小絲巾.(西藏教儀中用)

སྒག་པ [動] 强姦；交媾.

སྒང [名] 山嘴；山頂.

སྒང་ཁ = སྒང་ཁུལ [名] 山嘴. [形] 充滿；完全.

སྒང་བ 完成式 བསྒངས 未來式 བསྒང, [動] 長滿，充滿.

སྒངས [名] 河邊；河岸.

སྒབ་པ 為 འགེབས་པ 之副字 [動] 遮蓋；蓋覆.

སྒམ [名] 箱；櫃.

སྒམ་ཆུང [名] 小箱；柙子.

སྒམ་པ = ཟབ་པ [形] 深；淵博.

སྒམ་པོ [形] 圓滿完成的. [名] 心深者.

སྒར [動] 紮營帳；搭多數帳棚於一地.

སྒར་མིང (བསོ་སྐད) [名] 口號；約言；信約.

སྒལ [名] 負於背上之擔；獸載之物.

སྒལ་རྟ [名] 駝載之馬.

སྒལ་པ [名] 1, 人之背. 2, 載獸之背.

青海省政府印刷局印

སྒལ་ཚིགས། [名] 脊柱；獸之背脊骨.

སྒོར་མོ, སྒོར་སྒོར, [形] 圓的；球形的.

སྒུ [形] 彎曲的.

སྒུ་རྡོ [名] 擲石之索.

སྒུ་མོ=འུར་རྡོ[名] 拋石之索.

སྒུག་པ 完成式བསྒུགས, 未來式為སྒུགས [動]等候.

སྒུགས參看 སྒུག་པ.

སྒུང [名] 1. 拍擊. 2. 坼裂聲；爆聲.

སྒུད་པོ [名] 岳父. སྒུད་མོ 岳母.

སྒུམ་མདའ [名] 槍端；槍幹.

སྒུར 參看 དགུར.

སྒུར་པོ [形] 彎曲的；駝背.

སྒུར་བ [動] 恐懼.

སྒུལ་སྐྱོད [名] 刺激；激動.

སྒུལ་བ完成式及未來式བསྒུལ 參照、འགུལ་བ[動]感動；激動；動.

སྒེ་ཁུང, སྒོ་ཆུང [名] 小門；窗.

སྒེག [名] 媚麗.

སྒེག་པ [名] 青春之媚麗；意志之享受；賣弄風情；女人之媚態．[動] 矜誇．

སྒེག་མོ [名] 舞女；媚麗之處女．

སྒང་ལ 或 འགོང་ལ [前] 在上；置於上．

སྒཨ [名] 薑．

སྒཨ་ཚོང [名] 蒜．

སྒེར [名] 私的；半獨立的．

སྒེར་པ [名] 私地主．

སྒོ [名] 1.門．2.入口．3.孔穴．

སྒོ [名] 道路；媒介；方法；知識；學問；科學．

སྒོ་ཁང [名] 家門；門廊；大門；門房．

སྒོ་འཕོར [名] 户樞．

སྒོ་གླེགས [名] 門扇；門板．

༥༨

སྒོ་ང [名] 卵．

སྒོ་ལྕགས [名] 鎖．

སྒོ་སྙོད = ཀོ་སྙོད [名] 茴香子．

སྒོ་གཏན [名] 門閂；門槓．

སྒོ་དར [名] 懸於門上之巾．

青海省政府印刷局印

སྒོ་འདྲིག [名] 門框；窗架.
སྒོ་ཡང [名] 門之每邊.
སྒོ་པ 或 སྒོ་དཔོན 或 སྒོ་བདག [名] 閽人；村長.
སྒོ་ཕུར [名] 龜頭之包皮.
སྒོ་པོ, སྒོ་བོ [名] 外表；狀態；身體之形狀；身材.
སྒོ་འཕར [名] 門扇；門板之合縫.
སྒོ་བ 完成式為བསྒོས [動] 說話；命令.
སྒོ་འཛེར [名] 治眼疾之一種草.
སྒོ་མ [名] 門之鑲板；摺門之摺.
སྒོ་མོ [名] 1,大門；堡壘之門；鄉鎮之門. 2,起始.
སྒོ་ཙམ (形) 少許.
སྒོ་ཡིག [名] 銘刻之物；題記；讖刺文字；門上之紙條；招貼板.
སྒོག་སྐྱ = སྐྱ་སྒོག [名] 白大蒜.
སྒོག་པ [名] 蒜；大蒜. [動] 完成式為བསྒགས, 未來式為བསྒག་པ, 使人宣誓.
སྒོང = སྒོ་ང [名] 卵.
སྒོང་སྐྱི [名] 蛋白；蛋殼內之膜.

སྒོང་བ 完成式為བསྒོངས། 未來式為བསྒོང་, 命令式為 སྒོངས [動] 作茶球；作圓麵團.

སྒོངས 參看སྒོང་བ.

སྒོབ་སྒོབ [形] 不能；不夠； 缺乏力量.

སྒོམ 參看སྒོམ་པ.

སྒོམ་པ 完成式為བསྒོམས, 未來式為བསྒོམ 命令式為 སྒོམས [動] 修；修行；參修；幻想；回憶.

སྒོམ་ལམ [名] 修道.

སྒོམས 參看 སྒོམ་པ.

སྒོར [名] 車輪之軸.

སྒོར་སྒོར [形] 圓的.

སྒོར་བ 完成式及未來式為བསྒོར [動] 煮沸；沸使凝結.

སྒོར་མོ [名] 球；圓盤；銀圓；大洋.

སྒོས ＝སྒོས་སུ 或 ལྷག་པར [副] 主要的；特別的；分開的；清楚的.

སྒོས་པ [動] 選擇.

སྒྱིག་གུ 或 སྒྱིགུ [名] 錢袋；荷包.

青海省政府印刷局印

སྒྱིད་བ 完成式བསྒྱིངས 未來式བསྒྱིང，〔動〕打呵欠.

སྒྱིད 〔名〕膝穴；膝彎.

སྒྱིད་སྙུར 〔名〕懶惰；疲弱.

སྒྱིད་ཁུང 〔名〕膝後彎處.

སྒྱིད་ཞོལ 〔名〕跛足者

སྒྱིད་འཐིལ 〔名〕懶惰；倦怠.

སྒྱིད་བུ，སྒྱིད་པ 〔名〕竈；燒火處（以三石架成者）

སྒྱུ＝གཡོ་སྒྱུ〔名〕奸滑；欺騙；遁詞；誑謟.

སྒྱུ་མ 〔名〕虛幻；幻想；幻術；欺騙. སྒྱུ་མ་མཁན，欺詐者；幻術家.

སྒྱུ་རྩལ 〔名〕精巧；熟練；才能.

སྒྱུག་མོ 〔名〕岳母.

སྒྱུར་བ 完成式與未來式為བསྒྱུར་བ，為འགྱུར་བ之他動狀〔動〕變換；轉變；矯正；檢查；變化；放棄；勸戒；排遣.

སྒྱེ（སྡེར） 器皿.

སྒྱེ་བོ〔名〕1，駝背. 2，下級官吏或貴人.

སྒྱེ་མོ〔名〕袋；口袋.

སྒྱེའུ [名] 小袋.

སྒྱེད་པོ [名] 小火爐; 火爐石.

སྒྱེད་བུ [名] 可移動之火爐.

སྒྱེད་པ [動] 移徙.

སྒྱེལ་བ 完成式及未來式為བསྒྱེལ, 為 འགྱེལ་བ之他動狀 [動] 抛下; 顛覆; 置放; 敗挫; 殺(馬)

སྒྱོགས [名] 射箭飛石之機; 臼礮; 大礮.

སྒྲོང་བ, 完成式為བསྒྲོངས 未來式བསྒྲོང, [動] 隱藏; 充滿, 充實; 放入.(袋中)

སྒྲ [名] 聲; 聲音; 聲調.

སྒྲ་སྙན [名] 聲音; 聲望.

སྒྲ་གྲོགས [名] 著名者.

སྒྲ་ཆེ [形] 著名的; 聲聞遠方的.

10 སྒྲ་ཏོག [名] 舌擊於上顎所發之聲.

སྒྲ་དབྱངས [名] 聲韻; 悦耳之音; 和音.

སྒྲ་མི་སྙན [形] 1, 刺耳之音. 2, 北拘盧洲.(佛家理想洲之一)

སྒྲ་ཚད་=སྒྲ་དང་ཚད་མ, [名] 文法與邏輯; 聲明與因明

青海省政府印刷局印

སྒྲ་རིག་པ [名] 字學；文法；聲明.
སྒྲགས [副] 總共；聯合.
སྒྲང་བ 完成式བསྒྲངས 未來式བསྒྲང 命令式སྒྲོང [動] 1,列舉；枚舉. 2,譴責.
སྒྲལ་བ [動] 碎成小塊（即仇敵之像）
སྒྲིག་པ་ཚ་ཐལ་སྒྲིག་པ [形] 排列整齊；井然.
སྒྲིག་པ 完成式བསྒྲིགས 未來式བསྒྲིག, 命令式སྒྲིགས [動] 1,排列次序；使有次序. 2,適合；聯合.
སྒྲིག་ལམ [名] 習慣；使照常例之布置.
སྒྲིགས 為སྒྲིག་པ之命令式.
སྒྲིན་པོ [形] 精巧；熟練，巧妙.
སྒྲིབ [動] 蝕；遮蔽.
སྒྲིབ་ཆག [名] 1,縮減；折扣. 2,在水平價值下之物.
སྒྲིབ་པ [名] 罪惡；蓋；知識與道德上之污點；昏蔽與隱暗之情形；昏暗；犯罪者. [形] 黑暗的. [動] 完成式為བསྒྲིབས, 未來式為བསྒྲིབ 命令式為སྒྲིབས, 障蔽；蒙蔽；使黑暗；沾污.
སྒྲིབས 為སྒྲིབ་པ之命令式.

藏漢辭典 上冊 七一 青海省藏文研究社編

སྒྲིམ་པ 完成式為བསྒྲིམས，未來式為བསྒྲིམ，命令式為སྒྲིམས〔動〕緊握；扭結；奮勉；壓擠；混雜．

སྒྲིམས 為སྒྲིམ་པ之命令式．

སྒྲིལ་ཁ〔名〕捲攏之一塊．

སྒྲིལ་བ 完成式及未來式為བསྒྲིལ，參照འཁྲིལ 與འགྲིལ་བ，〔動〕做成一捲；滾捲；包起；捲成線軸．

སྒྲིས་ཁྲིམས〔名〕放入之規章．

སྒྲུག་པ＝འཐུ་བ，完成式為བསྒྲུགས 未來式為བསྒྲུག，〔動〕收集；採摘．

སྒྲུང〔名〕各種軼事；傳奇；稗史．

སྒྲུང་པ〔名〕說傳奇者；講故事者．

སྒྲུང་བ 完成式བསྒྲུངས，未來式བསྒྲུང，〔動〕混合；虛構；發明．

19

སྒྲན་པ 完成式及未來式為བསྒྲན，〔動〕回聲；以同樣之聲音回答；抗衡；比較；競爭．

སྒྲུབ་པ 完成式為བསྒྲུབས，未來式為བསྒྲུབ，命令式為སྒྲུབས，參照འགྲུབ་པ〔動〕成就；完成；實行；製造；達到．

青海省政府印刷局印

སྒྲེ་བ (形) 未遮蓋的.

སྒྲེག་པ 完成式 སྒྲེགས (動) 噯氣.

སྒྲེགས 見 སྒྲེག་པ.

སྒྲིང་སྒྲིང (形) 堅定; 穩固.

སྒྲེང་བ 完成式 བསྒྲེངས, 未來式 བསྒྲེང, 命令式 སྒྲེངས
參照 འགྲེང. (動) 舉起; 升起; 站起.

སྒྲེན་མོ (形) 裸的; 無遮蓋的; 孤獨無依的; 荒
蕪的.

སྒྲོ (名) 翮翎; 尖翎毛.

སྒྲོ་སྐུར 即 སྒྲོ་འདོགས་པ་ 與 སྐུར་པ་འདེབས་པ. (名) 增益與
損減; 誇獎與鄙視.

སྒྲོག (名) 1, 飲料中之泡沫. 2, 繩索; 腳鐐.

སྒྲོག་གུ (名) 小繩; 皮帶.

སྒྲོ་བ (名) 1, 皮袋. (盛穀的) 2, 一種柳樹皮. (動)
完成式為 བསྒྲོས 未來式為 བསྒྲོ 命令式為 སྒྲོས,
辯論; 討論; 自由談話.

སྒྲོ་མདོངས (名) 孔雀毛; 翎.

སྒྲོག་ཀ (名) 皮帶.

སྒྲོག་པ 完成式 བསྒྲགས，未來式 བསྒྲག，命令式 སྒྲོག
或 སྒྲོགས，[動] 1,喊；叫呼. 2,宣布；宣言.

སྒྲོག་རིལ [名] 鈕扣；圓扣.

སྒྲོགས 為 སྒྲོག་པ 之命令式.

སྒྲོད་པ 為 འགྲོད་པ 之別式 [動] 走出.

སྒྲོན་བསྐལ [名] 啟明期.

སྒྲོན་པ 完成式及未來式為 བསྒྲོན་པ [動] 遮蓋；裝飾；點燃. [名] 一種箭 (似流星者)

སྒྲོན་མ [名] 燈；燈籠；火把.

སྒྲོན་མེ [名] 已燃之燈；供於神前之燈.

སྒྲོན་ཤིང 或 སྒྲོན་མེ་ཤིང [名] 扁柏；油松.

སྒྲོབ [名] 驕傲；傲慢.

སྒྲོམ [名] 旅行箱；大皮箱.

སྒྲོམ་བུ [名] 小箱.

སྒྲོལ་བ 完成式及未來式為 བསྒྲལ [動] 救；拯救；使自由；釋放；解脫.

སྒྲོལ་མ [名] 聖救度母 (名神名) 2,讚頌此女神二十一顯示之經. (藏人多能背誦)

青海省政府印刷局印

སྣྲས 〔名〕狀態；方法；邊；脣；傷痕．參看སྣྲབ．

བཀད་པ=བགད་པ〔動〕微笑．

བཀལ 為ཀལ་བ之完成式．

བཀལ་བ 〔動〕問；譴責；命令．

བཀོལ་བ 〔動〕不同意；行動相反．

བརྒྱ 〔名〕一百；百．

བརྒྱ་བྱིན 〔名〕因陀羅；帝釋．

བརྒྱགས 〔名〕食物；糧食．

བརྒྱང་བ 完成式བརྒྱངས 未來式བརྒྱང，命令式རྒྱོངས，〔動〕1. 伸長；伸展．2. 排列；整飾．3. 從遠處呼人．

བརྒྱངས 為རྒྱང་བ之完成式．

བརྒྱད 〔形〕八．

བརྒྱད་ཅུ 〔形〕八十．

བརྒྱད་པ〔名〕第八者．

བརྒྱན་པ〔動〕裝飾；供給．

བརྒྱབ 為རྒྱབ་པ之完成式及未來式．

བརྒྱལ 〔動〕暈倒；睡下不省人事；呼嘷．

བརྒྱུས = ཕྱོན་རྒྱུས 〔副〕總共.

བརྒྱུག 參看 རྒྱུག་པ.

བརྒྱུགས 為 རྒྱུག་པ 之完成式, 〔動〕賽跑.

བརྒྱུངས 〔名〕骨髓.

བརྒྱུད 參照 རྒྱུད 〔名〕1, 傳繼. 2, 家世; 世系; 祖先; 子嗣. 3, 種族; 人民.

བརྒྱུས་པ 〔動〕搓繩索; 縫攏.

བརྒྱོ 參看 རྒྱོ་བ.

བརྒྱོས 為 རྒྱོ་བ 之完成式.

བསྐག་པ 參看 འགེགས་པ, སྐོག་པ.

བསྐད 或 སྐད = དངོས་གཞི 〔名〕頃刻; 瞬息; 緊急時. 參看 སྐད.

བསྐངས་པ 〔動〕1, 形成; 做成 2, 為 སྐང་བ 之完成式

བསྐོར 為 སྐོར་བ 之完成式.

བསྐྱུགས 為 སྐྱུག་པ 之完成式.

བསྐྱུལ་བ 參看 སྐྱུལ་བ 〔動〕震動; 戰慄; 動搖.

བསྐོ་བ 參看 སྐོ་བ 〔動〕指導; 教訓; 摩擦; 應用.

བསྐོང་བ 參看 སྐོང་བ.

བསྒོངས 為 སྒོང་བ 之完成式.

བསྒོམ་པ＝སྒོམ་པ [名] 靜觀默察;修行. 參看 སྒོམ་པ.

བསྒོམས 為 སྒོམ་པ 之完成式.

བསྒྲིང 參看 སྒྲིང་བ.

བསྒྲིངས 為 སྒྲིང་བ 之完成式.

བསྒྱུར་བ [動] 1,增加. 2,為 སྒྱུར་བ 之完成式,變更.

བསྒྱུས [名] 筋肉.

བསྒྲིལ 參看 སྒྲིལ་བ.

བསྒྲེང 參看 སྒྲེང་བ.

བསྒྲེངས 為 སྒྲེང་བ 之完成式.

བསྒྲག 參看 སྒྲོག་པ.

བསྒྲགས [動] 宣布;朗誦. 參看 སྒྲོག་པ.

བསྒྲགས་པ [動] 唱;散步.

བསྒྲང [動] 計算;列舉;使變冷.

བསྒྲད་པ＝བགྲད [動] 大開.

བསྒྲལ [形] 可通過;經過. 參看 སྒྲོལ་བ.

བསྒྲལ་བ [動] 通過;經過.

བསྒྲིག　參看 སྒྲིག་པ.

བསྒྲིགས 〔動〕 排列；使有次序. 參看 སྒྲིག་པ

བསྒྲིབས་པ 為 སྒྲིབ་པ 之完成式 〔動〕 遮蓋.

བསྒྲིམ་པ 參看 སྒྲིམ

བསྒྲིམས་པ 1,為 སྒྲིམ་པ 完成式. 2,〔名〕 邪惡之藝能；報告不一.

བསྒྲིལ 參看 སྒྲིལ་བ.

བསྒྲུག 參看 སྒྲུག་པ.

བསྒྲུགས 為 སྒྲུག་པ 之完成式.

བསྒྲུང 參看 སྒྲུང་བ.

བསྒྲུངས 為 སྒྲུང་བ 之完成式.

བསྒྲུན་པ 〔動〕 抗衡；答覆. 參看 སྒྲུན་པ.

བསྒྲུབ་པ 參看 སྒྲུབ་པ.

བསྒྲུབས 為 སྒྲུབ་པ 之完成式.

བསྒྲེང ＝ བཙུགས 〔動〕 舉起；舉揚.

བསྒྲེངས 為 སྒྲེང་བ 之完成式.

བསྒྲེས (བསྒྲེ) 〔形〕 年老；老的.

བསྒྲེས་པ 〔動〕 變更.

青海省政府印刷局印

བསྐྱེ 参看སྐྱེ་བ.

བསྐྱེས 為སྐྱེ་བ 之完成式.

བསྐྱེད 為སྐྱེད་པ 之未來式及完成式.

ང

ང [代] 我.

ང་རྒྱལ [名] 慢；驕傲.

ང་ཅག [代] 我們.

ང་བ=ཡ་ང་བ [名] 劣；惡；危險；可懼.

ང་མོང 代 རྔ་མོང [名] 駱駝.

ང་ར [名] 聲音；冷風.

ང་རོ [名] 1,宏大之聲. 2,呼號.

ང་ཡི [文] 余殆矣. [歎] 因驚奇而生之呼聲.

ངག [名] 1,言語；談話. 2,文字.

ངག་འཁྱལ [名] 顛狂；狂語；不聯貫之語.

ངག་རྒྱུན [名] 談論；口傳.

ངག་འཆལ [名] 不規則或無意識之語言.

ངག་སྙན [名] 1,杜鵑. 2,雅語；雅語者；悅耳之音

ངག་ལྡན [形] 言語流暢；長於詞令.

ངག་སྒྲོར [名] 語言之次序.

ངག་མ [名] 語言.

ངང [名] 1,天性；特性；特點. 2,區域；領土.

青海省政府印刷局印

ངང་གིས [副] 自然的；天然的；漸漸；慢慢．

ངང་རྩལ [名] 天才．

ངང་པ [名] 公鵝．

ངང་མོ [名] 鵝．

ངང་ཚུལ [名] 天性．

ངད [名] 1，清香；芳香． 2，氣味．

ངན [名] 惡；不幸；污辱．

ངན་འགྲོ [名] 1，惡趣；惡道；2，聽命於妻者；虛飾，3，雷．

ངན་ངོན [形] 惡；卑鄙；可憐的；微小．

ངན་པ [形] 惡；劣；醜；可憐．[名] 1，痞徒；謗人者；卑鄙粗下者．2，糞；肥料．

ངན་ལམ [名] 惡習；放縱；行為卑鄙．

ངན་སོང [名] 惡趣；惡道．

ངམ་གྲོག [名] 深谷；急流；險阻．

ངམ་ཤུགས [名] 自然力；藉己之力．

ངར [名] 前部．

ངར་པ [名] 樹身．

ངར་པོ [形] 兇惡；大力；兇猛.

ངར་བ [名] 1,力，體力. 2,硬度.

ངར་མ [形] 1,易怒；兇猛. 2,有氣力.

ངར་འཛིན [名] 我執；自私自利.

ངལ་སྐྱོགས [名] 1,休息；叉杖.(休息時支物用者) 2,休息之凳.

ངལ་དུབ་པ [形] 極疲勞.

ངལ་སོང [形] 疲倦.

ངལ་བ [名] 倦怠；疲勞；乏.

ངུ་བ 完成式ངུས,[動] 哭；呼號.

ངུ་འབོད [動] 號叫，大聲號叫. [名] 一熱地獄名(號叫)

ངུ་རུ [名] 水鴨.

ངུག་པ＝ངུར་བ [動] 作猪聲；打鼾；作貓鳴.

ངུད་མོ [名] 嗚咽.

ངུར་ཀ [形] 大紅色.

ངུར་པ [名] 1,鴨；紅野鴨. 2 鴛鴦.

ངུར་བ [動] 猪牛叫.

N.S 青海省政府印刷局印

ངུར་སྨྲིག [形] 紅黃色；番紅花色.

ངེད [代] 我.

ངེད་ཉིད [代] 我自己；我們自己.

ངེད་ཅག 與 ངེད་ཚོ, ངེད་དག, ངེད་རྣམས 為 ངེད 之多數 [代] 我們；吾等.

ངེས་གྲོལ [名] 解脫；(從輪廻等中)

ངེས་འབྱུང [名] 輪廻.

ངེས་བརྗོད [名] 真實的及長官之命令.

ངེས་དོན [名] 真義；勝義；絕對之真理.

ངེས་སྣང [名] 相似之物；物之相似點.

ངེས་པ [形] 的確；真確；確實. [名] 無疑；真實.

ངེས་པོ [名] 一定之物. 不能免者.

ངེས་འབབ [名] 事實.

ངེས་ཚིག [名] 真義；實在之表現.

ངོ [名] 臉；容貌；態度.

ངོ་ཁྲ [名] 人口稅；人頭稅.

ངོ་ཁྲལ [名] 人頭稅.

ངོ་ཚ [名] 知輕重；知人之恩惠或盡職.

ངོ་ཆེན [名] 1,有勢力之人. 2,仲裁.

ངོ་བསྟོད [名] 諂媚.

ངོ་ཐོག [形] 真的; 實在的.

ངོ་ནག [名] 愁容; 黑面.

ངོ་བོ [名] 自性; 本質; 精英; 內性.

ངོ་བོ་ཉིད [名] 氣質; 性質; 自性.

ངོ་མ [名] 原始者.

ངོ་མིག [名] 大膽; 魯莽

ངོ་ཚ [名] 慚; 羞.

ངོ་ཚབ = སྐུ་ཚབ [名] 代表; 代理.

ངོ་མཚར [名] 稀有; 稀奇; 奇怪.

ངོ་ལོག [動] 反抗; 叛變.

ངོ་ཤུས [名] 從原本所寫之草本.

ངོ་ཤེས་པ [動] 認識; 知曉.

ངོ་སོ [名] 喜悅.

ངོགས [名] 河岸; 湖邊.

ངོམ [名] 滿足.

ངོམ་པ 完成式為 ངོམས་པ, [動] 滿足; 滿意.

ངོམས་པ (名) 滿意 滿足.

ངོས (名) 邊沿；表面.

ངོས་ཀྱུས (名) 從原本所錄的抄本.

ངོས་སུ (副) 公開的 坦白的.

དངགས་སྙན=ངག་སྙན (名) 詩.

དངང་བ 完成式為དངངས (動) 1,氣促；喘不出氣

2,受驚；恐懼.

དངངས་སྐྲག (名) 大驚恐；恐懼.

དངངས་པ (名) 恐懼；怖畏.

དངར་འཁེན་པ (名) 1,濫用. 2,借物不還.

དངུད་མོ=ངུད་མོ.

དངུལ (名) 銀；錢.

དངུལ་སྐུད (名) 銀線；銀絲.

དངུལ་ཆུ (名) 水銀.

དངུལ་རྡོ (名) 赤鐵礦；驗銀石.

དངུལ་ཟིལ (名) 玄精石.

དངུལ་བཟོ (名) 銀匠.

དངུལ་སྲང (名) 銀兩；一兩銀.

青海省藏文研究社編

དངོ [名] 1.邊沿；岸. 2.刀鋒 刀柄. 3.鞭索 鞍上之革帶.

དངོམ་པ [名] 光耀；光榮.

དངོམ་པོ=དངོམ་ཅན [形] 放光，明亮.

དངོས [形] 原始的；真實的；固有的；真的；絕對的；個人的.

དངོས་སུ [名] 親自在.

དངོས་གྲུབ [名] 獲得或完成所求之真事物；完美；優美；上品；名利；如慧才能.

དངོས་པོ [名] 1.財產；物質；所有之物；位置. 2.事；事實；遭遇；行動；功德(佛教)；主旨.

དངོས་མ [形] 原始的；自然的. [名] 自然出產.

དངོས་གཞི [名] 事物之基礎；事之本體.

དངོས་སློབ [名] 直傳或私人門徒.

མངག་པ 完成式 མངགས [動] 委任；委託；代表(如委員差使等)

མངག་གཞུག [名] 1.使者；偵探. 2.僕人；奴隸.

མངན་པ [動] 咒罵.

青海省政府印刷局印

མངའ་ 為དབང་ 之尊稱〔名〕權力；管轄；治理．

མངའ་ཐང་=དབང་ཐང〔名〕權力．

མངའ་བདག〔名〕主宰；主人；元首；所有者．

མངའ་བ〔動〕1，獲得；享有．2，=ཡོད་པ 有；具；是；

མངའ་འབངས་或མངའ་ཞབས〔名〕下屬；佃户；臣民．

མངའ་འོག〔副〕在權力下；在管轄內．〔名〕治下；臣民．

མངར་བ=མངར་མོ〔形〕甜；怡悅．

མངལ〔名〕胎；子宮．

མངལ་བ=ཁ་མངལ་བ〔名〕口中之臭氣．

མངོན་བརྗོད〔名〕詞句之詳解；典故．

མངོན་རྟགས〔名〕證據；事之實據．

མངོན་པ〔形〕明顯；顯著；明白．〔名〕1，顯示．
2，論藏（三藏之一）

མངོན་ལྟ〔名〕偽善；佯為．

མངོན་ཤེས〔名〕先知；神通．

མངོན་སུམ〔形〕顯現；公開；顯露；現量．

རྔ〔名〕鼓；戰鼓；蘇鼓．

རྔ་མཁན〔名〕刈禾者；收穫者．

རྔ་ཁྲི [名] 鼓架.

རྔ་སྒྲ [名] 鼓聲；鼓音.

རྔ་ལྕུག [名] 鼓棰.

རྔ་ཆུང [名] 1, 小鼓； 2, 小駱駝.

རྔ་བ [名] 擊鼓者.

རྔ་དཔོན [名] 鼓手.

རྔ་བ 完成式 བརྔས, 未來式 བརྔ, 命令式 རྔོས [動] 刈；
收穫.

རྔ་བོ་ཆེ [名] 大鼓；名譽.

རྔ་དཀྲུག [名] 鼓槌.

རྔ་མ [名] 尾.

རྔ་མོང 或 རྔ་མོ [名] 駱駝.

རྔ་མོང་དུད་ཀ [名] 黑頭蟲.

རྔ་ཡུ [名] 蘇鼓之柄.

རྔ་ཡབ [名] 拂帚；蠅帚.（犛牛尾所製）

རྔད་པ＝ངན་པ

རྔན་བསྒྲང [形] 列舉他人過失.

རྔན་རྟེན, ངནཆེན [名] 嘲笑，輕視.

青海省政府印刷局印

རྔན་པ [動] 完成式 བརྔན，給薪俸 [名] 1.報酬；工資；薪俸. 2.一種祭品.

རྔབ་པ [動] 饑餓.

རྔབས་རྡོ＝འཇིབ་རྡོ [名] 外科用之器械；吸血具.

རྔམ་རྔམ [副] 恐駭；燦爛耀目.

རྔམ་པ [動] 發怒；荒廢；氣促；戀慕；切欲.

རྔམས [名] 高；深.

རྔམས་པ [名] 1.奇異；驚奇. 2.動情之音樂.

རྔས 參看 སྔས [名] 枕；長枕.

རྔུ＝སྡུག་རྔུ [名] 痛苦.

རྔུ་མ 或 མིག་སྐྱག [名] 眼屎.

རྔུབ་པ 完成式 བརྔུབས 或 རྔུབས，未來式 བརྔུབ 命令式 རྔུབས，[動] 吸入；吸取.

རྔུལ་ཆུ 或 རྔུལ，[名] 汗.

རྔུལ་བ 完成式為 བརྔུལ，[動] 出汗.

རྔེའུ [名] 小鼓；小駱駝.

རྔོ [名] 生於羊狗等之一種皮膚病.

རྔོ་བ [形] 能.

260

རྔོ་ལེན་པ [動] 烤；炸；烘；炒。

རྔོག 或 རྔོག་མ = ཟེ་རྔོག [名] 鬃；動物之肉峯。

རྔོད་པ 完成式 བརྔོས，未來式 བརྔོད，命令式 རྔོད 或 རྔོས，[動] 1，炒；烘；炸。2，欺騙。

རྔོ་བ་པ 参看 རྔོ་བ，[形] 能夠。

རྔམ་བརྗིད [名] 燦爛；威風；尊嚴。

རྔམ་པོ [形] 光明；光輝；莊嚴。

རྔོས 為 རྔོ་བ 之命令式。

རྔོས་ཕྱེད [名] 染 皮膚病者。

ལྔ [形] 五。

ལྔ་ག 或 ལྔ་ཀ [形] 五箇；此五。

ལྔ་པ [名] 第五者。

ལྔ་པོ [名] 此五。

༥༠ ལྔ་རིག [名] 精通五明者；學者。

སྔ [副] 前；以前；立刻；及時。

སྔ་གོང [副] 以前；往昔；最初。

སྔ་རྒོལ [名] 最初發言者.(宗教辯論中)原告。

སྔ་སྔོ 参看 སྔོ，[名] 蔬菜；青草。

青海省政府印刷局印

སྔ་ཆད་=སྔོན་ཆད། 〔副〕往昔，迄今，以先.

སྔ་ལྟས 〔名〕預兆，預表.

སྔ་དྲོ 〔名〕早晨，上午.

སྔ་བ 完成式 སྔས 〔動〕先來，最先，預兆.〔形〕
昔時，古時.

སྔ་ཕྱིས 〔名〕初步工作，工作起初之情形.

སྔ་བ=སྔ་པ 〔名〕黎明，清晨.

སྔ་མ 〔名〕前者，先者，前時及前地.

སྔ་མོ 〔形〕先前，以前.

སྔ་ཟ 〔名〕早餐，早上之食物.

སྔ་རོལ 〔副〕先，古時，昔年.

སྔ་ལགས=ཞན་པོ 〔名〕回謁或款待.

སྔ་སོར 〔前〕以前，首先，最初.〔副〕往昔，昔時.

སྔ་ཀར 〔名〕一種茶.

སྔགས་པ 亦作 སྔགས，完成式 བསྔགས，未來式 བསྔག 命令
式 སྔོགས，〔動〕讚，褒獎，稱揚，吹噓，推舉.

སྔགས 〔名〕1，揄揚，讚美. 2，咒.

སྔགས་པ 〔名〕持咒者，奉行秘教者.

青海省藏文研究社編

སྔངས = དངངས, 參看 དངང་བ.

སྔངས་སྐྲག [名] 驚慌; 恐懼.

སྔན [副] 前着; 往昔.

སྔན་རྩ [名] 一種藥草.

སྔར 用以代 སྔ་རུ [副] 以前; 預先; 往昔; 起初.

སྔར་སྐྱེས = ཨ་ཇོ [名] 長凡.

སྔར་འཁྱེར [名] 以前之習慣.

སྔས [名] 枕; 長枕; 墊褥.

སྔས་པ 參看 སྔ་བ.

སྔུན [副] 迄時; 以前; 首先; 前.

སྔུར་བ [動] 亦作 སྔུར་བ་འཐེན 打鼾.

སྔེ་ཐུ [名] 一種豆.(生於下西馬拉雅,稱為 མོན་སྲན)

སྔོ [名] 1, 青綠色. 2, 青色之根; 植物; 草; 青菜.

སྔོ་སྐྱ [形] 青灰.

སྔོ་ལྗང [形] 青藍.

སྔོ་ནག [形] 藍黑; 青藍.

སྔོ་བ, སྔོད་པ 完成式 བསྔོས 未來式 བསྔོ 命令式 སྔོས

[動] 1, 變青; 變綠. 2, 迴向; 祝福; 賜福;

計謀；志欲。

སྔོ་སྨན 〔名〕藥草；草藥。

སྔོ་རྩྭ 〔名〕青草。

སྔོ་བསངས 〔形〕青綠；灰綠。

སྔོག་པ 〔動〕1，完成式 བསྔོགས 未來式 བསྔོག 命令式 སྔོགས，滋擾；激怒。2，參看 རྔོག་པ。

སྔོད་པ 見 སྔོ་བ。

སྔོན 〔形〕或〔副〕前；以前；先前。

སྔོན་སྐྱེས 〔名〕先生者；長兄。

སྔོན་འགྲོ 〔名〕1，先導；先行者；先到者。2，弁言；導言；序。

སྔོན་ཆད 〔副〕以前；古時；昔時。

སྔོན་འཇུག 〔名〕前置字；置於字根前之字母。

སྔོན་པོ 或 སྔོན་མོ 〔形〕青；青藍。

སྔོན་ཟ 〔名〕蔬菜；一種葯材。

སྔོན་བྱུང 〔名〕歷史；稗史；往事。

སྔོན་མ 〔名〕前者；初；始。

སྔོན་མོ 〔名〕最初者；蔬菜。

སྔོན་རབས [名] 古史，古代.

སྔོན་རོལ = སྔ་རོལ [名] 昔時，以前.

སྔོན་ལས [名] 前事，先業，宿業，不可抑制之事故. [副] 自以前.

བརྔ་བ [動] 刈，割. 參看 རྔ་བ.

བརྔད་པ [動] 1, 奸滑挑弄. 2, 拔出，滴下，由乳中提出液汁.

བརྔན་པ = མཆོད་པ [動] 尊敬，祀奉，供養.

བརྔབ་པ 1, = བརྔད་པ. 2, = རྔབ་པ.

བརྔམས [副] 易動情，易怒.

བརྔའ [名] 收獲.

བརྔས [動] 刈割. 參看 རྔ་བ.

བརྔས་པ [動] 誘陷.

༤༧

བརྔུབ 現在式 དབུགས་བརྔུབ, 過去式為 བརྔུབས [動] 吸.

བརྔུབས [動] 收吸.（氣或水）

བརྔུལ 為 རྔུལ་བ 之完成式.

བརྔོག་པ [動] 1, 摭人之過，找過失. 2, 尋失物.

青海省政府印刷局印

བརྔོད 〔動〕1.收獲. 2.誘惑；欺騙.

བརྔོན་པ 完成式及未來式為 བརྔོན 〔動〕1.追野獸，獵狩；追求. 2.誘惑；縱慾.

བསྔག 參看 སྔག་པ.

བསྔགས་པ=བསྟོད་པ〔名〕讚揚；頌語. 參看 སྔག་པ.

བསྔལ་བ 〔動〕暈惑；疲之.

བསྔས་པ 〔動〕置頭於枕上；偃卧.

བསྔོ་བ 〔名〕結尾. 參看 སྔོ་བ.

བསྔོགས་པ 參看 སྔོག་པ.

བསྔོས་པ 1,〔名〕決志. 2參看 སྔོ་བ.

ན

ན=ལྕི [名]排洩物；糞.

ན་ཧིར [名]樹皮.

ན་ཧུས [形]彎曲；不正.

ན་ཧོ [名]聲音；嘈雜；叫喊.

ན་ཧྲི=མི་མཐུན་པ [形]不同意；不一致.

ན་དི [名]蛋.(藏西用)

ན་དེ=ནར [副]續續；常常.

ནག [代]人物代名詞多數之接尾，如：ང་ནག，
ཁྱོད་ནག，ཁོ་ནག.

ནག་ཀྲུམ=ཆག་ཀྲུམ [名]1.碎片.(如玻璃) 2.脆骨；
軟骨.

ནག་དཀར=ནག་རོ [名]水晶.

ནག་ག [名]謹慎；小心.

ནག་ནག [名]或[形]嚼食物聲.

ནག་ནོབ=ནག་ནག.

ནག་རོ 參看 ནག་དཀར.

ནང 為ནི་ཡང之縮寫，[名]任何事；任何物；無論

青海省政府印刷局印

何事.

ཅང་ཏེའུ [名] 一種小鼓；手鼓.

ཅང་རིག=སྤྱང་པོ [形] 聰明；伶俐.

ཅང་ཤེས [名] 全知者.

ཅང་སྲིད [代] 什麼，何物.

ཅང་ལས་པོ [形] 精巧；熟練.

ཅན 此為一接尾語，表示"具有；充足""者；的人"等.

ཅན་ཅིལ [名] 胡桃之青殼.

ཅན་ཅེ, ཅན་ཅེར, ཅན་ཞེ [名] 茶杯；小碗；小碟.

ཅབ་ཅབ [形] 擊掌稱善.

ཅབ་ཅོབ [名] 1,嘗味之聲. 2,無意味.

ཅམ [形] 慢慢；靜；完全；無損；閃灼.

ཅར [副] 繼續；常常；有數.

ཅར་རས [名] 遮蔽下體之裙巾.

ཅལ 或 ཅལ་ཅལ [名] 聲音.

ཅས་ཅུས=ཅཅུས [形] 歪；不正；乖戾.

ཅི [代] 1,什麼；何物. 2,無論何物；凡.

ཅི་ལྟར [副] 如何；何似.

ཅི་སྟེ [副] 假如；倘若．

ཅི་ཙམ [副] 若干．

ཅི་ཙུག [副] 怎樣．

ཅི་ཞིག [代] 任何事；無論何事．

ཅིའང = ཅི་ཡང．

ཅི་ཡང [代] 無論何事；任何事．

ཅི་ལ [副] 何故；為何．

ཅིག 為一接尾字，置於名詞之後，義為「有些；一；少許」置於動詞之後時，則為命令式之記號．

ཅིག་ཅར [副] 總共；一致；迅速．

ཅིག་ཤོས [代] 其他；後者；有些．

ཅིང 此字為一接尾字與ཞིང，ཤིང同義為"而；且"或"及；與"

ཅིན་ཅི་ལ [名] 爬藤植物．

ཅིཏུརི [名] 女魔．

ཅིས 為ཅི之具格，[副] 何因；何似．

ཅུ 此字在十數字中代བཅུ 如：སུམ་ཅུ，三十．

仁

ཅུ་ག [名] 石膏(藥) 竹之內膜.

ཅུ་ལི་སྐམ་ལི [名] 新鮮之黃梅; 乾黃梅.

ཅུང [名] 葫蘆; 南瓜; 東瓜.

ཅུང་འཁག [名] 銅盤; 銅碟.

ཅུང་ཞོ [名] 治痢疾之一種白藥石.

ཅུང་ཟད [形] 1,少許; 些微. 2,頃刻; 不久.

ཅུད [形] 一無所存留.

ཅི་ཙ同ཇི་ཙ,ཀི་ཙ 云何; 問此.

ཅེ་སྤྱང 或 ཅེ་ཅང 代 ཝ་སྤྱང [名] 豺狼; 狐.

ཅེ་ཙེ [名] 一種粟.

ཅེ་ཀྲ [名] 吃酒用之蘆管.

ཅེ་ཞོ [形] 一定; 無疑.

ཅེ་རེ, ཅེར་རེ [形] 注視.

ཅེང་ཏི [名] 葉寬而薄之長刀.

ཅེམ་ཙེ [名] 剪刀.

ཅེས 他式為 ཞེས [副] 若此; 若是; 如此. 置於 ད, བ, ས 之後.

ཅོ་ག [名] 靈鵲; 阿蘭.

ཅོ་གྲས [名] 一歲之小馬（初剪鬃尾者）

ཅོ་ཏོ [名] 頭頂之髮結．

ཅོ་ལི་བ [形] 稀；少許；稍稍．

ཅོག [形] 全；統共；一切．[名] 全體．

ཅོག་པ [動] 有暇．

ཅོག་ཐུ [名] 小方幕（僅容一人）

ཅོག་ཙེ [名] 桌子；小飯桌．

ཅོང [名] 1，樂器；鐘；鈴．2，懸崖；絕石．

ཅོང་ཙེ [名] 小碗；小碟．

ཅོང་ཅོང [形] 鋸齒形；有齒的．

ཅོད་བ [動] 哀號；痛苦．

ཅོང་ཞི [名] 一種葯樹（可治痢疾及熱病）君實．

ཅོད་པན [名] 王冠；冠冕；鳳之頂毛．

ཅོལ་ལི [形] 矗立；迄立；懸掛；搖擺．

ཅོལ་ཆུང [形] 不重要；無謂．

གཅགས་པ [動] 領悟；了解；印入．

གཅང་པོ [形] 靈敏；聰明；有生氣；留心；注意

གཅད་པ 參看 གཅོད་པ．

青海省政府印刷局印

གཅན་གཟན 〔名〕肉食之野獸.

གཅམ་པ〔動〕做，舉行.〔名〕忠與愛；慈愛.

གཅམ་བུ〔形〕人為的.〔名〕感情之表示；非真實之表情；自謙；卑遜；諂媚.

གཅར་བ〔動〕使適合；萌芽；斥出.

གཅལ་བ〔動〕展布；陳列.

གཅི་བ 參看 གཅིད་པ〔動〕撒尿；小便.

གཅིག〔形〕一.

གཅིག་ཀ〔形〕惟一；僅一；一箇.

གཅིག་ཆུ〔形〕總共；成為一體；共同；惟一；獨一.

གཅིག་པ〔形〕1，第一的. 2，同樣；屬於一種.

གཅིག་པུ〔形〕單獨；惟一.

གཅིག་པོ〔形〕單獨；僅僅.

གཅིག་ཤོས〔名〕惟一者；其他.（述二事時）

གཅིད་པ，གཅི་བ，未來式 གཅི，完成式及命令式為 གཅིས〔動〕小便.

གཅིན་པ〔名〕小便.〔形〕穩固；緊.

གཅིའུ＝ཅིའུ〔名〕注射管.

གཅིལ་བ〔動〕污損.

གཅུ་གལ〔形〕重要.

གཅུ་དོང〔名〕螺旋盒.

གཅུ་བ＝སྒྲིམ་པ〔動〕壓；旋轉；(如螺旋紋) 懲罰；打責.

གཅུག〔名〕不諧；不睦.

གཅུགས་པ〔動〕種植；耕種；獲得.〔名〕堅穩.

གཅུང་པོ〔名〕弟；幼弟.

གཅུད་པ 完成式 གཅུས，ཆུས 未來式為 གཅུ，ཆུ，〔動〕轉；旋轉；扭轉；編織.

གཅུན་པ＝འཆུན་པ〔動〕譴責；馴服.

གཅུར་བ 為 འཆུར་བ 之完成式.

གཅུས་པ〔動〕干涉.

གཅེ་བ〔動〕重視；敬重；愛.

གཅེན 或 གཅེན་པ〔名〕兄；長兄.

གཅེའུ〔名〕注射管.

གཅེར〔名〕赤裸之物.

གཅེར་བ 参看གཅེར.

གཅེར་བུ [形] 1,裸體的. 2,單獨; 僅一; 孤單.

གཅེས་པ [名] 1,親愛的; 心所喜的. 2,貴要; 極貴重; 有用. 3,熱心; 勤勉; 精進.

གཅོག་པ 完成式為བཅག 命令式為ཆོག 或ཆོགས [動] 破裂; 斷; 劈開; 炸裂; 違背; 干犯.

གཅོང [名] 痼疾; 沾污; 險隘.

གཅོང་སྐད [名] 1,痛哭; 悲號; 哀痛. 2,低而和之樂調.

གཅོང་བ 完成式བཅོངས [動] 1,掘空. 2,洗去; 冲洗. 3,心身暈倦.

གཅོང་ཞི 参看ཆོང་ཞི.

གཅོང་རོང [名] 不能通過之險路; 險隘.

གཅོད་པ 完成式བཅད, 未來式གཅད, 命令式ཆོད 或གཅོད [動] 1,斷; 劈; 斫去; 割去; 截倒. 2,停止; 終結; 休息. 3,醫治. 4,決斷; 判斷. 5,阻礙; 防止. 6,殺戮; 除去; 隱避; 鎖.(門)

274

གཅོམ 代 བཅོམ [名] 可力服者；驕慢.

གཅོར་བ [動] 展布；散布.

བཅག 或 བཅག་པ 參看 གཅོག་པོ 與 འཆག་པ [動] 切割；分開；磨.

བཅག་ཞིག [動] 留心；注意；保管.

བཅགས 為 འཆག་པ 之完成式 [動] 制服；踐踏；教訓.

བཅང་བ 完成式為 བཅངས 為 འཆང 之未來式 [動] 1, 握；執持. 2, 包含；伸展.

བཅད [動] 押韻；韻節. [名] 偈.

བཅད་པ 為 གཅོད་པ 之完成式.

བཅབས [形] 使秘密；隱匿.

བཅམ་བཅོམ [名] 瑣屑物；雜物.

བཅའ་འཁྱིག [名] 全副裝具.

བཅའ་འཛུང [名] 1, 斜面. 2, 懸崖.

བཅའ་བ [動] 飲. 參看 འཆའ་བ.

བཅར་བ [形] 附近；親密. [動] 1, 會見. 2, 壓榨；擁擠；扭轉；拿掉.

བཅལ་བ 為 འཇལ 之完成式及未來式 [動] 秤衡；

青海省政府印刷局印

估計；退回。

བཅས། 此字可作接續詞或形容詞，有時藉 དང 與名詞合併，義為"總共；聯合；包含一物；俱"等。如：འཁོར་དང་བཅས། ，又可作"有"字用。

བཅིང་བ 為 འཆིང་བ 之未來式〔動〕束縛，〔名〕鐐銬，束縛。

བཅིབས། 為 འཆིབ་པ 之完成式，表示 ཞོན་པ 〔動〕騎馬；上馬。

བཅིར་བ 參看 འཆིར。

བཅིལ་བ 為 འཆིལ་བ 之完成式〔動〕1，放棄；棄絕。2，制服。

བཅུ 或 བཅུ་ཐམ་པ 〔形〕十。

བཅུ་ཁ 〔名〕什一稅。

བཅུ་པ 〔名〕第十者。

བཅུ་དཔོན 〔名〕十長。

བཅུ་བ 為 འཆུ་བ 之完成式〔動〕干涉；干預。

བཅུག་པ 為 འཇུག་པ 之完成式〔動〕干涉；干與。

བཅུད 〔名〕1，汁液，2，精華；甘露酒，3，味。

བཅུད་ལེན [名] 攝取精英之術；鍊金術.

བཅུམ་པ＝བསྐུམ་པ [動] 1,合緊；緊縮. 2,用詭計；詭譎.

བཅུར་པ [動] 使平臥；阻塞；阻礙.

བཅུས་པ 為 བཅུ་བ 之完成式[動] 汲水；灌溉；蒸提.

བཅེར་བ [動] 1,堆集；集於一地. 2,睜視.

བཅོ 有時用以代 བཅུ，如 བཅོ་ལྔ，十五.

བཅོ་པ [名] 一歲之馬.

བཅོ་བ 完成式及命令式為 བཅོས 為 འཆོས 之未來式 [動] 做；為；預備；製造；構造；做作；假裝.

བཅོག་པ [動] 減少；縮小.

བཅོམ [動] 克服，勝利，成功.

བཅོམ་ལྡན [形] 勝利；受福.

བཅོམ་ལྡན་འདས [名] 1,勝利者. 2,世尊；薄伽梵；稱贊釋迦佛之字.

བཅོམ་པ 為 འཇོམས་པ 之完成式 [動] 征服；克服；殺戮；分散；破散.

བཅོམས 完成式為 གཞོམས，未來式為 འཇོམས [動] 破壞

བཙོལ་བ 為 འཚོལ་བ 之完成式及未來式.

བཙོལ་མ [名] 託人負責之事；信託；委託之事.

བཙོས 或 བཙོས་བུ [形] 人工的.

བཙོས་ཐབས [名] 診治之法；為外觀而作事；技藝.

བཙོས་པ [動] 提煉；修煉；醫治；補救. [形] 人工的；混合的.

བཙོས་མ [名] 人工之物；虛構之物；贋物；非真者.

ལྕ 代 ལྕི་བ [名] 糞.(牛羊的)

ལྕ་བ [名] 1.一種紅蘿蔔. 2.以毡或毛織物所縫之衣.

ལྕག [名] 1.鞭；棒；樹枝. 2.一打；一擊；一掌. 3.盔甲之前部.

ལྕགས [名] 1.鐵. 2.鐵器具(如鎖,鐐,銬等)

ལྕགས་ཀྱུ [名] 1.鐵鈎；鐵針.(馭象用者) 2.能消毒之一種植物.

ལྕགས་དཀར [名] 1.錫. 2.鍍錫之鐵板.

ལྕགས་སྐམ [名] 鐵鉗.

ལྕགས་སྐུད [名] 鐵線；細網線.

ལྕགས་ཁ [形] 鐵灰色.

ལྕགས་ཁུ [名] 鐵液（含酸化鐵之水）

ལྕགས་ཁྱིམ [名] 鐵鑵.

ལྕགས་ཁྱོལ [名] 鐵釜.

ལྕགས་མགར [名] 鐵匠.

ལྕགས་སྡེར [名] 鐵盤；鐵盆.

ལྕགས་སྒྱེད [名] 鐵三脚架.

ལྕགས་ཏིག [名] 一種黃連.

ལྕགས་ཏྲེག [名] 治眼病之藥鐵.

ལྕགས་རྡོ = ཀྱག་རྡོ [名] 1, 火石、2, 鐵礦；鐵石.

ལྕགས་ཕག [名] 腸內之黏液與渣滓.

ལྕགས་སྦྲུགས [名] 火繩槍.

ལྕགས་དམར [名] 紅銅.

ལྕགས་མག [名] 火種箱.

ལྕགས་གཟར [名] 鐵匙；鐵杓.

ལྕགས་ར [名] 圍牆.

ལྕགས་རི [名] 堅壁.

ལྕགས་སོལ [名] 碎煤.

青海省政府印刷局印

ལྕགས་སླང 〔名〕炒穀之大鐵鍋.

ལྕང་ལྕོང = སང་ཧོར 〔名〕崎嶇地.

ལྕང་མ 〔名〕楊柳；村莊附近之植物；籐.

ལྕང་སྒྲོམ 〔名〕柳條所編之淺籃.

ལྕང་ཤོས 〔名〕紅柳.

ལྕང་སིལ 〔名〕柳蔭.

ལྕང་ལོ 〔名〕1. 柳葉. 2. 編織之髮；辮，髮結.

ལྕང་ཤེས = ཙང་ཤེས 〔名〕西藏最良之馬種.

ལྕམ 〔名〕夫人；太太.

ལྕམ་དཀྲིས 〔形〕有縐紋. 〔名〕一種裝飾品.

ལྕམ་དྲལ 〔名〕兄弟姊妹.

ལྕལ་བ 〔名〕一種治傷之藥草. 〔形〕溫和；擦光.

ལྕམ་པོ 〔形〕直立；直.

ལྕམ་མོ 為ལྕམ與སྲིང་མོ之縮寫. 〔名〕姊妹.

ལྕི་བ 〔形〕重；堅實. 〔名〕糞.

ལྕིག་ལྕིག 〔形〕微動.

ལྕིད 古時代ལྕི་བ 〔形〕重.

ལྕིབས 〔名〕1. 套；罩；手套. 2. 器皿之柄. 3. 盾.

ལྕུ་བ 参看 གཅུ་བ.

ལྕུག་པ 〔名〕嫩枝.

ལྕུག་མ 〔名〕柳條；小樹條.

ལྕུགས 〔形〕柔軟.

ལྕུང་ཀ＝སྐྱུང་ཀ〔名〕小鴉；鴉.

ལྕུང་མོ 〔名〕針氈.

ལྕུད་པ 参看 གཅུད་པ.

ལྕུམ 或 ལྕུམ་རྩ 〔名〕一種植物；(其幹可作瀉葯) 大黄.

ལྕེ 〔名〕舌；光焰.

ལྕེ་ཆུང 〔名〕小舌.

ལྕེ་གཉིས་པ 〔名〕兩舌；欺詐；離間者.

ལྕེ་མེད 〔文〕無舌.〔名〕蝦蟆.

ལྕེ་རྩ 〔名〕舌根.

ལྕེ་རྩེ 〔名〕舌尖.

ལྕེ་གཞུང〔名〕舌之中部.

ལྕེག 〔名〕馬甲.

ལྕེབ་པ 〔動〕自殺.

ལྕོག 〔名〕1, 淺鍋. 2, 拱屋頂；屋頂之尖塔. 3,-

種水中植物.

ལྕོག་ག 〔名〕燕；百靈鳥.

ལྕོག་རྩེ 〔名〕西藏一種矮小之桌.

ལྕོག་རས 〔名〕西藏跳舞之鐵甲上之布罩.

ལྕོགས་པ 或 ལྕོག་པ 〔動〕激動；戰慄.〔形〕能夠；可能.

ལྕོང 或 ལྕོང་མོ 〔名〕蝌蚪.

ལྕོངས 〔形〕起伏不平之地；有波動着.

ཆ

ཆ [名] 1,一部；一份；分開之任何物. 2,雙；對；一對. 3,新聞；消息；字；聲音. 4,祈望；5＝ཆ་ལག,事物. 6,細分；微片.

ཆ་ག [名] 邊緣；疆界.

ཆ་ག་པ [名] 蝗蟲；蚱蜢.

ཆ་གྲུམ [名] 方氈.

ཆ་འགྲིག [名] 全襲衣服，全套器具.

ཆ་མཁན [名] 預言者；算命者.

ཆ་ཅན [形] 成對；包含一對.

ཆ་ཆོ [名] 同類之物；相匹之物.

ཆ་ཉམས [形] 損壞；變壞；衰敗.

ཆ་སྙོམས་པ或ཆ་མཉམ [名] 同分；同等之部.(即大小數量相等)

ཆ་ལྡན [形] 1,有幾份. 2,幸遇.

ཆ་ཕྲ [名] 1,守財奴. 2,微分.

ཆ་པ [動] 1,穿；着；裝飾. 2,動身；起程.

ཆ་མེད་པ [形] 無伴；無偶；無匹；孤單.

青海省政府印刷局印

ཆ་ཚང་ [形] 各部完全；全套；全部.

ཆ་ཚན [名] 種類；區分.

ཆ་མཛེས [形] 相稱.

ཆ་བཞག་པ [動或名] 1.依賴；信託；可靠. 2.拘泥；跟隨；服從.

ཆ་ར，སོན་ཆ་ར [名] 一種常綠樹.

ཆ་རི＝ཆ་ལི，ཆ་ལུ [名] 粗牛毛毯.

ཆ་རྡུ [名] 繫帳幕繩之樁.

ཆ་ལག＝ལག་ཆ [名] 工具；器具.

ཆ་ལམ＝ཀ་ལམ [形] 有些；頗；大部份.

ཆ་ལུགས [名] 外貌；衣服；徽幟.

ཆ་ཤས [名] 形狀；部分.

ཆ་སྲོལ＝ལུགས་སྲོལ [名] 風俗；習慣.

ཆག [名] 1.飼馬之穀. 2.第四手指. 3.鞋；靴.

ཆག་ཀྲུམ [名] 片；碎片.

ཆག་ཚུག་པ [動] 猜疑.

ཆག་ཆག [動] 與 བྱེད་པ，འདེབས་པ 連用. 1.掃除；洗滌. 2.ཆག་ཆག་གདབ་པ，凝硬；使硬. 3.踐踏.

4, 拍手. [名] 破碎之物.

ཆག་དུམ [名] 碎片; 碎塊.

ཆག་འདོད [形] 懷疑; 不足信.

ཆག་པ [名] 1, 一束花. 2, 穀穗. [動] 為 འཆག་པ 之完成式, 破裂.

ཆག་པོ [名] 破器皿.

ཆག་ཞད [名] 小穀袋. (繫於馬嘴者)

ཆག་ཙེ [名] 小粒; 砂粒.

ཆག་ཚོད 或 ཆ་ཚོད [名] 適當之量.

ཆགས་པ [動] 1, 憐愛; 戀愛; 貪著; 顧戀. 2, 成; 生種; 出產; 發生; 發端; 出現; 繁殖. [名] 1, 愛情; 情感; 情緒. 2, 貪求; 貪得. 3, 形成; 結合; 結成定質.

༡༢

ཆགས་གཏམ [名] 情話; 械褻語.

ཆགས་སྡང [名] 貪瞋; 愛憎; 好惡.

ཆགས་ཚིག = ཆགས་གཏམ.

ཆགས་ཞེན [形] 貪愛; 求名利.

ཆང [名] 酒; 啤酒.

青海省政府印刷局印

ཆང་སྐྱོགས [名] 酒杓；酒杯。

ཆང་ཁང [名] 酒店。

ཆང་རྒྱུ [名] 造酒之料。

ཆང་ཆུང [形] 少許；混雜的。

ཆང་སྣོད [名] 酒杯。

ཆང་སྦགས [名] 滲酒之麥糰；麯。

ཆང་ཕུད [名] 頭酒；最先出之酒。

ཆང་མ，ཆང་འཚོང་མ，[名] 賣酒婦。

ཆང་རྩི [名] 乾酵；糟粕。

ཆང་ཚང [名] 酒家；酒店。

ཆད [名] 1,時間. 2,特別之允許；契約；約定。

ཆད་པ [動] 1,斷；分離；釋放. 2,允許；束縛自己. 3,送出. [名] 處罰。

ཆད་ཡོ [形] 襤褸；破爛；撕破，[名] 期限；有限制之時間。

ཆད་ཡིག [名] 成文之契約。

ཆན [名] 1,邊註；頂註. 2,湯；漿；醬。

ཆན་གྲི [名] = ཆོམ་ཤི 剪刀。

ཆན་པ [名] = འཆེམ་གྲི, 剪刀 大刀.

ཆབ [名] 1, 敬語, 水.(不能指河) 2, 勢力 範圍; 管轄.

ཆབ་ཁང [名] 小便處; 廁所.

ཆབ་ཁྲོམ [名] 冰.

ཆབ་འབངས [名] 奴僕; 臣民; 盡忠者.

ཆབ་མ [名] 門户.

ཆབ་རྩེ 或 ཆ་རྩེ [名] 扣子.

ཆབ་རོམ [名] 氷.

ཆབ་ཤོག [名] 公文; 執照; 文憑.

ཆབ་སྲིད [名] 領土; 國土; 政治.

ཆབ་གསང [名] 小解; 尿.

ཆམ [副] 1, 輕率; 頭向前. 2, 總; 完全.

༡༣ ཆམ་དུ [副] 常常.

ཆམ་པ [名] 傷寒; 傷風.

ཆར 或 ཆར་པ [名] 雨.

ཆར་ཁེབས [名] 雨衣; 禦雨具.

ཆར་པ 參看 ཆར.

ཆར་ཟིལ [名] 雨點.

青海省政府印刷局印

ཆུ་སྲིང [名] 鮑.

ཆུ་ངོགས [名] 河邊; 湖畔.

ཆུ་ཚག [名] 飼牛料.(穀或草和以水者)

ཆུ་ཆུ་=ལ་ཆུ[名] 大黄.

ཆུ་གཉེར [名] 水上之微波; 波紋.

ཆུ་གཏེར [名] 大洋.

ཆུ་ཐགས [名] 水磨; 水車.

ཆུ་ཐིག [名] 水滴; 水點.

ཆུ་དུག [名] 野葫蘿蔔.

ཆུ་མདོ [名] 河之滙流.

ཆུ་རྡོ [名] 溪澗之小圓石; 水晶石.

ཆུ་ལྦུར [名] 飼馬料.(麥麩與水草合拌者)

ཆུ་ཐེང [副] 數年前.

ཆུ་བ [名] 大腺; 筋.

ཆུ་བན [名] 水壺; 壺.

ཆུ་བལ [名] 水苔.

ཆུ་བུན [名] 擦臉之粉.

ཆུ་བུམ [名] 水壺; 水瓶.

ཆུ་བུར་=ཆུ་ཡི་ལྦུ་བ། [名] 1. 水泡；泡沫. 2. 皰；瘡；傷；瘍.

ཆུ་བོ [名] 河.

ཆུ་ལྦུག [名] 水泡.

ཆུ་སྦྲུལ [名] 水蛇.

ཆ་མ [名] 1. 挑水伕. 2. 水田.

ཆུ་མིག [名] 1. 泉. 2. 靜脈.

ཆུ་རྩམ [名] 麥穀和水之飼馬料.

ཆུ་ཚགས [名] 濾器；篩.

ཆུ་ཚན [名] 溫泉.

ཆུ་ཚོད [名] 滴漏計時；漏. ཆུ་ཚོད་འཁོར་ལོ། 漏；鐘錶.

ཆུ་རྫ [名] 水缸；水罐.

ཆུ་ཞེང [名] 面積.

ཆུ་བཟེམ [名] 水桶（有蓋者）

ཆུ་ཟེམ [名] 水桶.

ཆུ་འོབས [名] 水渠.

ཆུ་རགས 與 ཆུ་ལོང 同 [名] 壩；堤.

ཆུ་ལོག [名] 洪水.

青海省政府印刷局印

ཆུ་ལོན [名] 堤，壩.

ཆུ་ཤིང [名] 1.車前，籐. 2.浮木.

ཆུ་ཤུལ [名] 溝渠.

ཆུ་ཤེལ [名] 晶石，水晶.

ཆུ་སེར [名] 膿，膿汁；黃水.

ཆུ་སོ [名] 膀胱；尿道；泄尿之內外器官.

ཆུ་སྲིན [名] 鱷魚.

ཆུ་སྲིབ [名] 白濁.

ཆུ་སྲིལ = རྒྱ་མཚོ་ཆེན་པོ, [名] 洋.

ཆུག 為 འཇུག་པ 之命令式.

ཆུང 或 ཆུང་བ [形] 小；少；幼；劣.

ཆུང་ངུ [形] 小，少.

ཆུང་ཆུང [形] 極少，極小.

ཆུང་མ [名] 妻，配偶.

ཆུང་ཟད = ཅུང་ཟད [形] 少許.

ཆུང་ཤོས [形] 最小；最幼.

ཆུད་པ = འཇུག་པ [動] 加入；放入；映入.

ཆུན་པ [動] 捆成一把或一束. [名] 看管田園者.

ཆུན་པོ (名) 1,一捆，一束，一堆；集積 2,纓(作裝飾者)

ཆུབ་པ (動) 成功；完成.

ཆུམ་པ＝འཁུམ་པ (動) 驚駭，畏縮.

ཆེ 参看 ཆེ་བ (形) 大.

ཆེ་ཀ (副) 主要的. (名) 大多數.

ཆེ་ཆུང (名) 大小；廣大.

ཆེ་ག (名) 花環，花圈.

ཆེ་གེ་མོ (名) 如此之人，如此者.

ཆེ་ཆེ (名) 極大.

ཆེ་བ (形) 大，有勢力.

ཆེ་ཤོས (名) 最大者；主要者.

༢༨ ཆེད 或 ཆེད་དུ (前) 因為；由；為……起見.

ཆེད་འགའ＝རེས་འགའ (形) 有些；許多.

ཆེད་དོན＝ཆེ་དོན, (名) 重要事；重要指示.

ཆེད་སོ＝ཆེད་དོན, (名) 大目的；特別理由.

ཆེན་པོ (形) 大的；主要的.

ཆེན་ཆུང, (名) 第一妻與第二妻；妻妾；妯娌.

青海省政府印刷局印

ཆེམ་ 或 ཆེམ་ཆེམ་ [名] 似雷之聲；表示憤怒之大聲.

ཆེམས་ [名] 1,離別之勸勉；臨別贈言. 2,遺囑；遺言.

ཆེམས་པ་ [動] 報告；送信；傳消息.

ཆེལ་བ་ [形] 可能.(藉一己之力)

ཆེས་ 為 ཆེ་བ 之完成式. [副] 極，最.

ཆེས་པ་ 為 ཆེ་བ 之完成式 [動] 變大；增加.

ཆོ [形] 有實在意義. [名] 目的；效力.

ཆོག་ [名] 1,作事之方法；儀規. 2,妖術之禮儀. 3,品行；道德.

ཆོ་ང་ 或 ཆོ་ངེས་ [名] 流淚；慟哭；悲哀.

ཆོ་འཕྲུལ་ [名] 神變；奇怪；不可思議之事.

ཆོ་བ [動] 催迫；刺激.

ཆོ་འབྲང་ [名] 家庭；世系.(多指母系)

ཆོ་རིས་ [名] 世系，裔.

ཆོ་ལོ [名] 1,作黃顏料之葉汁. 2,骰子.

ཆོག་ 1,[副] 在下. 2,置於動詞後表示允許. 如：འགྲོ་ཆོག 君可往.

ཆོག་པ [動] 1. 滿足；足夠. 2. 許可；允許.（常與具格分詞連用）

ཆོག་ཤེས [名] 知足；滿足.

ཆོང 或 མཆོང [名] 1. 透明多色之晶石. 2. 紅瑪瑙 白瑪瑙.

ཆོད [名] 1. 判決. 2. 間壁.

ཆོད་པ [動] 1. 割去；斫去；隔阻. 2. 決定；定妥.

ཆོན [形] 無用；無目的. [名] 帳幕.

ཆོམ 或 ཆོམས [名] 槍劫.

ཆོམ་པ [動] 完成.

ཆོམ་པོ 或 ཆོམས་པོ [名] 槍劫者；土匪.

ཆོལ [形] 無常.

ཆོལ་ཁ [名] 1. 國. 2. 省.

ཆོས [名] 1. 法；教義；宗教（多指佛教）2. 方法；狀態；習慣. 3. 物；物質. 4. 道德；忠.

ཆོས་སྐད [名] 書中語.

ཆོས་ཁྲི [名] 1. 聖書架或椅. 2. 說法之坐；講台.

ཆོས་ཁྲིམས [名] 宗教之訓誡；寺院中之規律.

青海省政府印刷局印

ཆོས་འཁོར [名] 法輪；祈禱輪.

ཆོས་གོས [名] 法衣.

ཆོས་གྲྭ [名] 研究佛法之學校.

ཆོས་རྒྱལ＝ཆོས་ཀྱི་རྒྱལ་པོ [名] 法王；依佛法而統法之王.

ཆོས་རྒྱུགས [名] 教師給弟子之功課.

ཆོས་རྒྱུད [名] 宗教之傳遞；教條.

ཆོས་ཅན [名] 1,有法.(因明學術語) 2.虔誠.

ཆོས་ཆས [名] 佛事之需要品.

ཆོས་ཉིད [名] 法性；真如.

ཆོས་སྙིགས＝ཆོས་ཁྲི.

ཆོས་སྡེ [名] 西藏名寺院之字.

ཆོས་པ [名] 僧侶；精通教義者.

ཆོས་འབྱུང [名] 佛教史；論佛教源流及發展之書.

ཆོས་སྦྱིན＝ཆོས་ཀྱི་སྦྱིན་པ [名] 法施；宗教之惠施.

ཆོས་མ [名] 尼.

ཆོས་བཟང＝ཆོས་ལ་བཟང་ [名] 1.好習慣. 2.佛教；虔誠佛教. 3.問候僧侶語.

ཆོས་ལུགས [名] 1,教義；宗派；法門. 2,習慣.

ཆོས་སྲིད [名] 宗教政府；宗教政治.

མཆད་པ [名] 坟墓. [形] 殺戮.

མཆན་ཕ [名] 1,箋註. 2,胸旁. [形] 親愛的.

མཆན་ཁུང = མཆན་ཁུག [名] 腋；膈肢窩.

མཆན་པ [名] 1,註解；註脚. 2,助手；學徒.

མཆི་བ [動] 1,來；去；出現. 2,説.

མཆི་མ [名] 淚.

མཆིག [名] 研香料等之石；擂石.

མཆིག་གུ [名] 1,臼；小臼. 2,杵. 3,下磨石.

མཆིག་མ [名] 上磨石.

མཆིང་བུ [名] 1,琉璃首飾. 2,珍寶石.

༢༦ མཆིད [名] 1,語言；談話；討論. 2,書信；音信.

མཆིན་པ [名] 1,肝. 2,一種果實.

མཆིལ་ཁ [名] 雀鷹；鷂.

མཆིལ་པ [名] 1,鐵鈎；釣鈎. 2,བྱེའུ 普通之雀.

མཆིལ་མ [名] 口涎；唾液.

མཆིལ་ལྷམ [名] 靴；鞋.

青海省政府印刷局印

མཆིས་པ (動) 為 མཆི་བ 之完成式 1,＝ཡོད་པ, 存在; 在; 有. 2,來.

མཆིས་བྲན (名) 1,主婦. 2,住所; 家宅.

མཆིས་མལ (名) 牀; 牀架.

མཆུ (名) 1,唇; 嘴; 喙. 2,一星宿名; 星宿.

མཆུམ་ཡོ (名) 珍珠; 一串真珠.

མཆེ་བ (名) 齒; 犬齒; 尖齒.

མཆེ་སྡེར (名) 爪牙.

མཆེད (名) 兄弟; 姊妹.

མཆེད་པ (動) 1,擴充土地; 獲得土地. 2,增加.

མཆེད་ཟླ＝སྤུན་ཟླ (名) 兄弟; 兄弟姊妹.

མཆེར་པ 或作 མཚེར་པ (名) 脾臟.

མཆེལ (名) 支持; 幫助.

མཆོག (名) 最佳者; 最好者. (形) 至尊; 最勝; 第一.

མཆོག་ཟུང (名) 作模範之一對; 佛弟子中兩著名者. (舍利子及目連)

མཆོག་གསུམ＝དཀོན་མཆོག་གསུམ (名) 三寶.

མཆོང (名) 一寶石名. (可治瘋癱)

མཆོང་བ 完成式為 མཆོངས [動] 1,跳,躍. 2,沐浴.

མཆོད་སྐོང [名] 屬於供器之小銅杯.

མཆོད་ཁང [名] 教堂;祭堂.

མཆོད་ཆས [名] 祭祀用之器具.

མཆོད་བརྗོད [名] 祈禱或讚頌之語.

མཆོད་རྟེན [名] 盛祭品之器;塔.

མཆོད་གནས [名] 奉祀之目的物.

མཆོད་པ [動] 尊敬,祀奉;供養.

མཆོད་སྦྱིན [名] 祭施;祭施之佛事.

མཆོད་མེ [名] 獻於神前之燈.

མཆོད་རྫས [名] 用以祭祀之物;祀神之用具.

མཆོད་ཡོན [名] 對於作佛事之喇嘛或僧侶之報酬.

མཆོར་པོ, འཆྲོར་པོ [形] 美麗;秀雅.

འཆག [名] 有益於身之散步.

འཆག་པ [動] (1) 完成式 ཆག 或 ཆགས 1,折斷;裂開,破. 2,減價. (2) 或作 ཆགས་པ 完成式為 བཅགས,未來式 བཅག 1,踐踏. 2,行走,移動.

འཆགས་པ = བཤགས་པ, [名] 認罪;懺悔.

青海省政府印刷局印

འཆང་བ 完成式བཅངས, 命令式ཆོང 或ཆོངས [名] 1,執握. 2,保存,保持. 3,所有.

འཆངས་པ [名] 一握.(掐把掴)

འཆད་པ [動](1)完成式為བཅད, 為གཅོད་པ 之動名詞. 1,斫碎;切斷,割去. 2,腐爛. 3,分散;劈開 (2)完成式及未來式བཤད 命令式ཤོད 解釋,說. [名] 停殯之棚或屋.

འཆབ་པ 完成式བཅབས 未來式བཅབ 命令式ཆོབ [動] 覆藏;隱匿;守秘密.

འཆམ་པ 1,完成式བཅམ [動] 同意;一致. 2,[動] 跳舞 [名] 舞者.

འཆམ་པོ [名] 1,舞者. 2,諧和;一致.

འཆམ་དཔོན [名] 跳舞之指導者;跳舞者之首領.

འཆམས [名] 跳舞.

འཆའ [名] 盆櫃.

འཆའ་བ [動](1)完成式བཅས, འཆས,未來式བཅའ,命令式ཆོས 1,準備;整理;建造. 2,與同用,宣誓;允諾. (2)裂斷;切斷.

འཆར [名] 升出。

འཆར་སྒོ [名] 思想；觀念。

འཆར་བ [動] 完成式 ཤར་བ，發生；出現；發現；閃光。

འཆལ [名] 胡言亂語。

འཆལ་པ [名] 悪者；不好者。2，འཆལ་པོ 好色者；姦夫。

འཆལ་བ [動] 1，喪失神志；不知所措；紊亂。2，躊躇不決。3，姦淫；通姦。

འཆལ་ཚིག [名] 1，心迷。2，無價值之談。

འཆི་གྲུ [名] 石黄弓；有弦之兵器。

འཆི་ལྟས，འཆི་རྟགས [名] 死兆。

འཆི་བདག = གཤིན་རྗེ [名] 夜摩；(死神) 獄帝。

འཆི་འཕོ [名] 俗緣之了結；死。

འཆི་བ [名] 死亡。

འཆི་མེད [名] 解脫；長生不死；長生之烏鴉。

འཆིག་པ [名] = འཆི་གྲུ，杵。

འཆིང་བསྒྲིགས [名] 合同；契約。

青海省政府印刷局印

འཆིང་པ [名]束縛，約束。

འཆིང་བ [動]完成式བཅིངས།，未來式為བཅིང 或作 འཆིང，束縛；捆縛；壓魔。[名]束縛之物；帶；繩；桎梏。

འཆིབ་པ 或འཆིབས་པ 完成式བཅིབས།，未來式བཅིབ，命令式ཆིབས།，[動]上車；上馬；騎乘。

འཆིམས་པ [動]滿足；充滿。

འཆིར་བ [動]壓；榨；擠。

འཆུ་བ 完成式為འཆུས [動]扭曲；使彎。[形]彎曲的。

འཆུ་བ 完成式為བཅུས།，未來式為བཅུ 命令式為ཆུས།，[動]汲；舀水；灌溉；注水。

འཆུག [動]到；達到。[名]錯誤。

འཆུན 或འཆུན་པ，[形]於一人管轄之下。[動]制服；馴服。

འཆུམ་པ [動]希望，欲。[名]貪婪；慳。

འཆུས་པོ＝ཆུག་པོ [形]1.笨；不靈敏。2.彎曲。

འཆོ་བ 完成式為བཅོས། 未來式為བཅོ 命令式為ཆོས།，[動]作證；允諾。

འཆག་པ 完成式 བཤགས, 未來式 བཤག, 命令式 ཤོག, [動] 1,劈；砍開. 2,自認；認罪.

འཆམས་པ 完成式 བཅམས, 未來式 བཅམ, [動] 嚼.

འཆར་བ [名] 脾臟.

འཆལ་བ [名] 希望；欲. [動] 相信；證實.

འཆས་པ 亦作 མཆས་པ [名] 幸福降臨.

འཆོག་པ [動] 打擊. [名] 牆.

འཆོང་བ 或 འཆོངས་པ, [動] 握住；緊握.

འཆོམས་པ 為 འཇོམས་པ 之動名詞.

འཆོར [動] (1) 完成式 ཤོར, 1,逃；潛逃. 2,流出；徐留. 3,發生；發出. 4,經過；超越. (2) 完成式為 བཤོར 未來式為 གཤོར, 追尋；跟隨.

འཆོལ་བ [形] 顛倒. [動] 1,弄錯；次序顛倒. 2,完成式 བཅོལ 信託；委託；指定；任命. 3,淩亂. (書頁) 4,發狂；囈語.

འཆོས་པ 完成式 བཅོས 或 འཆོས, 未來式 བཅོ, 命令式 ཆོས, [動] 1,做. 2,構造；建築. 3,預備. [形] 無秩序；不道德；放蕩. [名] 放蕩；淫逸.

ཇ

ཇ [名] 茶.

ཇ་ཁ [形] 茶色. [名] 紅色肩巾.

ཇ་མ [名] 製茶者; 烹茶者.

ཇ་རིལ [名] 磨石; 頭蓋.

ཇ་ལུང [名] 皮箱上之帶或環.

ཇ་ཤིང [名] 茶樹.

ཇ་སང [名] 清茶.

ཇ་སེར [名] 由青海輸入藏東之黃茶.

ཇག [名] 搶劫.

ཇག་པ [名] 強盜; 土匪.

ཇག་དཔོན [名] 匪首.

ཇགས 為 འཇག་པ 之完成式.

ཇི 此字常用以表示"舉例; 比較; 度量; 面積; 時間"等, 與 ཅི 同用, 義為"如"

ཇི་སྐད [副] 何語; 無論何語; 那個.

ཇི་སྙེད=ཇི་ཙམ [副] 1, 若干; 多少; 極多. 2, 所有. 3, 大約. 4, 可能.

ཇི་ལྟ་ 或 ཇི་ལྟ་བ [副] 1,怎樣. 2,何種；何質.

ཇི་ལྟར [副] 何狀；如；依照.

ཇི་སྟེ [前] 若；假如.

ཇི་ཙུག = ག་འདྲ, [副] 怎樣；何事；何狀.

ཇི་ཙམ [副] 若干.

ཇི་བཞིན [副] 怎樣；何似；如……樣；依照.

ཇི་སྲིད [副] 如此常久；乃至…….

ཇུ་ཐིག [名] 一種卜術.(抽各種色線,以占命運之泰否)

ཇུ་བོ = ཇུ་རིལ, [名] 擂捶；杵.

ཇུས [名] 兵法；將略；策略.

ཇུས་ལེགས [名] 1,征服敵人者. 2,佛教哲人名.[形] 1,有禮貌；行為合禮. 2,適合.

ཇེ 表示副詞形容詞或動詞之字,義為"漸漸" ཇེ་ཆེ 漸大.

ཇེད = དང་པོ 或 རེ་ཞིག [名] 1,最初者；第一者. 2,聲音.

ཇོ = ཇོ་བོ 或 ཇོ་མོ.

ཇོ་ཇོ [名] 哥哥.

青海省政府印刷局印

ཇོ་བོ, ཇོ་ཛ, ཇོ་རིགས (名) 1.主宰；主人. 2,貴族.

ཇོ་མོ (名) 1,家中之主婦. 2,尼.

ཇོ་རྩི (名) 油漆.

མཇལ 命令式為མཇོལ (動) 1,相遇；會晤；拜會. 2,等候.

མཇལ་རྟེན (名) 謁偉人時所獻之禮物；見面禮.

མཇིང་པ＝འཇིང་པ, (名) 1.頸. 2,＝རྩ་མཇིང, 草地.

མཇིང་བསྣོལ (動) 交頸.(如獸類互相交頸嗑癢)

མཇུག (名) 1,背；後部. 2,尾；末尾.

མཇུག་ཏོ (名) 尾骨.

མཇུག་མ 或འཇུག་མ, (名) 尾巴；結局.

མཇུག་རིངས 或དུ་བ་མཇུག་རིངས (名) 彗星.

མཇེ (名) 陽物.

མཇེད་པ (名) 痛苦，耐苦. (形) 可咎；該責.

འཇག་པ 完成式ཇགས, (動) 1,設立. 2,固定；決定.

འཇག་མ (名) 1,一種香草. 2,蓋屋之茅草；草葉. 3,莖.(穀)

འཇགས་པ (動) 贈與；給.

འཇང་བ [動]吞；噬。

འཇན་པོ [名]夫婦。

འཇབ་གདན [名]羊毛毡。

འཇབ་པ 完成式 བཞབས，未來式 བཞབ，[動]1，潛逃；私走；偷走。2，伏候；埋伏。

འཇམ་པ [形]柔輭；光滑；嫩；可愛。

འཇམ་པོ [名]明礬。[形]柔軟；不粗；光滑。

འཇམ་མ [名]1，＝ཇེ་འཇམ，代 ཐུག་པ，粥；稀羹。2，命運之女神。

འཇའ 或 འཇའ་ཚོན [名]1，虹。2，虹之顏色。

འཇའ་བ，འཇའ་མོ [形]跛；跛足。[動]1，預約；預定。2，同謀；同盟。

འཇའ་མ [名]1，似虹色之花邊刺繡。2，中國作之花鞋。

འཇའ་ས 或 འཇའ་སོ，[名]1，告示。2，執照；照會。

འཇར་བ＝འབྱར་བ [動]黏合。

འཇལ་བ 完成式 བཅལ 未來式 གཞལ 命令式 འཇོལ [動]1，權衡；度量。2，估價。3，徵收；完納；

青海省政府印刷局印

償付，歩恩量.

འཇོམས

འཇིབ 〔名〕1，འཇིབ་ཤིག＝ཤིག་ཤིག，蚤（ཤིག་པ）2＝འཇིགས་པ〔形〕1，平滑，柔軟.2，憎厭.3，惡濁（惡味）

འཇིག་རྟེན 〔名〕1，世間，宇宙.2，＝འཁོར་བ，生死，輪廻.

འཇིག་རྟེན་པ 〔名〕俗人，凡人.

འཇིག་པ＝འཆག་པ 〔名〕破壞，毀滅，顛覆.

འཇིག་པ 完成式བཤིག，未來式གཤིག，命令式ཤིག，〔動〕1.毀壞，毀滅，消滅.2，（作動名詞用）完成式བཞིག་པ或ཞིག 失去，暗中毀壞，滅亡，消滅，朽爛.3，吸收.（濕氣）參看འཇིབ་པ.

འཇིགས་པ 〔動〕懼，受驚.〔名〕怖畏，惶恐，畏懼.

འཇིང 〔名〕1，葯用之一種礦物.2，空曠，廣大.3，中央.

འཇིང་བ，མཇིང་པ.〔名〕頸.

འཇིངས 〔名〕中央.

འཇིབ་པ་ 或 འཇིབས་པ་ 1,完成式為 བཞིབས, གཞིབས, 未來式 བཞིབ 或 གཞིབ, 吮. 2,參看 ཞིམ་པ 嗜; 愛; 嗜味.

འཇིམ་པ [名] 泥; 泥水.

འཇིལ་བ [動] 1,流血. 2,完成式 བཅིལ, 未來式 གཞིལ 驅逐; 除去.

འཇིལ་ལི=ཁྲི་ཤིང, [名] 椅; 木凳.

འཇུ་བ [動] 1,完成式 འཇུས, 握; 擒捉. 2,完成式 བཞུས 未來式 བཞུ 消; 消化; 溶解. [名] 消化; འཇུ་སྟོབས 消化力.

འཇུག, སྟབས, [動] 1,種植; 樹立. 2,固定.

འཇུག་ངོགས [名] 渡頭; 岸邊.

འཇུག་པ [動] 完成式及命令式為 ཞུགས 1,入內; 加入. 2,起始; 着手. [名]=ཡོན་པ, 1,加入; 入內; 穿入. 2,起始; 病之初期. 3,肉身.

འཇུག་པ 完成式 བཅུག, འཇུགས, 未來式 གཞུག, 命令式 ཆུག, [動] 1,放入; 插入; 注入; 投入. 2,任命; 委派. 3,命令; 使. 4,允諾;

許可.

འཛུངས་པ [名] 1. 慳吝; 貪婪; 守財奴.

འཛུད་པ 與 འཛུག་པ 同義, 參看 ཚུག་པ.

འཛུན་པ 完成式 བཙུན, 未來式 བཙུན, 參看 བཙུན, ཙུན [動] 1. 制服; 使馴順. 2. 自認; 認罪. 3. 處罰 4. 使溫順; 改變.

འཛུམ་ཁང [形] 減少; 縮小.

འཛུམ་པ 或 འཛུམས་པ, 完成式 འཛུམ, 未來式 གཙུམ, 命令式 [動] 1. 使戰慄. 2. 收縮; 緊縮.

འཛུར་གྱིས [副] 忽然.

འཛུར་བ 完成式 བཙུར [動] 緊縮; 纏繞.

འཛུར་བུ [形] 忙戀於俗務.

འཛུས [動] 抓, 握. 參看

འཛེ 亦寫作 མཛེ.

འཛེབས་པ 或 འཛེབས་པོ, [形] 1. 美麗. 2. 聲音悦耳.

འཛེམ་པ འཛེམས་པ 或 འཛེམས་པོ [形] 聰明; 伶俐; 機巧.

འཛོ་བ 1. ＝ སྒེག་པ [形] 蠱惑; 妖迷; 美艷; 媚

態，2，完成式 བཞོས 未來式 བཞོ 命令式 འཇོས，
[動] 擠乳，取乳.

འཇོ་མ，[名] 牛乳，有乳之牛.

འཇོག་པ (1) 完成式 བཞག，未來式 གཞག，命令式 ཞོག，[動] 1，放置. 2，固定；指定. 3，離去；棄. 4，遺留.(2) 完成式 བཞོགས 或 ཞོགས，未來式 གཞོག，命令式 ཞོག，砍；割；削；配合；切.

འཇོང [名] 1，= ཞྒང，蝌蚪. 2，鋤；丁字斧.

འཇོང་བོ [形] 長方；蛋形；橢圓形；圓柱形；瓶形.

འཇོན་དམར = ཟངས，[名] 銅.

འཇོམས་པ 完成式 བཅོམ 或 བཅོམས，未來式 གཞོམ 命令式 ཞོམ，[動] 1，征服；制服；降服. 2，打倒，除去. 3，虐待；殘虐. 4. 掠奪.

འཇོར = གཞོར，[名] 鋤，挖鋤；鶴嘴鋤.

འཇོལ་བོ [名] 鏈.

འཇོལ་བ [動] 1，懸垂；下懸；曳. 2，參看 འཇོལ་བ，[名] 追隨；從者；後曳之物.

འཇོལ་མོ [名] 一種善歌之鳥.

青海省政府印刷局印

རྗད་མ＝རྫད་མ [名] 儲藏室.

རྗིད་པ, རིད་པ [形] 瘦.

རྗིབ་ལས [名] 强迫做工.

རྗུད་པ＝རྒུད་པ, [名] 危險; 困難, 無利益.

རྗེ [名] 主; 主人; 主宰; 首領; 尊顯者.

རྗེ་ངར [名] 腰; 腿之下部.

རྗེ་དྲུང [名] 大人.(對貴族之通稱)

རྗེ་བ 完成式 བརྗེས, 未來式 བརྗེ, 命令式 བརྗེས [動] 交換; 貿易.

རྗེ་བོ [名] 1,主宰; 主人; 元首. 2,尊貴之稱呼.

རྗེ་མ＝གཙོས་མ [名] 貴婦.

རྗེ་མོ [名] 貴婦; 夫人.

རྗེ་བཙུན [形] 尊貴; 可敬.(用於聖人,隱士及喇嘛等) [名] 聖人; 崇高而有德之人.

རྗེ་རིགས [名] 貴族階級.

རྗེའུ་རིགས [名] 紳士階級.

རྗེས, ཞེས [名] 敬服; 尊敬.

རྗེད་པ 完成式及未來式 བརྗེད, [動] 1,尊敬. 2,忘記

རྗེད་ཐོ [名] 備忘錄；日記.

རྗེད་རྡོ [名] 紀念石.

རྗེད་བྱང [名] 貨物行李之記號或清單.

རྗེན་པ [形] 1,赤裸. 2,純潔. 3,未成熟；生的.

རྗེན་ཟིགས [名] 可生食之食物.

རྗེས [名] 1,痕跡；印. 2,後部. 3,結果；發生於後者.
[前] 所以；因此.

རྗེས་ཆགས [名] 感情；愛情.

རྗེས་འཇུག [名] 藏文中之後添字，置於字根之後者，有十字，即 ག་ང་ད་ན་བ་མ་འ་ར་ལ་ས. [形] 後來；隨後.

རྗེས་བརྗོད [名] 1,模仿之字句. 2,抄本. 3,附註；附白.

རྗེས་དྲན [名] 記憶；回憶.

རྗེས་གནང [名] 允諾；允許.

རྗེས་དཔག [名] 忖度；比量.

རྗེས་མ [形] 末尾；最末. [名] 末尾者；後部.

རྗེས་སུ [副] 後來；後面.

རྗོད་པ 完成式及未來式為 བརྗོད་པ. [動] 1,述；說；誦. 2,宣揚；宣傳. 3,列舉；枚舉. 4,論及；講及.

青海省政府印刷局印

བརྗིད་པ＝གཟི་བརྗིད， (名)光榮；燦爛，光輝。(動)閃光，發光。

བརྗེ (動)交換，貿易。

བརྗེ་བ (動)心力專注。

བརྗེད་ངས་པ＝བསྙད་པ (名)易忘，遺忘。

བརྗེད་ཐོ (名)備忘錄。

བརྗེད་པ (動)忘記。

བརྗེས་པ 為རྗེས་བ之完成式。

བརྗོད་པ (名)1.語言，發言。2.短句。3.發言清楚。(動)參看རྗོད་པ。

བརྗོད་མེད (名)1.不可言宣者。2.卓越者。3.非至誠之語。

བརྗོད་བཟང (名)1.好言辭。2.善辭令者。3.好講辭。

ལྗག་མ (名)上品緞。(鋪於椅墊上者)

ལྗགས 與ལྕེ同 (名)舌。(用於尊貴之稱呼)

ལྗང་གུ (形)綠色。

ལྗང་ཇ (名)綠茶。

ལྗང་ལྗང＝ལྗང་ཁུ或ལྗང་གུ。

ལྗང་པ 〔形〕青的；未熟．〔名〕1,初生之穀；未熟之穀 2,純銀；銀板．

ལྗང་བུ 〔名〕1,秧；苗．2,青草．

ལྗང་མ＝ལྗང་བུ．

ལྗན་ལྗིན 〔名〕1,污穢．2,塵埃；屑；垃圾．

ལྗབ 〔形〕平坦；平的．

ལྗི＝ལྕི་བ 〔名,形〕重；沉重．

ལྗི་བ 或 ལྗི་མོ 〔形〕重．〔名〕蚕．

ལྗིད་ཅན 〔形〕重的．

ལྗིད་གནོན 〔形〕暴虐；殘忍．

ལྗིད་པ 〔名〕沉重；秤衡．

ལྗིན་པ 〔名〕進入；透入．

ལྗོངས 〔名〕1,地方區域．2,省．3,縣．ལྗོངས་ཆེན་པོ,大國．

ལྗོན་པ 〔名〕1,天國；不死之國．2,樹木．

ལྗོན་ཤིང 〔名〕樹木．

ཉ

ཉ [名] 1,知慧；知識. 2,魚；魚類. 3,筋；筋腱；打擊之跡痕；條痕. 4,望日；陰曆之望.

ཉ་ཀྱུ [名] 釣魚之鐵鈎.

ཉ་ཚལ [名] 鰾；魚腹中之氣泡.

ཉ་རྣོགས＝ཉ་ཡི་རྣ་བ, [名] 魚鰓.

ཉ་ཁ [名] 魚鷹.

ཉ་ག 或ཉག, [名] 鋼秤.

ཉ་རྒྱ [名] 魚網.

ཉ་ལྕིབས [名] 1,真珠母. 2,鰓. 3,一種葯根.

ཉ་དོལ [名] 魚網.

ཉ་ཕྱིས [名] 真珠；貝殼.

ཉ་ཚོ [名] 身體；身材.

ཉ་འབིགས [名] 釣鉤.

ཉ་མ [名] 1,主婦. 2,聽衆.(非門徒) 3,婦人;(西藏中部俗字) 助神之貴婦. 4,陰户.(青海俗語)

ཉ་མོ [名] 母魚.

ཉ་ཚེར [名]魚骨；魚刺。

ཉ་ཟིན [名]1.一海怪名(或即鱷魚) 2.吃魚之水鳥。

ཉ་བཟུང་མ [名]新婦.[形]清潔；整潔。

ཉ་ར [名]謹慎；小心。

ཉ་གཤོག [名]魚翅。

ཉ་སག [名]魚鱗。

ཉ་སོག [名]魚之背鰭。

ཉ་ལྷོག [名]一種病。

ཉ་སྤྱལ [名]足之踝骨

ཉག [名]1.參看ཉ་ག；ཉག་གང，銅秤之一碼，＝4 $\frac{1}{4}$ 兩.2.＝ཉག་མ. 3.ཉག་ག或ཉག་ཁྲམ，斷口；鋸齒狀。

ཉག་རྐྱང [副]固執。

ཉག་གཅིག＝ཁོ་ན [形]唯一；僅一。

ཉག་མ [形]僅一；單一。

ཉག་ཉིག [形]污穢；惡濁。

ཉག་ཕྲག [形]＝སྣ་ཚོགས，各種。

青海省政府印刷局印

ཉག་ཉོག 〔形〕不潔；惡濁，混雜；言語無次；矛盾。

ཉག་ཐག 〔名〕線；鏈（金屬的）

ཉག་མཐིལ 〔名〕秤盤。

ཉག་རྡོ 〔名〕秤碼。

ཉག་པ 〔名〕缺口；斷口。

ཉག་མ 〔名〕婦人。

ཉག་ཤིང 〔名〕秤桿。

ཉང 〔名〕西藏一地名（其首城為江孜）

ཉང་གྲུམ 〔名〕方毯。（出自ཉང 地）

ཉན་རྟོན＝ཉམས་ལེན，〔名〕偵探。

ཉན་པ 命令式為ཉོན，〔動〕聽；領受〔名〕聽者；領受者，此字又有可能之意，如མི་ཉན不可能。

ཉན་ཐོས 〔名〕聲聞；聞法者。

ཉན་ཇ 〔名〕使者；送信者；欽差。

ཉམ 〔名〕蝗蟲。ཉམ་ཏིག，蟋蟀。

ཉམ་ང 或ཉམས་ང，〔名〕1，恐懼；憂慮。2，先望；

渴望.

ཉམ་ང་བ་=འཇིགས་པ་, [名]1,危險;恐懼.2,渴望.

ཉམ་ཆུང་ [名]弱;弱小;無力.

ཉམ་ཐག་པ་ [形]衰敗;耗盡;痛苦.

ཉམས་ [名]1,思想;觀念.2,狀態;情形;範圍.

ཉམས་པ་ [形]1,傷害;損害;不完全;衰敗.2,褻瀆;玷污.

ཉམས་དམས་ [形]頹廢;陵夷;不如.

ཉམས་མྱོང་ [名]1,經驗.2,快樂.

ཉམས་རྩལ་ [名]機巧;熟練;靈敏.

ཉམས་ལེན་པ་ 參看སྒྲུང་ལེན, [動]1,測量.2,考察;調查.

ཉར་ [形]1,參看ཏ་ར.2,長方.

ཉལ་བ་ 命令式為ཉོལ. [動]睡;卧.

ཉལ་ཁྲི, མལ་ཁྲི, [名]牀;牀架.

ཉལ་གོས་ [名]褥被;毯.

ཉལ་འགྲོ=འབབ་ཆུ, [名]流水;溪;河.

ཉལ་པོ་ [名]1,鄉村.2,交媾.

青海省政府印刷局印

ཉལ་བུ [名] 私生子；娼妓之子.

ཉི 1,可代གཉིས. 如ཉི་ཤུ，二十. ཉི་ཁྲི二萬. 2,可代ཉི་མ

ཉི་ཁྱམ [名] 1,日暈. 2,旅行者. 3,塔.

ཉི་གུང [名] 正午.

ཉི་དྲོས [名] 晨.(自八時至十時)

ཉི་ལྡོག [名] 冬至或夏至. དགུན་ཉི་ལྡོག冬至. དབྱར་ཉི་ལྡོག，夏至.

ཉི་མ [名] 1,日. 2,＝ཉིན་མོ，白天；晝.

ཉི་རྒྱར [名] 黃昏.

ཉི་ཚེ [名] 1,一日之長. 2,方向；國. 3,界限；區域.

ཉི་ཚོད＝ཉི་ཚོད་འཁོར་ལོ， [名] 日晷；錶.

ཉི་ཟླ [名] 1,日月. 2,塔頂之球形裝飾品.

ཉི་ཡོལ [名] 天幔；簾幕.

ཉི་ཤ [名] 鮮肉.

ཉི་ཤར [名] 清晨；日出時.

ཉི་ཤུ [形] 二十.

ཉིག་ཉིག [形] 鬆；弛放；不緊.

ཉིང་ཁུ 〔名〕汁；精髓；精華。

ཉིང་ལག 〔名〕支分；人之百體。（額，鼻，眼，耳，指等）

ཉིང་སློབ 〔名〕徒孫。

ཉིང་ཤ 〔名〕自身之肉。

ཉིད 〔名〕1，性；相。如：ཆོས་ཉིད，法性。ངོ་བོ་ཉིད，自性。

2，自己。＝རང་ཉིད。如 སྐུ་ཉིད，ང་ཉིད 等。

ཉིན 〔名〕1，日間；日。2，向陽地。

ཉིན་དཀར 〔名〕吉日。

ཉིན་ཚས 〔名〕日用必需品。

ཉིན་པར 〔名〕白天；日。（如某日）

ཉིན་ཕྱེད，〔名〕1，午；正午。2，半日。

ཉིན་བྱེད 〔名〕太陽。（白晝之創造者）

ཉིན་མོ 〔名〕晝間；白天。

ཉིན་ཞག，〔名〕日間；一日。

ཉིན་རང＝ཐོ་རངས，〔名〕破曉；黎明。

ཉིལ་བྱེད་པ，ཉིལ་ཉིལ་བྱེད་པ，〔動〕滴下；流下。（如淚）

ཉིས 1，為ཉི之具格 2，在混合字中代གཉིས，如

ཉིས་བརྒྱ，二百。

青海省政府印刷局印

ཉུ་ཏི [名] 梨.

ཉུག་ཉུག་པ [形] 1,突出. 2,射出.

ཉུག་པ [動] 1,塗敷,輕擦;觸;摩. 2,突出,伸出.

ཉུང་ངུ [形] 少,小.

ཉུང་བ [形] 少,少許,不多.

ཉུང་མ [名] 1,蘿蔔; 2,蘿蔔湯.

ཉུལ་བ [動] 1,遊行. 2,輕步,潛行,爬行. ཉུལ་མི 偵探.

ཉེ [形] 代 ཉེ་བ 近.

ཉེ་འཁོར = ཉེ་སྐོར, [名] 1,眷屬;從者,侍者. 2,親戚,鄰人. 3,鄰近. 4,近邊(一地獄名)

ཉེ་གྲོགས [名] 1,屬員,隨從. 2,鄰人.

ཉེ་ཆར [副] 最近;不久;現在.

ཉེ་ཆོས [名] 1,時間. 2,習慣. 3,鄰人. 4,附近.

ཉེ་ཏི 參看 ཉུ་ཏི. [名] 梨.

ཉེ་དུ [名] 親屬,親戚.

ཉེ་བ [形] 近,臨近. [動] 將近;行近. [副] ཉེ་བར,接近;幾乎.

ཉེ་བོ [形] 近.

ཉེ་འབྲེལ [名]親戚，眷屬.

ཉེ་ཕྲུ [名]小魚.魚子.

ཉེ་ཚེ [名]1,=ཕྱོགས་རིས,偏私.2,災難,不幸;缺點.

ཉེ་རྒྱུངས=འཁྲིག་པ, [名]交媾.

ཉེ་རིང [副]遠與近.[名]距離.[形]偏私.

ཉེ་ལམ [名]捷徑.

ཉེ་ཡོགས [名]臨近,附近.

ཉེང་ཕྱེད་པ [動]一瞥;微抬頭而睨視.

ཉེད་པ=མཉེད་པ.

ཉེན [名]1,病,消瘦.2,親戚,親眷.3,危險.

ཉེན་ཀོར=ཐག་ཉེ་བ, [形]近;附近.

ཉེན་སྐོར=གཉེན [名]親戚.

ཉེན་པ=ཉེན་ཐག [名]仇敵.[形]1,痛苦;窮廹.
2,工作.作苦工.

ཉེར 1,=ཉེ་བ. 2,=ཉི་ཤུ;如ཉེར་གཅིག,二十一. 3,=
སྡུངན愁苦.

ཉེར་སྐད=གཅོང་སྐད, [名]痛苦.痛苦的呼號.

ཉེར་བསྒྱུར [名]偶然不幸之事.

青海省政府印刷局印

ཉེར་སྐོགས 〔名〕題目；課程．

ཉེར་བ 〔動〕1,硝皮；製革．2,詈罵；咆哮．

ཉེར་སྤྱོད 〔名〕祭品．

ཉེར་བྱུང 〔名〕創始；發端

ཉེལ་བ 〔名〕害病．

ཉེས་པ 〔名〕1,不幸；惡遇；災害．2,罪；罪孽；敗德．

〔動〕干犯；犯過．

ཉེས་སྤྱོད 〔名〕惡習；不道德的行為．

ཉེས་བྱས 〔名〕惡行．

ཉེས་དམིགས 〔名〕譴責；處罰；罪過．

ཉོ 〔名〕蘿蔔．

ཉོ་ཁྲི 〔名〕褥．

ཉོ་བ 完成式及命令式為ཉོས，〔動〕買；購買．

ཉོ་ལོ 〔名〕不能載物之劣獸；小騾．

ཉོག་པ 或ཉོག་མ，〔形〕不潔；污穢．

ཉོགས་ཁྲིང 〔形〕柔弱；嬌弱．

ཉོད་པ＝ཟས，〔名〕食物．

ཉོན་མོངས་པ 〔名〕煩惱；不幸；困苦；痛苦〔動〕受痛苦．

ཉོབ་ཉོབ (形) 腦力弱.

ཉོར (名) 1, = ཉོ་བར 2, 直角.

ཉོལ 為 ཉལ་བ 之命令式

ཉོས 1, 為 ཉོ་བ 之完成式及命令式. ཉོས་མི, 奴隸.

གཉག་ཟུ (名) 食物.

གཉན (形) 有勢力而有所畏. (名) 1, 瘟疫, 傳染病, 時疫. 2, 一種野羊名.

གཉན་པ 或 གཉན་པོ (形) 1, 殘忍, 凶惡, 嚴酷. 2, 崎嶇, 險峻.

གཉའ་བ 或 གཉའ (名) 頸.

གཉའ་ཁེབས (名) 護頸之具(盔上)

གཉའ་པོ (名) 證人.

གཉའ་རེངས (形) 强悍, 頑强, 强項.

གཉའ་ཤིང (名) 牛軛.

གཉི་ག = གཉིས་ཀ, (形) 雙方, 兩面, 俱.

གཉིག་ཏུ = གཅིགཏུ (形) 僅一目的, 志於一.

གཉིད (名) 睡眠.

གཉིད་མོ (名) 熟睡.

༢༢ཉ

青海省政府印刷局印

གཉིད་རྨུགས 〔形〕惛睡；暈眩；睡眼矇矓.

གཉིད་ལམ＝རྨི་ལམ 〔名〕夢.

གཉིལ་བ 〔動〕溶解；破碎.

གཉིས 〔形〕二；兩.

གཉིས་ཀ 〔形〕雙方；兩面；俱.

གཉིས་ཆ 〔形〕一半；二分之一.

གཉིས་ལྡབ 〔形〕兩倍.

གཉིས་པ 〔形〕1, 第二. 2, 有二；具二.

གཉིས་པོ 〔形〕二者；此二；雙方.

གཉིས་འཛིན 〔形〕懷疑；不知所擇；不堅定.

གཉིས་ཤད 〔名〕句後之二直，||.

གཉུག་མ 〔形〕1, 天然；自然. 2, 天賦的；特別的.

གཉུང་དཀར 〔名〕蕓苔子.

གཉུལ་བ＝ཉུལ་བ.

གཉེ་བ 〔動〕求愛；求婚.

གཉེ་བོ＝སྙེ་བོ 〔名〕求愛者；求婚者.

གཉེ་མ 〔名〕盤腸；盤大腸.

གཉེན 〔名〕親屬；親戚.

གཉེན་པ [名] 親屬.

གཉེན་པོ [名] 1,朋友；扶助者. 2,對治；方法；策略. 3,敵人；仇敵. [形] 反對；違抗.

གཉེན་ཟླ [名] 配偶.

གཉེན་ཡིག [名] 1,友誼之信. 2,婚書；結婚證書.

གཉེན་བཤེས [名] 親戚與朋友.

གཉེར [名] 意義；理由.

གཉེར་ཀ 或 གཉེར་ཁ, [名] 注意；留心.

གཉེར་པ [名] 管家；管理者.

གཉེར་བ 或 གཉེར་བྱེད་པ, [動] 1,注意；照管. 2,供給. 3,探尋；獲得.

གཉེར་མ [名] 縐紋；襞處.

གཉེར་ཚང, [名] 儲藏室；堆棧.

གཉེལ་བ = ངལ་བ [名] 勌勞；疲乏. [動] 致疲勞.

གཉོག་པ [動] 渴望；渴欲.

གཉོད [名] 堅實；堅定.

གཉོར་ཀ = འཁོས་ཀ [名] 重要；有價值.

མཉན [名] 船；渡船；輕舟.

青海省政府印刷局印

མཉན་པ (名) 舟子；划夫.

མཉམ (形) 同等；相似；相等.

མཉམ་དུ (副) 共同；偕.

མཉམ་པ (形) 1,平等；同樣；相似；相等. 2,平坦.

མཉེ་བ 或 མཉེ་བཤེར་བ (動) 摩擦；硝製.

མཉེ་འབོལ (名) 枕頭；靠枕.

མཉེད་པ 完成式及命令式 མཉེས, 未來式 མཉེ, (動) 1,擦去殼芒. 2,硝皮；製革.

མཉེན་ལྕུག (形) 柔軟.

མཉེན་པ 或 མཉེན་པོ (形) 柔軟；軟嫩.

མཉེལ་བ 或 ངལ་བ, (形) 劬勞；疲乏.

མཉེས (動) 使平滑；使柔軟.

མཉེས་པ (動) 喜悅；高興.

མཉེས་པ་གཤིན (形) 情深；愛戀.

མཉོ (形) 溺愛；愛慕.

རྙང་རྙིང (名) 襤褸的衣服；爛布.

རྙང་བ ＝ བཤལ་བ (動) 1,洗滌. 2,瀉痢.

རྙན ＝ གཉན, (名) 盤羊.

རྙབས་པ，［動］攫；執.

རྙས 有時代བརྙས，［動］蔑視；侮慢.

རྙི ［名］陷井；網.

རྙིང 參看རྙིང་པ.

རྙིང་པ ［形］1,舊；舊的. 2,泥污.

རྙིང་བ 究成式為བརྙིངས，［動］變老；變舊.

རྙིང་མ 1,＝རྙིང་པ. 2,［名］舊派.(即指喇嘛教之紅教)

རྙིང་ཚད ［名］痼疾；久熱症.

རྙིང་རུལ ［形］破爛；破舊.

རྙིངས་པ＝རིངས་པ，［形］破舊；擠出.

རྙིད་པ 究成式為བརྙིས，བརྙིད 未來式為གཉིད，［動］
1,凋萎. 2,憂愁.

རྙིལ 或སྙིལ，［名］齦.

རྙིལ་བ 參看སྙིལ་བ..

རྙིས་པ ＝རྙིངས，［動］1,變舊. 2,破爛；萎謝.

རྙེད་པ I 究成式為བརྙེས 或བརྙེད，未來式為བརྙེད，
［動］1,獲得；發現；遇見. 2,尋覓.

རྙེད་པ II ［名］利養；利益；貨財.

青海省政府印刷局印

རྙེད་བཀུར 〔名〕名利.

རྙོག་པ 完成式為བརྙོགས, 未來式為བརྙོག, 〔動〕擾亂; 騷動; 攪渾; 使濁. 〔形〕渾濁.

རྙོགས་པ 〔名〕污濁; 渣滓.

རྙོང་བ 完成式為བརྙོངས; 未來式為བརྙོང, 命令式為རྙོངས 〔動〕1, 設陷穽. 2, 伸出.

རྙོངས 為རྙོང་བ, 之命令式.

སྙག་པ 俗語代སྙག

སྙགས = དབྱངས 〔名〕音樂; 諧調.

སྙད = རྒྱུ་མཚན. 〔名〕原因; 理由.

སྙད་པ 完成式及未來式為བསྙད 命令式為སྙོད, 〔動〕報告; 叙述.

སྙན 為རྣ་བ 之尊稱式, 〔名〕耳.

སྙན་གྲགས 〔名〕名譽; 令名.

སྙན་ངག 〔名〕1, 悅耳之言. 2, 詩歌.

སྙན་འཇེགས 〔形〕禮貌而和諧.

སྙན་བརྗོད 〔名〕書畫之描寫.

སྙན་པ 〔名〕名譽; 榮望. 〔形〕1, 悅耳; 好聽. 2. 讚揚獎飾，褒揚．

སྙན་འབྲིན [名] 好音 佳音．

སྙན་ཞུ [名] 祈求．請願；呈請．

སྙན་ཤལ [名] 耳朵．

སྙན་སྲབ [形] 輕信．

སྙབ་པ [動] 吮口出聲．

སྙམ་པ [動] 想；思量；想像．

སྙམས་པ 為སྙམ་པ་之完成式．

སྙི 參看སྙེ．

སྙི་སྙིང＝མཇིང [名] 頸；頸背．

སྙི་པོ＝སྙིང་པོ [名] 心．

སྙི་ལྡུལ [名] 豐收．

སྙིབ [名] 1.侏儒．2.柔軟．

སྙི་བོ [形] 1.軟；嫩．2.溫和；溫柔；文雅．

སྙིགས་དུས [名] 濁世；衰壞期．

སྙིགས་པ [形] 衰落；敗壞；濁惡．

སྙིགས་མ [名] 磨刀石．[形] 濁；污穢．

སྙིང [名] 1.心；心臟．2.本性；天性．

青海省政府印刷局印

སྙིང་ཁ (名) 心下，在心上。

སྙིང་ཁམས (名) 1.心界。2.勇敢。

སྙིང་ག (名) 胸膛。

སྙིང་གྲོགས (名) 同心之友；心腹友。

སྙིང་ཅན (形) 勇敢；果敢；膽大。

སྙིང་རྗེ (名) 慈愍；憐愍。

སྙིང་སྟོབས (名) 1.剛毅；果敢。2.豪傑。(形)勇敢；無畏。

སྙིང་གཏམ (名) 密話；心腹語。

སྙིང་སྡུག (名) 心愛者；情人。

སྙིང་ནད (名) 心疾；憂鬱。

སྙིང་པོ (名) 1.精神。2.精華。3.心；核心。4.綱要。

སྙིང་རྩ (名) 心脈。

སྙིང་རྩེ (名) 1.心尖。2.注意之焦點。

སྙིང་རུས (名) 1.恒心；毅力。2.勇敢。

སྙིང་ཁྲུང (名) 1.憤怒。2.憂鬱。

སྙིད་པ 參看 སྙེད་པ。

སྙིད་མོ (名) 小姑。

སྙིན་པ, སྙིལ་བོ = སྙིང.

སྙིམ་པ 或 སྙིམ་པོ = ཟལ་ཚོ [名]兩握.(以量穀)

སྙིམས = མཛེས་པ, [名]美麗.

སྙིལ 1. = རྙིལ་བ [名]齦. 2. 一束穗.

སྙིལ་བ 或 རྙིལ་བ 完成式及未來式為 བསྙིལ, [動]推倒; 打破; 毀滅.

སྙུག་པ, སྨྱུག་པ, 完成式為 བསྙུགས, 未來式為 བསྙུག, [動]1. 淺嘗. 2. 浸入; 沉湎.

སྙུག་གུ [名]蘆管筆.

སྙུག་མ 常作 སྨྱུག་མ [名]1. 蒲葭. 蘆葦. 2. 竹.

སྙུག་འཛིན [名]執筆者; 著作家; 書記.

སྙུག་ཤིང [名]竹子.

སྙུག་སེ [名]深黃色.

སྙུགས [名]長久; 繼續.

སྙུང, སྙུན 代 ནད [名]疾病.

སྙུང་བ Ⅰ 完成式 བསྙུངས. 未來式 བསྙུང, [動]1. 減少; 縮小. 2. 貶減價格. 3. 患病.

སྙུང་བ Ⅱ [名]患病; 微恙.

青海省政府印刷局印

སྙུང་བུ (名)錐；針.鑽鑿.

སྙུན (名)疾病.

སྙུན་པ 完成式及未來式為བསྙུན.(動)患病；為病所苦.

སྙེ་འགོལ = སྔས་འགོལ (名)枕頭.

སྙེ་མ = སྙེ་མ (名)穗；穀穗.

སྙེགས (動)伸出.

སྙེགས་པ 完成式為བསྙེགས，未來式為བསྙེག，命令式為སྙོགས (動)催廹；追趕；追逐.2,追及；趕到.3,奮力；努力；渴想.

སྙེང་བ (動)1,伸直.2,སྙེངས，害怕.(未來式為བསྙེང，完成式為བསྙེངས，命令式為སྙེངས)

སྙེད (名)馬後鞦.(形)大約；差不多.

སྙེན་པ 或སྙེན་མ，(動)1,來；臨近.2,獲得.

སྙེམས་པ 完成式བསྙེམས，(動)傲慢；誇大.

སྙེས 1,參看སྙེ་བ、2,(動)枕上；倚.

སྙོ་བ 代སྨྱོབ.

སྙོགས་པ 或བསྙོག，(動)1,為སྙེག་པ之副式,切欲；

懇求. 2, 跟隨.

སྙོངས་པ = ཁྱུག་པ, [動] 充用; 引用.

སྙོད = ཁོ་སྙོད, [名] 托辭.

སྙོད་པ I 完成式為 བསྙོད, བསྙོས, 未來式為 བསྙོད, [動] 1, 紡. 2, 述說.

སྙོད་པ II [動] 飼養, 給飲食.

སྙོན་པ 完成式及未來式為 བསྙོན, [動] 不認. (不誠實的) 又 = སྣོན་པ.

སྙོབ་པ 完成式為 བསྙོབས, 未來式為 བསྙོབ, 命令式為 སྙོབས, [動] 1, 伸出. 2, 達到.

སྙོམ 或 སྙོམ་ལས [名] 1, 怠惰. 2, 漠視. [形] 極相似.

སྙོམ་པ 或 སྙོམས, [名] 1, 怠惰. 2, 疲勞. 3, 憔悴.

སྙོམས་ལས [名] 怠惰; 懶.

སྙོལ་བ 完成式及未來式為 བསྙལ [動] 1, 放下. 2, 放人睡. 3, 指定鋪位.

བརྙ་བ 完成式為 བརྙས [動] 1, 借入. 2, 買; 租借. 3, 抓住.

བརྙང་བ = འཁྱུ་བ.

青海省政府印刷局印

བརྙད་པ། 代 བསྙད་པ.

བརྙན་པ 1.〔動〕借貸. 2.反射.(借喻)

བརྙན་དོ་པ 〔動〕開始訴訟.

བརྙབས་པ 〔名〕勤儉；耐勞.

བརྙས་པ 1.参看 བརྙབ, 2.〔名〕與〔動〕輕蔑；藐視.

བརྙིངས 1.為 རྙིང་བ 之完成式. 2.舊；破爛.

བརྙེད 為 རྙེད་པ 之完成式.

བརྙེས 為 རྙེད་པ 之完成式.

བརྙེས་པ 1.= བདུད་རྩི 〔名〕甘露；仙露. 2.為 རྙེད་པ 之完成式，獲得；收取.

བརྙོད་པ 参看 རྙོད་པ

བརྙོག 参看 རྙོག་པ.

བརྙོགས 為 རྙོག་པ 之完成式.

བརྙོང 参看 རྙོང་བ.

བརྙོངས 〔名〕失約者；口是心非者.〔形〕1.無疑 2.便利；適時.

བསྙན

བསྙད 為 སྙད་པ 之完成式 = བཤད་པ.

བསྲམས་པ 為 སྲམས་པ 之完成式.[動] 調和；復和.

བསྲལ 為 སྲོལ་བ 之完成式及未來式.

བསྲགས་པ [動] 1,回轉，復原；歸原. 2,解救. 3,遮付. [名] 沉澱.

བསྙིངས་པ = རྙིང་པ, [形] 1,老；舊. 2,少數用.

བསྲིལ་བ 為 སྲིལ་བ 之完成式.[動] 1,破壞；摧毀. 2,蕩費.

བསྲུག 完成式為 བསྲུགས, [動] 充滿.

བསྲུགས 為 སྲུག་པ 之完成式

བསྲུང 參看 སྲུང་བ.

བསྲུངས 1,[動] 為 སྲུང་བ 之完成式. 減少；縮小. 2,[形] 稍不適.

བསྲུན, བསྲུང = ན་བ, [動] 患病.

བསྲུལ་བ [動] 1,摩擦. 2,洗滌.

བསྲེག་པ 參看 སྲེགས་པ.

བསྲགས་པ 為 སྲགས་པ 之完成式.[動] 陞；使增高.

བསྲེངས་པ = འཇིགས་པ [名與形] 恐懼.

བསྙེན་པ, བསྙེན་པ 或 བསྙེན་པ [動] 1,奉命；聽從.

2，臨近.

བསྙེན་བཀུར (名)尊敬，敬重；承事.(動)祭祀.

བསྙེན་བསྒྲུབ = གསྲུང་བསྙེན，(名)祭祀.

བསྙེན་གནས (名)1，齋戒. 2，齋戒者.

བསྙེན་བསྲིང = ཉེ་རིང

བསྙེམས་པ (形)驕傲；傲慢.參看

བསྙེར་བ (動)1，做歪臉，做手勢.

བསྙེར་མ (名)縐摺，縐紋.

བསྙེལ་བ 與 བརྗེད་པ同(動)忘記.

བསྙོགས (形)1，不潔. 2，非閃光.

བསྙོད་པ (動)授；付.參看སྙོད་པ.

བསྙོན 為 སྙོན་པ之完成式及未來式.

བསྙོབ 參看སྙོབ.

བསྙོབས 為 སྙོབ་པ之完成式.

བསྙོར་བ (動)分類；分別；分開.

བསྙོས 為 སྙོད་པ之完成式.

ཏ

ཏ

ཏ་གིར [名] 麵包；印度之麵餅.

ཏ་བག, ཐ་བག [名] 盤；碟.

ཏ་ཟིག 代 སྟག་གཟིག [名] 波斯.

ཏ་ལ [名] 棕櫚樹.

ཏག་ཏག [形] 敲門聲.

ཏང [前] 穿過；在中.

ཏང་ཀུན [名] 一種藥根；當歸.

ཏའ་ཏུར [名] 硬餅.

ཏར་ཏར [形] 壓平；摩光.

ཏལ་པ 或 ཏལ་མ [名] 一刻；即.

ཏལ་ཁ [名] 釘匠用之有孔具.

ཏི [名] 水；液. 如：ཁ་ཏི；སྣ་ཏི.

ཏི་སྨུག, གཏི་སྨུག [形] 卑下，不好.

ཏི་ཤག [名] 雄松雞.

ཏི་ཙུ [名] 雉；野雞.

ཏི་མི [名] 海中之一種大魚.

青海省政府印刷局印

ཏི་ཙ 或 ཏི་ཚ [名] 一種礦藥質.

ཏི་སེ 或 ཏི་སི [名] 岡底斯雪山.

ཏི་རུག [名] 印度盧比.

ཏི་ལ [名] 芝蔴.

ཏིག [名] 1.量液體之具. 2.大黃蜂. [副] 確然;無疑.

ཏིག་ཏ [名] 蒂丁.

ཏིག་ཡོ = བརྟན་པོ 或 ཕོ་ཆོད་པ, [形] 1.有用. 2.穩固.

ཏིག་སེན (ཏིག་སེ) [名] 絆腿帶.

ཏིག་ཚ = ཏི་ཙ.

ཏིང [名] 1.金屬杯. 2.金屬之聲. 3.歌前之引.

ཏིང་ངེ་འཛིན [名] 禪定;三昧;默靜.

ཏིང་ཛེད [名] 地鼠名.

ཏིང་ཏིང 1.此為加重他字語氣之助字,如: ནག་ཏིང་ཏིང, 深黑. 2.清潔.

ཏིང་ཏིང་མ [名] 一種小鳥名.

ཏིང་ཏིང་ཤག [名] 亦作 ཏིང་ཤག, 1.銅盞.(一種小樂器) 2.小風鈴.

ཏིབ་རིལ 與 གསོལ་ཏིབ, [名] 茶杯;茶壺.

ཏིམ་པི (名) 山羊皮.

ཏིམ་བུ (名) 煙突.

ཏིལ (名) 芝麻.

ཏུ 同དུ, 用於接尾字ག་ད་བ及ད་དྲག 之後參看ལ

ཏུག་གིས (副) 忽然.

ཏུབ་ཏུག (副) 二者之一；非此即彼.

ཏུར་ཚང (副) 甚少；殆無.

ཏུར་བ (動) 補綴.(藏西字)

ཏུར་རེ (形) 清楚；明瞭.

ཏུལ་བ＝དགོད་པ, (動) 笑.

ཏེ 此字為一種接尾字.與ནས同,用於ན་ར་ལས
之後,表示尚有餘意,名為ལྷག་བཅས.

ཏེ་པོར＝ལེགས་པར, (副) 1,善；優美. 2,尊貴；
強；有力. 3,實在；確然.

ཏེ་བོར (副) 常常；繼續.

ཏེ་ས 參看ཏེ་ཤེ

ཏེཙ (名) 方桌.

ཏེག་པ＝འཐེགས་པ, (動) 1,包起；收起. 2,置入.

༢༨༠

青海省政府印刷局印

ཏེལ་པ [名] 燒火器.

ཏོ 為終語字之一，用於 ད་དྲག 之後.

ཏོག [名] 1.任何物之頂. 2.頂子.

ཏོག་སྒྲ 或 ཏོག་ཏོག་སྒྲ, [名] 爆裂聲.

ཏོག་ཙེ 亦名 འཇོར, [名] 鋤；鐝.

ཏོབ་ཙེ, སྟོབ་ཙེ, [名] 鈕扣.

ཏོ་ཙུ་ལོ [名] 臭貓.

ཏོལ་བ [動] 達到.

ཏྲ (སྤྲག) [名] 猿.

ཏྲམ་པ [形] 強靭.

ཏྲེ = གཟུགས་ཅན, [名] 具形體者.

ཏྲེ་བ [動] 取來；拾起. [名] 佛事所成之事物.

ཏྲེ་མ [名] 一種毒蜂.

གཏག་གཏོང [動] 散佈.

གཏང་རག [名] 感謝，謝恩.（對神）

གཏད 參看 གཏོད་པ, [前] 向.

གཏད་པ སྤྲུལ་བ, [動] 付託；委託.

གཏད་སོ [名] 1.歸依；所依賴者 2.倉庫.

གཏན (名) 次序，系統 (形) 排列有序，有系統。

གཏན་ཁ (名) 1.契約，條約 2.命令；諭旨。

གཏན་ཁྲིམས (名) 已製定之法律。

གཏན་འཁེལ (形) 十分確定；極確。

གཏན་གྱི (形) 繼續；常常。

གཏན་འཇགས (形) 永久；久住；耐久。

གཏན་དུ་བ (形) 1.常；存在；固；永久 2.完全。

གཏན་པ (名) 門閂。

གཏན་ཕེབས (動) 1.決定 2.宣布；印行(校定後)

གཏན་ཚིགས (名) 1.已定之意義；大前提；因；證明

གཏམ (名) 1.會話；言談 2.消息；新聞，報告，謠傳

གཏམ་རྒྱུད (名) 1.口傳 2.傳奇；稗史；故事。

གཏམ་པ (名) 臉 (動) 完成式為 གཏམས 1.充滿 2.委託；任命 3.保證；擔保。

གཏམ་དཔེ (名) 諺；格言。

གཏའ་མ (名) 質物；典物。

གཏར་བ 或 གཏར་ཁ་འབྱེད་པ (動) 放血；使起皰。

གཏི་བི (名) 一種蝨。

青海省政府印刷局印

གཏི་སྨུག = ཏི་སྨུག [形] 癲狂.

གཏི་མུག [名] 1.愚癡；呆笨；無知；昏迷；昏睡病. 2.猪.(借喻)

གཏིགས་པ [動] 滴；墜.

གཏིང་བ [名] 1.底. 2.深淺之度. 3.深沉；深博.

གཏིང་རྡོ [名] 1.測水深之鉈；錨. 2.沉溺罪人之重物.

གཏིང་སྐྱིབ [名] 窠；窠臼.

གཏིང་ཟབ [形] 深；深沉.

གཏིབ་པ 或 གཏིབས་པ [動] 聚合.(如雲,煙,黑闇等).

གཏིམ་པ 參看 ཐིམ་པ.

གཏུ་ལུམ = བཟི་བ, [名] 醉，酩酊.

གཏུག 完成式為 བཏུག 或 བཏུགས, 與 ཐུག 同根. [動] 1.達到. 2.相逢；接觸；接連.

གཏུན [名] 1.杵；石杵. 2.石球. 3.磨之下石.

གཏུན་ཁུང [名] 臼.

གཏུན་ཤིང [名] 木杵.

གཏུབ་པ 完成式為 བཏུབ, [動] 切；斫. 參看 འཐུབ་པ.

གཏུམ་དྲག (名)兇惡而有勢者.(形)兇猛.

གཏུམ་པ = བཙོལ་ཟ (形)兇惡.兇暴.

གཏུམ་པོ 1.(形)兇惡. 2.或作 གཏུམ་མོ (名)丹田中之火.

གཏུམ་མོ (名)1.兇惡之婦人. 2.丹田火.(形)兇惡;可怖.

གཏུར་བུ (名)1.僧侶之色袱. 2.袋;囊.

གཏུལ་བ (動)磨碎;研粉.

གཏེ་པ, གཏེ་བ, གཏེ་མ, (名)1.物質. 2.贈品.

གཏེར (名)庫;寶庫;儲藏所.

གཏེར་ཁ (名)礦;礦苗.

གཏོ 或 གཏོ་བཙོས,(名)避災脫難之秘法.

གཏོག་པ (動)攫取;採集;扯出.

གཏོགས་པ (動)1.分類;指定. 2.屬於.

༡༢༢ གཏོང་བ 完成式 བཏང, 未來式 གཏང, 命令式 ཐོངས,(動)1.送. 2.縱;放行;許行. 3.准入;許進. 4.給;與. 5.拋棄.

青海省政府印刷局印

གཏོད་པ = གཏད་པ 完成式 བཏད 或 གཏད, 未來式 གཏད, 命令式 གཏོད 或 བཏོད,(動)1.付託;交

付．2，依靠；壓．3，轉向．

གཏོམ་པ （動）談話．

གཏོར་བ ＝ བཀྲམ་པ （動）1，播散；散布．2，丟；擲．3，濆出．4，浪費．

གཏོར་མ （名）施食；祭品．

གཏོལ （名）時間之區分．

གཏོལ་བ （動）1，穿孔；穿過．2，露出．

གཏོལ་མེད ＝ ཚ་མེད， （形）奇異；不識；生疏．（名）生客；人生地疏者．

གཏོས， ཤོངས་ཚོད （名）面積；大小．

བཏག་པ བཏག་བྱའི་རྒྱན， （名）佩帶之飾品．

བཏགས་པ （形）束縛．參看 འདོགས་པ．

བཏང 為 གཏོང་བ 之完成式．

བཏང་སྙོམས （名）1，靜；恬淡；捨．2，平等待遇．3，無情；無偏私．

བཏད་པ ＝ ཕུལ་བ， （動）託付；交付．

བཏབ （動）縫．

བཏབ་པ 為 འདེབས་པ 之完成式．

བཏིག་པ 完成式 གཏིགས་པ 〔動〕滴下.

བཏིང་བ 〔名〕展布之物.

བཏུ་བ 参看 འཐུ་བ.

བཏུག་པ 参看 གཏུག་པ.

བཏུང་བ 〔動〕為 འཐུང་བ 之完成式.〔名〕飲料.

བཏུངས་པ＝བསད་པ,〔動〕殺.

བཏུད་པ 1.〔動〕克服;制服. 2.参看 འདུད་པ.

བཏུད་མར 〔形〕連續;相續.

བཏུབ 〔形〕1.རུང,適合;可行. 2.便當.

གཏུབས་པ 〔動〕切成片.参看 གཏུབ་པ.

བཏུམ་པ 為 གཏུམ་པ 之完成式.〔動〕包裹;封固.

བཏུལ་བ 為 འདུལ་བ 之完成式〔動〕調伏;制服;克服.

བཏུས་པ＝བཏྲུས་པ 〔形〕選取;選擇;分別;引用.

བཏེག་པ 参看 འདེགས་པ.

བཏོན་པ 参看 འདོན.

རྟ 或 རྟ་པོ 〔名〕馬.

རྟ་ཀ 或 རྟར་ཀ＝རྨིག་ལྕགས,〔名〕馬蹄鐵.

རྟ་གྲས＝རྟ་ར,〔名〕馬廐.

青海省政府印刷局印

རྟ་མགོ [名] 1,གྲུ་ཤན 船. 2,馬頭.

རྟ་སྒ 或 རྟའི་སྒ [名]馬鞍.

རྟ་ལྕག [名] 鞭;馬鞭.

རྟ་ཆག [名] 飼馬之乾粮.(豆穀等)

རྟ་ཆས [名] 馬之裝具及胸衣.

རྟ་མཆོག [名] 良馬;(理想的)騏驥.

རྟ་པ [名] 1,騎士;騎馬者. 2,騎兵.

རྟ་ཕྲུག [名] 駒;小馬.

རྟ་ཕྱལ [名] 馬槽.

རྟ་བོན [名] 污垢.(手縫中者)

རྟ་སྦངས [名] 馬糞.

རྟ་དམག [名] 騎兵.

རྟ་གསེབ [名] 公馬;馬種.

རྟ་གསོད [名] 夾竹桃

རྟག་པ [名] 常;不斷;繼續;永久.

རྟག་པོ [形] 1,耐久;永久. 2,有常.

རྟགས [名] 1,記號;徵幟. 2,象徵;預兆;特徵.

3,生殖器.

རྟབ་པ = སྟབ། [動] 1. 急忙. 2. 驚駭; 驚慢.

རྟས་པ 參看 བརྟབ.

རྟིག་གི 代 རྟེའུ, [名] 駒; 小馬.

རྟིང [形] 在後.(指時間與地位)

རྟིང་པ [名] 1. 端; 極端; 最末端.(棍) 2. 後.

རྟིང་བལ [名] 羊脚上之毛.

རྟིང་མ [形] 後. [名] 後者; 末者.

རྟིབ་པ 完成式 བརྟིབས, 未來式 བརྟིབ 命令式 རྟིབ
或 རྟིབས [動] 1. 斷; 拉倒. 2. 打.

རྟུག་པ [名] 1. 人糞. 2. 氣; 胃氣.

རྟུང 完成式 བརྟུངས, 未來式 བརྟུང, [動] 減少; 縮短.
(如衣)

རྟུན 參看 གཏུན [名] 擂鉢.

རྟུན་པ [名] 勤儉.

རྟུལ་པོ 或 རྟུལ་བ [形] 笨; 鈍.

རྟུལ་ཕོད [形]與[名] 膽大; 勇敢.

རྟེ་ཕྲུར = རྟེའུ [名] 駒; 小馬.

རྟེན [名] 1. 保持; 支住. 2. 支物之物. 3. 廟; 神殿; 神龕

青海省政府印刷局印

རྟེན་ཆས། [名] 物件.

རྟེན་པ། 完成式及未來式為བརྟེན, 命令式為རྟེན, [動] 1.保存;保持;支持. 2.依靠;粘着.

རྟེན་པའི་རྐྱེན། [名] 依緣.

རྟེན་འབྲེལ། [名] 1.緣生;緣起. 2.兆;徵. 3.診斷;考察.

རྟེན་མ། [名] 柱;支柱.

རྟེན་དམན་པ། [形] 1.亞;次. 2.卑;幼.

རྟེན་གཞི། [名] 1.基礎. 2.家;住所.

རྟེའུ། [名] 駒;小馬.

རྟོག 在རྟོག་པ 中 [名] 1.屋頂娛樂場所. 2.代རྟོག.

རྟོག་གེ། [名] 辯論;辯術;因明.

རྟོག་པ། [名] 1.尋思;考慮;思考;沉思. 2.狐疑;躊躇. [動] 完成式བརྟགས, 未來式བརྟག, 命令式རྟོག 或རྟོགས, 考慮;考察;尋思.

རྟོག་དཔྱོད། [名] 1.尋伺;尋思;思考. 2.考察;試驗.

རྟོག་མེད། [名] 誠實;正直. [形] 簡單;單純.

རྟོགས་བརྗོད། 或རྟོགས་པ་བརྗོད་པ, [名] 1.特殊語言. 2.理想生活之講述.

རྟོགས་དེབ [名] 備忘錄.

རྟོགས་ལྡན = མཁས་པ [名] 哲人，聖賢.

རྟོགས་པ I [名] 正確之知識，正確之領悟，通達；悟.

རྟོགས་པ II [動] 領悟；了解；通達.

རྟོགས་སྒྲུབ [名] 學理與實行.

རྟོད་པ = བཀྱིག 或 འཁྱིག [動] 繫；鎖繫；幽禁.

རྟོན་པ = བརྟེན་པ 或 བརྟན་པ，[動] 依靠；依賴；信託.

རྟོལ，ཆོས་རྟོལ [名] 教義之精華.

རྟོལ་བ 完成式為 བརྟོལ，[動] 1.穿孔；刺入. 2.到；在.

རྟོལ་མོ [名] 犛牛背上之十字架.

རྟོལ་ཤེས = རང་བཞིན་གྱིས་ཤེས་པ，[名] 先知；良知；天才.

ལྟ 參看 ལྟར.

ལྟ་བ I 完成式為 བལྟས，未來式為 བལྟ，命令式為 ལྟོས，或 བལྟ. [動] 1.看；觀；窺見；視. 2.看待.

ལྟ་བ II [名] 1.見；視. 2.默察；靜觀. 3.意見；4.教義，學說；學派.

ལྟ་བུ [形] 如；相似；若（常用為後置詞，與 ལྟ，ལྟར，བཞིན 同）[名] 像；相.

青海省政府印刷局印

ལྟ་ལོག་ 或 ལོག་ལྟ [名] 邪見；異端；邪說；外道.

ལྟག་ཀོར [名] 頸骨.

ལྟག་ཁུང [名] 頸骨之下窩.

ལྟག་པ [名] 1.頰；(腦後突出處) 頸背. 2.物之後部.

ལྟག་མ [名] 在最上者.（添頭字）

ལྟག་རྩེ = རྒྱབ， [名] 背.

ལྟང [名] 載於獸背上一邊之包.

ལྟད་མོ [名] 1.景；風景. 2.演戲；演技；娛樂場所.

ལྟན་པ = འབྲེལ་བ， [動] 連接；連攏.

ལྟབ་པ 完成式 བལྟབས， 未來式 བལྟབ， 命令式 ལྟོབ，
[動] 1.摺；集合. 2.安置.

ལྟབ་མ [名] 摺；摺印.

ལྟམ་ལྟམ [形] 1.非物質. 2.朝生暮死. 3.似玩具.

ལྟམས་པ 完成式 བལྟམས， 未來式 བལྟམ， [動] 1.充滿. 2.降生.

ལྟར 或 ལྟ་ལ 或 ལྟ， [副] 似；如.

ལྟར་ལྟར 或 ལྟར་ལྟར་པ， [名] 初期之胎；羯羅藍位（胎藏八位之一）

ལྟས [動]代ལྟས 看見.[名]徵兆.

ལྟས་པ[名]星相家.

ལྟི་རི[名]水壺.

ལྟི་ག་སྒུང [名]倭人;侏儒.

ལྟི་བ་པ [動]廢棄;不成.

ལྟིར [形]充滿.

ལྟིར་པ 參看ལྟིར་བ.

ལྟུང 為ལྟུང་བ之完成式及未來式[動]墜;落下.

ལྟུང་བ [名]墜落;敗德.

ལྟེ་བ 或ལྟེ་པ,[名]1.肚臍.2.臍帶.3.中心;中央.

ལྟེ་ལ [名]臭貓.

ལྟེང་ཀ [名]1.參看ལྟེང.2.池.

ལྟེབ [名]衣褶中之袋.

ལྟེབ་པ 與ལྟེབ,同根,[動]折轉.

ལྟེམ་རྒྱང [名]或[形]心變;反覆.

ལྟེམ་པ [形]充滿;溢.

ལྟོ [名]1.食物.2.羊鬚菜.

ལྟོ་འགེངས = ཟིན་པ,[名]愚者;懦弱者.

青海省政府印刷局印

ལྟོ་འགྲོ [借喻] 蛇.

ལྟོ་ཆས [名] 粮食，食品.

ལྟོ་བ＝གྲོད་པ [名] 肚，腹.

ལྟོ་འཕྱེ [名] 蛇，爬行動物.

ལྟོ་རས [名] 手巾；席布.

ལྟོགས་འདྲེ [名] 餓鬼；妖魔.

ལྟོགས་པ [名] 飢餓. [動] 1, 飢餓. 2, 憂悶；哀傷.
[形] 飢餓.

ལྟོང་ཀ [名] 箭末之缺刻.

ལྟོང་ག [名] 1, 切口；斷痕；缺刻. 2, 窪穴.

ལྟོངས [名] 頂點.

ལྟོངས་པ [名] 1, 呆人. 2, 不學者.

ལྟོབ 為 ལྟབ་པ 之命令式.

ལྟོབ་ཆས, ལྟོ་ཆས, [名] 粮食，食物.

ལྟོབས 參看 ལྟོབས.

ལྟོམས་པ＝དགོས་པ 或 འདོད་པ.

ལྟོར [名] 庶出子；私生子.

ལྟོལ＝ཛོ, [名] 犛牛與黄牛所生之雜種牛.

ལྟོས 1,=འཁོར [名] 眷屬;侍從. 2,參看 ལྟ་བ.

ལྟོས་པ [動] 注意;看視.

སྟ 代 སྟ་རེ.

སྟ་གོན [名] 準備;佈置.

སྟ་ཁྲི [名] 丁字斧.

སྟ་ཟུར [名] 後臀;盤骨.

སྟ་རེ 或 སྟ་རི [名] 斧.

སྟག [名] 虎.

སྟག་ཚས [名] 行裝.

སྟག་དོང = མདའ་དོང, [名] 箭筒.

སྟག་པ [名] 樺樹.

སྟག་མ [名] 一種作藥用之植物.

སྟག་གཟིག [名] 1,虎豹. 2,波斯國及波斯人之名.

སྟག་རས [名] 虎紋印花布.

སྟག་ཤ [名] 一種野草;葉似豆葉.

སྟག་ཤར [名] 成人.

སྟང་ཟིལ [名] 1,一種石(分黑色金色及銀色三種)

2,=ག་བུར 樟腦.

青海省政府印刷局印

སྟངས། སྟངས་ཁ། [名] 態度；姿勢.

སྟད 完成式及未來式為 བསྟད། 命令式為 སྟོད། [動] 載，置； 備.(如鞍)

སྟན 與 གདན 同. [名] 座；椅；坐席.

སྟབ [動] 1.參看 ཏབ. 2.受痛苦. 3.容忍；承認.

སྟབ་སེང [名] 樹汁.

སྟབས [名] 1.問候. 2.態度；姿勢；3.機會.

སྟབས་བདེར = ཆུམ་བདེར། [名] 1.問候. 2.慶賀.

སྟར 代 སྟ་རེ.

སྟར་ཀ 或 སྟར་ཁ། སྟར་ག། [名] 核桃.

སྟར་བ 完成式及未來式為 བསྟར། 命令式為 སྟོར། [動] 1.穿成一串；繫. 2.使潔；磨光. 3.裝飾.

སྟར་བུ = སྟར་ཁུན [名] 果名.

སྟི་བ 完成式為 བསྟིས། 未來式為 བསྟི། 命令式為 སྟིས [動] 1.休息；修養. 2.尊重；敬重.

སྟིང་བསྐུར = ཞབས་བསྐུར། [名] 事務.

སྟིང་བ 完成式為 བསྟིངས། 未來式為 བསྟིང། 命令式為 སྟིངས། [動] 責罵；譴責.

སྙིབ་པ 或 སྙིངས་པ，〔動〕獻；(祭品)

སྙིམ་པ 完成式 བསྙིམས，未來式 བསྙིམ，命令式 སྙིམས，為 འཐིམ་པ 之使役動詞.〔動〕入；吸入.

སྙུ 〔名〕婦人之私處.(俗語)

སྙུག་པ 或 སྙུགས，〔名〕1,糞.2,氣；內氣.〔形〕厚密.

སྙུད་པ 完成式及未來式為 བསྙུད 〔動〕1,重述；屢言，2,屢進；重投.(葯食物) 3,重疊；重覆.

སྙུན་པ 完成式及未來式為 བསྙུན，〔動〕同意；一致.

སྙུན་ཤིང 〔名〕鐵棍.

སྙུབ་པ 代 བསྙུབ，〔動〕切片.

སྟེ 在添後字 ག་ང་བ་མ་འ 等之後.代 ཏེ.

སྟེ་པོ＝སྟེའུ 〔名〕錛子.

སྟེགས 〔名〕1,橋.2,སྟེགས་བུ，支物；支住者；架.

སྟེང 〔名〕在上者；上部；頂；表面.

སྟེང་འཁྲུང 〔借喻〕荷花.(從上吸收養料者)

སྟེན་པ 完成式及未來式為 བསྟེན，命令式為 སྟེན，〔動〕1,黏着；依附.2,服役；服侍；承事.3,同意；左袒.

青海省政府印刷局印

སྟེམ་པ 完成式及未來式為སྟེམས, [動] 閉闔.(門)

སྟེམས 參看 སྟེམ་པ.

སྟེར་བ 完成式及未來式為 བསྟེར, [動] 1,給;與. 2,允許;允給.

སྟེར་སྒོ [名] 1,用費;資助. 2,嫁奩.

སྟེས [名] 力;動力.

སྟེས་དབང [名] 方法;策略.

སྟོ་ཐག [名] 繩索.

སྟོ་བ, ཅང་མི་སྟོ [形] 無關重要;無妨.

སྟོང [名] སྟོང་ཕྲག, 千.

སྟོང་པ [形] 1,虛;空. 2,虛無;無物. 3,清潔;清白. 4,素的;荒蕪.

སྟོང་པ་ཉིད [名] 1,空;空性. 2,不存在;不實. 3,一切事物之幻體.

སྟོང་ཟད [名] 耗費,用費.

སྟོང་མ = སྟོང་དཔོན.

སྟོངས་གྲོགས [形] 幫助;協助.

སྟོངས་པ 完成式བསྟོངས, 未來式བསྟོང [動] 1,結伴.

2,使空；使荒蕪.

སྟོད [名] 上部；前部；高部.

སྟོད་སྒེར, སྟོད་ཁེར [名] 背心

སྟོད་ཁོག 或 སྟོད་ལོ [名] 上體.

སྟོད་ཁེབས [名] 僧人之上衣.

སྟོད་གོས [名] 外衣；上衣.

སྟོད་འགག [名] 僧人之背心.

སྟོད་ཐུང [名] 短衣.

སྟོད་པ 完成式及未來式為 བསྟོད [動] 讚頌；稱奬.
[名] 1,褒奬；頌揚. 2,致意，問候.

སྟོད་ཕྱུར = བཅན་པ, [名] 北極星.

སྟོད་སྨད [名] 1,上部與下部. 2,面積.

སྟོད་ར 代 སྟོད་པ [名] 阿諛語.

སྟོད་ལ [名] 1,國之高原. 2,短衣.

སྟོན 或 སྟོན་ཀ [名] 秋，秋天.

སྟོན་ཁ = སྟོན་ཀ.

སྟོན་ཐོག = ལོ་ཏོག [名] 秋收.

སྟོན་དོད [名] 西藏秋收後所納之稅.（金銀或穀）

སྟོན་པ 完成式及未來式為 བསྟན [動] 1,表示；指示. 2,顯示；展覽. 3,教訓；解脫. 4,明證.

སྟོན་པ [名] 本師；教師；導師.

སྟོན་མོ [名] 宴會

སྟེབ་པ 完成式為 བསྟེབ 或 བསྟབ, 未來式為 བསྟེབ, 命令式為 སྟོབ, [動] 1,喂；飼. 2,讓；饒贈.

སྟོབས 或 སྟོབས་པོ [名] 1,力；力量；勇武；勢力. 2,陽精.

སྟོབས་ལྡན [名] 1,勇猛；極有勢力. 2,稱讚阿修羅之字.

སྟོར་བ ＝ ཤོར་བ [動] 1失遺. 2,失路；迷途. 3,為 སྟོར་བ 之命令式

བརྟེ་བ 未來式為 རྒྱས་པར་བྱེད་པ, 完成式為 བརྟས [動] 擴張；展開；[形] 繁盛；豐富；充滿.

བརྟག་པ ， ཞིབ་ཚ་བརྟག་པ。 [動] 調查；考察.

བརྟག་དཔྱད ＝ ཞིབ་དཔྱད [名] 考察；考慮.

བརྟགས ＝ བརྟོགས་པ [形] 1,精通；熟練. 2,無常. 3.電光.

བརྟད [名] 害人之壓魔法.

བརྟད་པ ＝ གློ་བུར་བ, [形] 1,新. 2,忽然；迅速.

བརྟན་པ [形] 或作 བརྟན་པོ, 堅定；穩固；平安. 2.恒心；剛毅. [名] 1.地球；世界. 2.北極星.

བརྟན་མ [名] 堅固的結合；固體.

བརྟན་ཞལ [名] 對善人及尊貴者之尊稱.

བརྟན་གཡོ [名] 生物及非生物界.

བརྟབས་པ [形] 畏懼；恐懼.

བརྟས་པ [形] 1.=ཡར་བསྐྱེད་པ 完全長成. 2.喜悦. 參看 བརྟ་བ.

བརྟུན་པ=བརྩོན་པ, [名] 精進；勤勉.

བརྟུམ་པ [名] 權力.

བརྟུལ 為 འདུལ་བ 之完成式及未來式

བརྟུལ་བ [動] 征服；調伏. [形] 1.行為；品行. 2.勤.

བརྟུལ་ཞུགས [名] 1.誓. 2.懺悔.

བརྟེན་པ 參看 རྟེན་པ.

བརྟོལ=སྦུག་པ [名] 洞穴.

བལྟ 1.為 ལྟ་བ 之未來式 2.[名] 景緻.

བལྟབ 參看 ལྟབ་པ.

བལྟབས 為 ལྟབ་པ 之完成式.

青海省政府印刷局印

བལྟམ། 参看 ལྟམ་པ.

བལྟམས། 為 ལྟམ་པ 之完成式 = འཁྲུངས་པ.

བལྟས། 為 ལྟ་བ 之完成式.

བསྟང་བ 参看 སྟོངས་པ.

བསྟངས། 為 སྟོངས་པ 之完成式.

བསྟད = ངོས 或 ཕྱོགས,〔名〕1,表面. 2,方向.

བསྟན 〔名〕指示;釋明,参看 སྟོན་པ

བསྟན་འགྱུར 〔名〕翻譯之論;西藏大藏經甘珠爾部.(共225卷)

བསྟན་བཅོས 〔名〕論;經書之註釋.

བསྟན་པ 〔名〕1,教;教義. 2,唯一之教義;有系統之教義.

བསྟན་མ 〔名〕女神名.

བསྟན་རྩིས 〔名〕年代學.(佛滅度後之年代)

བསྟན་སྲུང 〔名〕護教者;保護者.

བསྟབས་པ = སྦྱིན་པ 〔名〕自由布施之物;佈施之食物.

བསྟར་བ 〔形〕雅緻;清潔.〔動〕1,抹淨. 2,鑒別;知曉.

3,參看 སྟར་བ.

བསྟི་བ 〔動〕休息.

བསྟི་ཁང 〔名〕私室；秘室.

བསྟི་གནས 〔名〕1,來源處. 2,住處；家.

བསྟི་སྟང 〔名〕尊敬.

བསྟི་མཚུངས 〔名〕新沙彌.

བསྟིང 1,=བཀུམས་པ. 2,參看 སྟིང་བ.

བསྟིང་ཚིག 或 བསྟིངས་ཚིག. 〔名〕譏笑；諷刺.

བསྟིངས 為 སྟིང་བ 之完成式.

བསྟིམ 參看 སྟིམ་པ.

བསྟིམས་པ 為 སྟིམ་པ 之完成式.

བསྟིར་མེད = བར་མེད,〔名〕1,無間. 2,動,無休息.

བསྟུ་བ 〔動〕集攏；集合.

བསྟུགས་པ 〔動〕降低；放下.

བསྟུངས 為 སྟུང་བ 之完成式.

བསྟུད་པ 參看 སྟུད་པ

བསྟུར་བ 〔動〕相較. 參看 སྟུར་བ.

བསྟེན 〔動〕承事；侍奉；服侍.

青海省政府印刷局印

བསྙེན་པ 〔名〕參看 སྙེན་པ，信託；信任。

བསྙེན་འོས 〔形〕應尊敬；應侍候。

བསྙེར 參看 སྙེར་བ。

བསྙོད་པ 〔動〕繫繩；拴。〔名〕頌揚；頌詞。參看 སྙོད་པ。

བསྙེབ 參看 སྙེབ་པ。

ཐ

ཐ 1,〔形〕凡物；全體；各. 2,意謂愚蠢或無知.

ཐ་ཀོ〔名〕一種胡桃.

ཐ་སྐར〔名〕婁宿.

ཐ་ཁབ〔名〕大針.

ཐ་ག་པ〔名〕織工；印度織工階級.

ཐ་ཤི=ཞི་བ〔名〕溫和.〔形〕和平；溫和.

ཐ་གུ通常寫為ཐི་གུ,〔名〕1,環. 2,短線；紮花環之線.

ཐ་གྲུ原為ཐག་གྲུ,〔名〕1,大；廣. 2,豐富；富足. 3,廣袤；面積；寬廣.

ཐ་རྡོད〔形〕魯鈍.

ཐ་ཆད=ཐ་ཅད,〔形〕卑賤；下等；卑鄙.

ཐ་ཆུང〔名〕季；最末；最後；最小者.

ཐ་སྙད〔名〕1,言說；表示；詞句；隱喻. 2,=ལག་པ手.

ཐ་སྙོར=ཐར་སྙོར,〔形〕稀；稀少不勻.

ཐ་དད〔名〕異；不同；區別；分別.

ཐ་ན〔副〕其時；乃至；末後；迄今.

ཐ་བ〔形〕1,堅硬；緊密. 2,不好.

ཐ་འབར [名] 抛棄之衣服；抛棄之破衣.

ཐ་མ [形] 1.卑下；下賤. 2.最末；最後.

ཐ་མར [副] 最後；當其終.

ཐ་མ་ཁ [名] 烟草；菸.

ཐ་མ་ག 為蒙古字，藏字為 ཐམ་ག [名] 印璽.

ཐ་མལ་པ [形] 普通；通常；平常.

ཐ་ཚིག [名] 誓言；神前所發之誓.

ཐ་དམ [形] 1.下賤；卑賤. 2.平原之廣濶.

ཐ་དམས = གཏམས་པ [形] 滿.

ཐ་རུ [副] 最高限度.

ཐ་ལོང [名] 西藏西部之一種紅布.

ཐ་ཤལ [形] 1.謙遜；卑下. 2.卑陋；醜陋. [名] 惡作劇者；残酷而為害者.

ཐག [名] 距離；遠近.

ཐག་གཅོད་པ (ཐག་ཆོད་པ 或 ཐག་ཆད་པ) [動] 斷割；折脫；捨棄.

ཐག་བཅད་པ [動] 決定；終結.

ཐག་ཆོད [名] 無疑；確證；確實.

ཐག་ཐག [形] 手指敲門聲.

ཐག་པ [名] 1,繩;索. 2,爬藤植物或根.

ཐག་མ = འཇམ་མ [形] 柔軟;美麗.

ཐག་རན [名] 植物或樹木皮之纖維.

ཐགས [名] 織物;綢.

ཐགས་ཁྲི [名] 紡織機.

ཐགས་ཐོགས [形] 阻碍.

ཐགས་སྤུན [名] 經紗.

ཐགས་ར [名] 紡織尺.

ཐང [名] 1,=སྐད་ཅིག 刹那;瞬息;須臾. 2,平原;大草灘. 3,光明;明白;晴明.

ཐང་ཀ 或 ཐང་ག, [名] 1,平原;沙原. 2,繪像;肖像.

ཐང་དཀར [名] 1,白尾鷹. 2,一種獵犬.

༡༦༣ ཐང་ཁག [名] 柏香;松香.

ཐང་ཁྲུང [名] 私生子.

ཐང་ཁྲོམ = ཐང་སྲོམ, [名] 殺蛔蟲之藥菓.

ཐང་ཆད་པ [名]或[形] 疲乏;倦勞.

ཐང་སྙུང = ཆུང་ཆུང [形] 不重要;卑劣.

青海省政府印刷局印

ཐང་པོ [形] 1, 耐勞苦. 2, 強健; 結實. 3, 固定; 緊縮.

ཐང་ཐུང [文] 原中紮營之地.

ཐང་མར [名] 松香; 樹膏.

ཐང་གཞལ = ཐང་འཇལ [名] 1, 測量. 2, 一地之繪圖.

ཐང་གཞི = རིན་ཐང [名] 價值; 價格.

ཐང་ཤིང [名] 松; 杉.

ཐང་སྐོ [形] 1, 緊與鬆 2, 衣服稱身.

ཐད [副] 1, 離開; 在一邊. 2, 完全; 全部.

ཐད་ཀ [名] 方向; 直向; 旁.

ཐད་ཀྱ 或 ཐད་ཀར་ལ, [副] 直向前; 真如此.

ཐད་རོ [名] 羊體之殘餘.

ཐན = ལན [名] 答語; 答詞.

ཐན་ཀ 或 ཐམ་སྐོར. [名] 諸侯; 鄰國.

ཐན་སྨན [形] 必許.

ཐན་པ [名] 或 [形] 1, 旱; 無雨. 2, 預兆.

ཐན་བྱ [名] 兆鳥 (無鳥等示惡兆者)

ཐབ 或 མེ་ཐབ, [名] 竈; 爐.

ཐབ་ཁ 或 ཐབ་ཀ, [名] 灶; 爐; 燒火處. ཐབ་ཁང, 廚子.

ཐབ་ཁང་＝ཐབ་ཚང་〔名〕廚房.

ཐབ་ཁྲོ〔名〕大釜.

ཐབ་སྒྲོད་＝ཐབ་ཀ〔名〕爐；三脚爐.

ཐབ་སྒྲོམ〔名〕碗櫃；櫥櫃.

ཐབ་ཐབ〔形〕鼓翼聲.

ཐབ་ལྷ〔名〕竈神.

ཐབས〔名〕1,方便，方法；機會；可能. 2,姿勢；狀態 3,策略；計謀.

ཐབས་མཁས 為 ཐབས་ལ་མཁས་པ 之縮寫.〔形〕方便；善巧；幹練；精巧.

ཐབས་ཆག〔名〕代替.

ཐབས་རྡུགས〔形〕1,無精神或能力工作. 2,呆笨；魯鈍.

ཐབས་ལམ〔名〕方法；策略.

ཐམ་ག 或 ཐམ་ཀ〔名〕璽；印；鈐記；關防.

ཐམ་ཐམ 或 ཐམ་མེ་བ,〔形〕分散；散布.

ཐམ་པོ，(ཐེམ་པ),〔形〕完全；充滿；整.

ཐམ་ལག＝མན་ངག,〔名〕教敕；訓誡；法.

ཐམས་ཅད〔名與〔形〕一切；全；全體.

ཐམས་པ [動] 1,以手扭住；扭緊(因愛或怒) 2,止住；黏着.

ཐཡུ [名] 1,笆子. 2,桃子.

ཐར 代 ཐར་ཐོར.

ཐར་ཐོར [形] 分散；散開；稀疏.

ཐར་ཇུ [名] 一種作瀉劑之葯根；狼毒.

ཐར་པ [名] 1,解放；解脫；超脫；自由. 2,涅槃；無上之快樂.

ཐར་པོ [形] 舊；損壞.

ཐར་བ [動] 1,解脫；自由；脫免；釋放. 2,經過.

ཐར་འབག 或 ཐར་དཔག [名] 盆；大盆.

ཐར་ལམ [名] 達涅槃或解脫之道.

ཐར་ས [名] 歸依處；脫免之法.

ཐལ [名] 喇叭花.

ཐལ་འབྱར [名] 1,黏着；結合. 2,聯合語.

ཐལ་དྲེས [名] 一種入葯之花.

ཐལ་ཕྱོགས [名] 辯勝之方面.

ཐལ་བ [名] 灰；塵土. [動]＝འཐལ་བ 1,經過；逝去.

2.不注意. 3.變更. 4.到;抵;來. 5.過去完成.

ཐལ་བྱི [名] 灰鼠；灰松鼠.

ཐལ་མོ [名] 掌；手掌.

ཐལ་ཚང [名] 私室；廁所.

ཐལ་ཚྭ [名] 鹽灰；燒過之鹽.

ཐལ་ལེ [副] 1.直向前. 2.立時.

ཐི་གུ [名] 繩索.

ཐི་བ [名] 1.呼嘲鳥. 2.鴿. 3.雀名.

ཐིག [名] 1.＝ཀླད་སྐོར 圈. 2.線.

ཐིག་སྐུད [名] 1.紗；線. 2.直線.

ཐིག་མཁན [名] 鋸木匠.

ཐིག་ནག [名] 黑繩.(八大地獄之一)

ཐིག་ཚད [名] 比例；配稱.

ཐིག་ཤིང [名] 尺；水準儀.

ཐིག་པ 參看 ཐིགས་པ.

ཐིག་མ [名] 棉或毛之印花布.

ཐིག་ལེ [名] 1.ཁུ་བ，精液；陽精. 2.集合. 3.同值；

青海省政府印刷局印

4,點；圈.

ཐིགས་པ 亦作 ཐིག་པ, [名] 點滴.

ཐིང 參看 འདིང་བ.

ཐིང་ཤིང [名] 一種顏料.

ཐིབ་པ 參看 འཐིབ་པ 與 གཏིབ་པ [形] ཐིབ་ཐིབ 黑暗；森黑.

ཐིབས་པོ [形]1,消滅；不見. 2,黑暗.

ཐིབས་མོ [形] 黑暗.

ཐིམ་པ [動] 1,失遺；損失. 2,溶化, 消溶；蒸散；變化.

ཐིལ་སྟོན 代 མཐིལ་སྟོན་པ [動] 1,暢談. 2,探索秘密.

ཐུ [名] 涎沫.

ཐུ་པ [名]衣邊；袍邊；襟.

ཐུ་བ [動] 採，採花. 參看 འཐུ་བ.

ཐུ་བོ [名]1,首領. 2,長者；長兄. 3,口角. 4,毒物.

ཐུ་མོ [名] 夫人；太太.

ཐུ་རེ [形] 不斷；繼續.

ཐུ་ལུ [名] 唾液；涎沫.

ཐུ་ལུམ [名]1,一塊金屬. 2,大砲彈.

ཐུག [前] 直至；迄．[副] 僅；唯一．

ཐུག་ར [名] 插於屋頂繫旗之犛牛尾．

ཐུག་པ [名] 湯；羹；粥；稀飯．[動] 1.達到；到．2.會見；晤面．3.觸；着；繫．(俗語)

ཐུགས [名] 為སེམས或སྙིང 之尊稱．1.心意．2.心靈；心魂．3.意見；意志；目的．

ཐུགས་བསྐྱེད＝སེམས་བསྐྱེད，[名] 1.發心；立志．2.懷念．

ཐུགས་ཁྲལ [名] 怨；憤；怒．

ཐུགས་རྗེ [名] 1.悲愍；憐憫；惻隱．2.思慮；慈悲．3.幸福．

ཐུགས་ཉིད＝སེམས་ཉིད．

ཐུགས་ཐུབ 代ཐུབ་ཚོད [形] 1.自滿；不慎；不思慮．2.濫用；暴殄天物．

ཐུགས་དམ＝ཡིད་དམ [名] 1.勸告．2.誓；誓願；祈禱．3.修；禪定．4.保護神．

ཐུང་ང [形] 三歲．(指獸)

ཐུང་བ [形] 1.短；矮小．2.減短．

ཐུད (ཀ་བའི) [名] 1.柱穴．2.凝結之牛乳．

青海省政府印刷局印

ཐུན (名) 1, = མལ་ཚོ 三小時之第一期 (佛家一日之第八部) 時間之定長; 輪值. 2, = མཚམས, 日與夜之分際 (黃昏, 黎明) 3, 妖物 (在妖術中有魔力之物, 如沙, 胡椒, 芥子, 麥粉等) 4, 徵收者; 採集者; 集斂者, 如 ཤིང་ཐུན, 樵夫.

ཐུན་པ = འཐུན་པ, (動) 黏着; 附着.

ཐུན་མ (形) 屬於值夜.

ཐུན་མོང 或 ཐུན་མོང་བ (形) 共同; 普通; 通常; 尋常.

ཐུན་ཚོགས = ཐུན་ཚོགས.

ཐུབ (形) 可能. (名) 聖賢; 哲人.

ཐུབ་ཚད (名) 勇敢.

ཐུབ་བསྟན, (名) 佛教.

ཐུབ་པ (動) 1, 能; 可能. 2, 對抗; 匹對. (名) 1, 牟尼. 2, 有權力者.

ཐུམ 或 ཐུམ་ཐུམ, (名) 包裹; 包裹之物.

ཐུམ་ཏི = བརྟུམས་པ. (名) 切片之物.

ཐུམ་པ (名) 頃刻; 片時.

ཐུམ་བུ (名) 1, 小片; 一片; 一點. 2, = ཐེམ་བུ 大匙; 杓.

ཐུམས 1,= ཐུར་ཐུ [名] 調羹;杓. 2,蓋;包裹.

ཐུར [名] 斜坡;下坡;斜面.

ཐུར་མགོ [名] 調羹之尖端.

ཐུར་པོ [名] 最下部;山麓.

ཐུར་བུ 或 ཐུར་ཐུ [名] 小駒;牝駒.

ཐུར་མ [名] 1,筷;箸. 2,棍;傘骨. 3,調羹;外科器具.

ཐུར་ཤིང [名] 扁;挑棍.

ཐུར་སྲང [名] 一兩銀.

ཐུལ 為 འདུལ་བ 之命令式 [動] 管束;約束;訓練;調伏.

ཐུལ་གྱིས [副] 忽然.

ཐུལ་པ = ཐུལ་པོ [名] 皮衣;皮袍.

ཐུལ་བ 命令式 ཐུལ་ཅིག [動] 1,約束;拘束;馴養. 2,包裹.

ཐུལ་ལྭ [名] 通常之羊皮衣服.

ཐུས་པ 或 འཐུས་པ [形] 適合;適當.

ཐེ 代 ཐེ་མོ 與 ཐེ་ཚོམ.

ཐེ་ཆུང [名] 小指.

ཐེ་བ 或 ཐེབ་པ = གཏོགས་པ [形] 1,屬於. 2,有益;有用. 3,充用;引用.

ཐེ་བ 完成式 ཐེས [動] 1,屬於. 2,干涉；干與.

ཐེ་ཙོ [名] 印；私章.

ཐེ་ཚོམ [名] 疑；狐疑；躊躇.

ཐེ་རེ [形] 1,直. 2,堅實. 3,平滑.

ཐེ་དང = ཐེའུ་དང.

ཐེ་རེལ [形] 不完全；未完；有缺點.

ཐེ་ལེ [名] 印度女人之黑紋額點.

ཐེག་པ [動] 1,維持；扶持. 2,舉起；力支；忍耐. [名] 1,車乘；騎坐之獸. 2,乘，ཐེག་པ་ཆེན་པོ，大乘；ཐེག་པ་དམན་པ，小乘.

ཐེང་པོ 或 ཐེང་རྒྱ [形] 跛，跛足.

ཐེངས [名] 次；次數.

ཐེན [動] 拔出；施來.

ཐེན་པ [名] 梲；捐；餉.

ཐེབ [形] 1,代 ཐེམ 充滿. 2,代 ཐེབས.

ཐེབ་མོ，ཐེབ་ཆེན [名] 拇指；ཐེབ་ཆུང，小指

ཐེབས [名] 次序；連續；秩序. [動] 出外；發生.

ཐེབས་པ [動] 1,抵；達到. 2,集合；聚集. 3,攫捕；執；

陷入. 4, 使適合;使適當.

ཐེབས་རང = ཐེའུ་རང, [名]一類魔鬼.

ཐེམ་པ [名]1,門檻. 2,階級;品級. 3,次序;貫穿.[動]1,充滿;完成. 2,足夠.

ཐེམས་ཡིག [形]追念;紀念.

ཐེའུ་རང [名]魔鬼神.

ཐེར [名]赤裸;剝露.

ཐེར་མ [名]一種呢;細褐.

ཐེར་ཟུག = ཐེར་ཟུག་པ, [形]不變;耐久.

ཐེལ་བ = སླེབ་པ, [動]達到.

ཐེལ་མ [名]皮帶.

ཐེལ་ཙེ [名]印章.

ཐེས་པ 為ཐེ་བ之完成式

ཐོ [名]1,冊子;簿子. 2,表冊;目錄;備忘錄.

ཐོ་འཁོར [形與名]1,附近;鄰近. 2,鄰居.

ཐོ་གར 或ཐོ་དཀར, [名]吐貨羅國.

ཐོ་ཅོ [形]諧談;戲謔;噪雜.

ཐོ་ཐོ [名]分界處.

ཐོ་རྗེ [名] 石界碑.

ཐོ་བ [名] 錘.

ཐོ་འཚམ [名] 1, 輕視; 侮慢. 2, 譏笑者.

ཐོ་ཡོར [名] 堆如金字塔之石碑.

ཐོ་རངས 或 ཐོ་རེངས [名] 黎明; 清晨.

ཐོ་རེ་བ [形] 少許.

ཐོ་ལུམ = ཐུ་ལུམ [名] 有握手之錘.

ཐོ་ལི [名] 1, 突出之處. 2, 鈕扣.

ཐོ་ལོག [名] 騾.

ཐོག [名] 1, (ནམ་མཁའི) 雷電; 電光. 2, 屋頂; 頂; 蓋. 3, 頂點; 頭. 4, 結果; 收獲; 出產. 5, 錢財; 財物.

ཐོག་རྒྱག 或 ཐུར་རྒྱག, [副] 忽然. [名] 1, 忽然發生之隆隆聲. 2, 意外事.

ཐོག་ལྷགས [名] 1, 鐵火星. 2, 雷電.

ཐོག་མ [名] 1, 在絕頂者; 在極端者; 首端. 2, 太初; 古昔. 3, 來源; 起首.

ཐོག་ཚད 或 ཐོག་སོ [名] 樓; 層.

ཐོགས [動] 1, 舉起. 2, 打; 擊. 3, 遇着; 偶遇. 4, 阻碍;

對，遲延，參看འགོགས་པ.

ཐོང〔名〕1，犂．2，箱

ཐོང་ཁོར＝གར་བུ　〔形〕與〔名〕客；厚．

ཐོང་ག　或ཐོང་ཀ〔名〕胸腔．

ཐོང་ལྕགས　〔名〕犂鍬；鏵．

ཐོང་པ〔名〕羯羊；閹公羊．

ཐོང་སྒྲོ〔名〕駱駝之鬃．

ཐོང་གཤོལ〔名〕犂嘴；犂鐵．

ཐོངས為གཏོང་བ之命令式．

ཐོངས་འཛིན〔名〕收據．

ཐོད〔前〕在上；越過．〔形〕更高；在上．

ཐོད་ཁེབས＝སྤྱང་ཁེབས　〔名〕蓋；遮蓋之物．

ཐོད་པ〔名〕髑髏；腦蓋；前額．

༢༢༨ ཐོད་མོ་ཁར＝ཐོད་ལི་དཀར，　〔名〕一種海螺．（燒之成

佳石灰）

ཐོད་ལི་ཀོར或ཐོད་ལི་སྐོར，〔名〕大理石．

ཐོད་ལི་དཀར〔名〕白粉．

ཐོན參看འཐོན་པ，འདོན་པ.

青海省政府印刷局印

ཐོན་ཀ [形] 青藍.

ཐོབ 參看 ཐོབ་པ [名] 讖言.

ཐོབ་རྒྱ (ཐོབ་ཟེ) [名] 鈕扣.

ཐོབ་པ [動] 尋覓；獲得. [名] 1.利益；所得之積蓄. 2.所得之總和或結果. 參看 འཐེབས་པ.

ཐོབ་ཐང [名] 權利；正當之要求.

ཐོབ་ཡིག [名] 目錄；項目

ཐོབ་ལོ 或 ཐོབ་ཀ, [名] 誇張；空顯.

ཐོམ་བུ 參看 ཐུམ་བུ, [名] 杓子；大匙（通常稱為 གཟར་བུ）

ཐོམས་པ 參看 འཐོམས་པ.

ཐོར [名] 1.集於一點者. 2.纏結者.

ཐོར་མགོ [名] 1.參看 ཐུར་མགོ. 2.破曉.

ཐོར་པ, འཐོར་བ, [名] 天花；疹.

ཐོར་བ 1.參看 འཐོར. 2.＝ཐོར་བ.

ཐོར་བུ [名] 食滯及皮膚上之各種病症. [形] 分離；分開；散.

ཐོར་སོ [形] 肥碩（牛羊）

ཐོར་ཙུགས [名] 盤於頭上之辮.

青海省藏文研究社編

ཐོལ 參看འཐོལ. 為ཐོལ་བ之完成式。[名]發生者; 舉起者.

ཐོས = གོ་བ, 理解; 理會.

ཐོས་ཆུང [形]少經驗者; 無知.

ཐོས་ལྡན [名]學者.

ཐོས་པ [動]1.聽; 聞. 2.理解; 聽聞.

ཐོས་འཛིན [名]聽官; 耳.

མཐང [名]下體.

མཐངས = ཀུན, [形]全; 全體.

མཐའ [名]1.邊; 邊際; 邊緣. 2.終結; 結束. 3.末端; 末後; 後邊.

མཐའ་ཡས [形]無邊; 無限.

མཐའ་སྐོར [副]環繞; 全繞. [名]周界.

མཐའ་འཁོབ 或 མཐའ་ཁོབ [名]邊境; 邊界.

མཐའ་གྲུ = རྒྱ་ཆེ་བ, [名]面積. [形]1.豐盛; 多. 2.濶; 廣大.

མཐའ་གྲོགས = ཐུགས་གྲོགས [名]終身之伴侶.

མཐའ་ངོས [名]慚愧; 謙遜.

青海省政府印刷局印

མཐའ་གཅོད་པ [名]最後之判詞；判決。[動]決定；判定

མཐའ་ཆགས [動]住於邊境。[名]袍邊。

མཐའ་གཉིས [名]二邊（常與斷）

མཐའ་དག [副]所有；全。

མཐའ་པེར [名]套索（縛敵者）

མཐའ་བྲལ [名]天空。[形]無極。

མཐའ་མ [名]1.末端；最後；極端。2.邊；緣（衣服）

མཐའ་མི [名]1.邊境之民。2.野蠻人。

མཐའ་བཞི [名]地球之四極。

མཐའ་ཡས [形]無限；無極。

མཐར [副]1.末尾；終結。2.究全；全然。[前]在後；以後。

མཐར་གྱིས＝རིམ་གྱིས [副]漸漸；終久。

མཐར་ཐུག་པ [形]究竟；至極端。

མཐས＝མཐའ།

མཐིང [形]碧；蒼蒼。[名]1.石青；一種藍花（可治眼疾）2.藍靛。

མཐིང་སྐྱ [形]淡藍。

མཐིང་ཤིང [名] 璁玉之獨柱.

མཐིཐུ 参看 མཐེཐུ.

མཐིལ [名] 1,底;深處;最下處.2,凹處;掌.3,中點;主要處.

མཐུ [名] 1,威力;天賦之能力.2,才能.

མཐུ་བསྒྲིངས [名] 表示勇武之吼聲.

མཐུ་བ [名] 降魔者.

མཐུག་པ 参看 འཐུག་པ. མཐུག་པོ,[形] 厚;密.

མཐུད་པ 参看 འཐུད་པ.

མཐུན་པ [動] 同意;和諧;相匹;一致;隨順.

མཐུན་འཇམ [形] 温和;和平.

མཐུན་སྦྱོར [名] 1,友誼;交情.2,親戚;親屬.3,時會之吉順.

མཐུན་གྲོགས = གཉེན་གྲོགས [名] 親朋.

མཐུན་མོངས [形] 亦作 མཐུན་མོངས་པ 共同;尋常;普通.

མཐུན་རྩིས [動] 合婚.

མཐུར [名] 馬絡頭. མཐུར་མ་དཔའ 韁.

མཐུས 為 མཐུ 之具格.

青海省政府印刷局印

མཐེ་བོ་ 俗語 མཐེ་ཆེན, [名] 拇指.

མཐེ་བོང = མཐེ་བོ.

མཐེབ་ཀྱུ [名] 鈕扣.

མཐེའུ 或 མཐིའུ = མཐེའུ་ཆུང [名] 小指; 小趾.

མཐོ (ལག་པའི) [名] 從拇指尖至中指尖之長度.

མཐོ་བ = སྒང [名] 1, 高舉; 高升. 2, 高度. [形] 高; 提高; 升高.

མཐོ་མཚམས [名] 惡計; 毒計.

མཐོ་རིས [名] 天國; 上蒼.

མཐོང་ཁ 或 མཐོང་ག [名] 胸膛.

མཐོང་བ [動] 1. 看見; 觀察. 2, 識別; 見. 3, 親見; 目擊. 4, 經歷; 感受.

མཐོང་ལམ [名] 見道.

མཐོང་ལུགས [名] 1, 觀念; 意見; 理論. 2, 觀察事物之法.

མཐོངས = མིག་གི་མཐོངས [名] 1, 景; 景色. 2, 燦爛之空闊.

མཐོངས་པ [動] 失知覺. [名] 失知覺者.

མཐོན་ཀ། 或 མཐོན་ཀ 〔名〕藍寶石；五色寶石之一。〔形〕天藍；蒼蒼。

མཐོན་པོ 〔形〕1.高；提高；升高。2.深。3.大聲。

མཐོན་མཐིང 〔名〕藍瑠玉。〔形〕深藍；碧。

མཐོར་འཐུང 〔動〕以水漱口。

མཐོལ་བ 或 འཐོལ་བ ＝ བཤགས་པ，〔動〕認罪；直言；懺悔。

མཐོལ་ཚངས 〔名〕認罪；贖罪。

མཐོས 為 མཐོ་རིས 之縮寫。

འཐག 〔名〕1.磨坊。2.磨石。

འཐག་པ 完成式 བཏགས，未來式 བཏག，命令式 ཐོག，〔動〕1.磨碎；研碎。2.紡織。

༡༨༢ འཐང་གོས ＝ མཐང་གོས，〔名〕僧裙。

འཐད་པོ 〔名〕下體。

འཐད 〔名〕1.高興；喜悅。2.好志願。

འཐད་པ 1.〔形〕高興；喜悅；合意。〔動〕悅意；可納；可意。2.＝འཐན་པ。

འཐན ＝ ནན་དན，〔名〕逼迫；壓迫。

青海省政府印刷局印

འཐན་པོ 〔形〕堅定；不撓．

འཐབ་པ 〔動〕1,爭鬥；口角；戰爭；奮鬪．2,諍論．

འཐབ་འབྲུ 〔名〕蠶．

འཐབ་ཡ 〔名〕敵手；敵人．

འཐབ་རགས 〔名〕壁壘；戰壕．

འཐམ་པ Ⅰ〔動〕完成式為 འཐམས，1,執；握．2,領悟．3,連接；聯合．Ⅱ＝ཐལ་བ，〔名〕與〔動〕譴責；責罵．

འཐམས་པ 〔動〕因親愛而懷抱．

འཐལ་བ 參看 ཐལ་བ．

འཐས་པ 〔形〕1,欺騙；不直率．2,堅實；强壯．

འཐིག་པ 1,完成式 འཐིགས，〔動〕滴下 2,完成式 བཏིགས 未來式 བཏིག．使滴下；滴．

འཐིགས 參看 འཐིགས་པ．

འཐིང་སྐྱུད＝སྨོད་པ，〔名〕毀謗；污衊．

འཐིབས་པ 完成式 ཐིབས 或 གཏིབས 〔動〕遮蓋；遮黑．

འཐིབས་པོ 〔形〕黑暗；濃密．

འཐིམ་པ 為 ཐིམ་པ 之未來式．

384

འཐུ་བ 参看ཐུ་བ (動) འཐུན་པ 究成式為 འཐུས或
བཏུས, 未來式བཏུ, 命令式ཐུས, བཏུ 採集;搜集.

འཐུག་པ = མཐུག་པ, མཐུག་པོ, (形)厚;密;深厚;濃厚.

འཐུང་བ 究成式 བཏུངས 或 འཐུངས, (動)飲;喝.

འཐུད་པ = མཐུད་པ, (動)加長;延長;續.

འཐུན་པ 1,参看 མཐུན་པ. 2,(名)採集者.

འཐུབ་པ 究成式 འཐུབས 或 བཏུབ, 未來式為 གཏུབ,
命令式為 འཐུབ, (動)劈開;切片;斫片.

འཐུམ་པ 為 གཏུམ་པ 之他狀, 究成式 འཐུམས 或 བཏུམས
未來式 འཐུམ 或 བཏུམ 命令式 འཐུམ 或 བཏུམ,
(動)1,遮蓋,包蓋. 2,封閉;包裹.

འཐུམས (形)1,變壞.(蛋) 2,不毛,無所出.

༢༣ འཐུར 為 འཐུ་བ 之變體.

འཐུལ་བ (形)易化為氣;易變.(名)隨風送來之氣
味.(動)1,生出;2,散布.3,聞;嗅.

འཐེགས་པ (動)1,準備旅行,束裝.2,起行.

འཐེང 或 འཐེང་བ(形)跛.(名)参照 ཐེང་པོ 跛行者.

འཐེན་པ (動)1,拖;扯.2,暫停;歇脚.3,= ཐེན་པ

倚靠；依賴. 〔名〕རྒྱལ་བརྒྱུད 朝代之承繼.

འཕྱེབ་པ = ལྷག་པ, 〔形〕盈餘；剩餘；多餘. འཕྱེལ་བ, 多餘；過多；剩餘.

འཕྱེབས་པ 完成式 ཕྱེབས, 為 འདེབས་པ 之被動式 〔動〕1,推倒；推翻. 2,纏；緊握. 3,公開；張開；散布.

འཕྱེམས་པ 〔動〕1,完成列舉之數. 2,包含；包蓋.

འཕྱེར་པོ 或 འཕྱེར་བ, 〔形〕光滑.

འཕྱོ 代 མཐོ 〔名〕一指尺.

འཕྱོག་པ I 1, = གཏོགས་པ. 2 = འཕྱག་པ.

འཕྱོག་པ II 完成式 འཕྱོགས་པ, 〔動〕1,執携；銜. 2,命名；稱之.

འཕྱོན་པ 完成式及命令式為 ཕྱོན་པ, 〔動〕1,出行；告別. 2,發生；出往. 3,出現；見；有.

འཕྱོབ་པ 為 ཕྱོབ་པ 之未來式 〔名〕獲得.

འཕྱོམ་པ 完成式為 འཕྱོམས་པ, ཕྱོམས་པ 〔動〕1,混亂；困惑. 2,暗中摸索. 3,暈眩.

འཕྱོར་བ 完成式 བཏོར, 未來式 གཏོར, 命令式 འཕྱོར, 〔動〕散播；灑.

འཕྱོལ་བ = བཤགས་པ, 〔動〕表白；認罪；悔改.

ད

ད〔名〕布施。〔副〕1,現在;此刻;即。2,斯時;目下。

ད་ཁ〔副〕現在;此刻;即刻。〔名〕馬蹄鐵

ད་སྐབས=ད་ལྟ〔副〕斯時;此刻。

ད་ཅི〔副〕1,如是……則。2,近來;剛才。〔名〕鐮刀。

ད་ཆ〔副〕此後;將來。

ད་ཆུ=དངུལ་ཆུ,〔名〕水銀。

ད་དྲིག〔名〕五味子。

ད་ལྟ〔副〕方今;現在;目前。ད་ལྟ་བ,現在時;現在式。

ད་སྟེ〔副〕此後;自後。

ད་དུང 或 ད་རུང〔副〕尚且;猶;至今。

ད་དྲག〔名〕此為文法上廢用之ད之名稱。為ན་ར་ལ三字後之ཡང་འཇུག。

ད་གདོད=ད་དུང,〔副〕1,尚,猶。2,更多。

ད་ནང 或 ད་ནངས〔副〕1,即刻。2,今晨。

ད་ཕྲུག 或 དྭ་ཕྲུག,〔名〕孤;孤子。

ད་བེར 亦作 ཏ་བེར,〔名〕條板之屏障。

ད་བྱིད〔名〕一種蜴蜥。

༢༨༨

青海省政府印刷局印

ད་ཛྭ＝རྒྱ་ཚད [名] 瘟熱症；印度之熱症.

ད་ཛྭར [副] 忽然；即刻.

ད་ར [名] 1.一類無頭鬼. 2.＝དར་བ, 酪；酸乳汁.

ད་རན＝ད་ལན, [副] 斯時.

ད་རངས [副] 今晨.

ད་རེ＝དེ་རིང [副] 今日.

ད་ལམ＝དེང་སང, [副] 現在；目今.

དྭ་ཕྲུག [名] 孤；孤兒.

དྭ་བ [名] 一種辛辣之植物；南星.

དག [名] 1.代རྣམས之複數字. 2.雙數；複數. 如
གང་དག, དེ་དག, 那些. [副] 自然；確然.

དག་ཁ代དེ་ཁ.

དག་ཀུ＝ཕྱེ་མ [名] 粉末.

དག་ཏི [名] 薄荷.

དག་པ 為འདག་པ之完成式, [形] 1.清潔；純潔. 2.高
揚；崇高. 3.無情.

དག་བྱེད [名] 1.水、氣、風神、火及孫沙聖草. 2.美
的外表. 3.正確之拼法. [動] 改正；校正. [形]

神聖；潔白。

དག་ཡིག 〔名〕1,正字學．2,文法．

དག་ར 〔名〕一種大蒜．

དག་ཤིང 〔名〕1,刷牙之小竹片或木片．2,樹皮．3,鱗．

དྭགས 〔形〕1,廣袤．2,光亮．

དྭགས་པོ 〔名〕西藏地名．

དང 1,〔前〕與；及．2,此字亦表示原因與命令式．3,〔名〕草地．

དང་ཀ =俗語 དང་ཁ 〔名〕口味；食慾．

དང་པོ 〔名〕1,最初者；最早者；最高者．2,開端；起始．3,根本；本原．〔形〕第一．〔副〕首先；起初．

དང་བ 〔形〕清淨；純潔；滌潔．

དང་ཟོ 〔名〕1,一種緞．2,田坪．

དང་ར 〔名〕欄；廐．

དང་ལ 〔名〕1,水池；多泉之地．2,當拉嶺．（西藏東北之太山名）

དྭངས 或 དྭངས་པ，〔名〕1,光彩；光澤．2,言語之力；發音．〔形〕1,燦爛；光輝；潔淨．2,晴明．

3.健康.

དངས་མ=ཁུ་བ; [名] 1.汁;湯汁. 2.滋味;美味.

དད་འདུན [名] 1.虔誠;信仰. 2.敬愛;崇仰.

དད་པ [名] 信;信仰;虔誠. [動] 篤信;堅信.

དན་སོང [名] 圓球.(以木,布,石製之)

དན་ཏ [名] 蓖麻子.

དན་ད [名] 一種藥草.

དན་ད་ལི [名] 篩.

དན་འདུ [名] 一種藥果.

དན་རོག [名] 巴豆.

དམ [副] 緊;牢;嚴.

དམ་ཁ=ཐེའུ [名] 印;章;戳記.

དམ་བཅའ或དམ་བཅའ་བ, [名] 1.誓;約. 2.聖典.

དམ་དུམ [形] 1.=ཕྲན་བུ, 小;少許. 2.各種.

དམ་ཕྱག=ཕྱག་དམ [名] 印;章.

དམ་པ [形] 1.緊;穩定;堅實. 2.聖神;正. 3.極佳;最優.

དམ་པོ [形] 1.緊;嚴;堅實. 2.仄狹.

དམ་འབྱར [名]1,＝ལུགས་སྲོལ 習慣；習俗．2，蓋章；蓋章之信．

དམ་ཚིག [名]1,嚴誓．2,嚴約；約定之義務．

དམ་རྫས [名] 法物；行教之法器．

དམ་སྲི [名]一地神之名．

དྲུ [名]一種熱症．

དར [名]1,旗幟．2,綵巾；哈達；綵．3,冰．[形]年輕；少壯．

དར་སྲ [名]胡桃樹．

དར་ལྕོག [名]旗桿；掛帆之桿．

དར་གཅིག＝ཡུད་ཙམ [名]一刻；頃刻．

དར་རྡོ＝ཟར་རྡོ，[名]礪石．

དར་དཔྱངས 或 དར་ཡུག，[名]1,大綵帶；一種綵飾．2,繫於桿上之綵巾或有色棉布．

དར་བ [動]散布；展布；擴充．[名]酪；酸乳汁．

དར་བབས＝དར་ལ་བབས་པ，[形]青年；少年．

དར་བུ [名]一種綵或棉線織之紅布．

དར་བུབས [名]一捲綵料．

青海省政府印刷局印

དར་མ [名] 中年.

དར་དམང་པ [名] 生絲.

དར་སྨིན = དར་རྫིར [名] 明礬.

དར་ཙམ = རེ་ཙམ, [名] 頃刻; 片刻.

དར་བཙག = རེ་ཙམ, [名] 濾渣或篩物之布.

དར་ཤམ [名] 1,綵服之下邊. 2,芭蕉.

དར་ཤིང [名] 1,葯菓. 2,旗桿.

དར་སང [名] 薄棉絲; 紗.

དར་ཏན [名] 不盡供用義務者; 對驛站不供給驛馬者.

དལ [形] 1,慢慢. 2,閒暇.

དལ་ཅིག = ལན་ཅིག [副] 1,一次. 2,頃刻.

དལ་རྟེན = མི་ལུས [名] 人身.

དལ་པོ [形] 1,徐慢; 遲緩. 2,庸弱.

དལ་བ = ཁོམ་པ, [名] 1,安閒; 閒暇; 安靜. 2,閒暇安靜之情狀.

དལ་བུ = དལ་བ [副] 徐徐.

དལ་བོན [名] 拜物教之一派.

དལ་འབྱོར [名] 幸福.

དལ་མ = གར་མཁན་མ, [名] 舞女.

དི་རི [形] 1,風之怒號. 2,雷之隆隆. 3,喃喃; 營營.

དིག 在 ཁ་དིག་པ 中, 參看 དིག་པ.

དིག་སྙན [名] 鴿; 鳩.

དིག་པ [形] 口吃. ཁ་དིག་པ, 口吃者.

དིང 代 དིང་སང.

དིང་དིང [形] 鼓聲; 笑聲.

དིང་ཡོན [名] 中國之繡花緞.

དིང་སང [名或副] 現在; 目今.

དུ 1, 同ཏུ, 為文法上示表業格為格及時間之字,
用於接尾字ང་ན་མ་འ་ར་ལ之後. 2,[副]若干; 多少.

དུ་བ [名] 烟.

དུ་མ [形] 1,許多. 2,幾個; 各種.

དུག [名] 毒; 毒葯.

དུག་སྔགས [名] 有毒之符咒.

དུག་ཅན [形] 有毒的.

དུག་བཅོམ [形] 克毒; 贊佛之字.

དུག་ཆགས [形] 為害; 有害.

青海省政府印刷局印

དུག་འཇོམས [名]一種解毒之果汁.

དུག་གཉེན [名]消毒劑.

དུག་ཏེ = ཏུག་ཏེ [副]如此；似此.

དུག་པ 或 དུག་པོ [名]舊衣服；補綴之衣服.

དུག་འཕྲོག [名]消毒物.

དུག་མོ་ཉུང [名]雀瓜；地瓜.

དུགས [名]1.發炎；炎症. 2.溫暖；熱；熱度. 3.嫉妒；仇視；報復.

དུགས་པ [動]使溫暖；點燃.

དུང [名]1.螺貝；海螺壳. 2.號角.

དུང་མཆོག = དུང་དཀར་གཡས་འཁྱིལ [名]右旋螺貝，上等螺貝.

དུང་རྡོ [名]貝壳化石.

དུང་པན [名]盆；盤.

དུང་འབྱུས [名]接骨之石.

དྲང་སེམས [名]坦平；直誠.

དུངས 為 གདུངས 之第二式.[名]愛情.

དུད་འགྲོ，[名]畜生；四足獸.(俯身而行者)

དུད་པ [形] 1,謙遜;謙恭.2,虔誠;敬重.[動] 1,打結;繫.2,屈身;俯身.[名] 1,烟.2,畫眉之烟油.

དུད་དམག [名] 1,家庭之爭鬧.2,由村鎮所募之兵.

དུད་ཚང = མི་ཚང [名] 家庭;人家.

དུན་པ 代 འདུན་པ, [名] 勤勉.

དུབ་པ [動] 疲勞;疲倦.

དུམ [名] 小盤;小盆.[形] 少;少許.

དུམ་པ [形] 有些.[名] 一卷;一部.(青海俗語)

དུམ་པོ [名] 大片;大塊.

དུམ་བུ = དམ་དུམ [名] 小塊;一部;量;份;股份.

དུམ་ཡང = ལས་དཔོན [名] 工頭;監工者.

དུར་ཁྲོད [名] 坟墓;葬所.

དུར་རྒྱས [名] 獻於臨死者之食物.

དུར་སྒམ 或 དུར་སྒྲོམ [名] 棺;柩.

དུར་བ [動] 1,安置尸體或埋葬.དུར 或 དུར་ས, 墓;葬場.2,匆促.急忙

དུར་བོན [名] བོན་པོ 最初各派之一.

དུར་བྱ [名] 鷲;白背之鷹.

དུར་བྱིད་(སྦྱིན) [名] 離婁.(約)

དུར་སྦྱང [名] 墓碑.

དུར་ཚན, དུར་ཚོད, [名] 獻於死者之食物.

དུར་མཚོད [名] 埋尸骸之處.

དུར་ཡུ=ཕྱི་རོལ [形] 在外；外邊.

དུར་ལེན [名] 一種吸血鬼.

དུལ 為འདུལ་བ之根.[動] 馴養；調伏.

དུལ་བ [名] 訓練；教授.

དུལ་མ [動] 磨碎；研粉.

དུལ་མོ [形] 易制；易馴；馴養.

དུས [名] 時；時間；季候.

དུས་འཁོར, དུས་ཀྱི་འཁོར་ལོ [名] 時輪.

དུས་མཆོད [名] 某期中所作之佛事；定期之祭祀.

དུས་སྟོན 或 དགའ་སྟོན, [名] 齋期；紀念.

དུས་མེ [名] 世界末日之劫火.

དུས་ཚིགས [名] 季；節.

དུས་ཚོད [名] 時；時間.

དུས་མཚམས [名] 1.晝夜之際. 2.世代.

དུས་ལོག [名] 凶歲.

དེ [代] 1.彼；其；他；牠. 2.དེ代有限冠詞"此"文法上與ཏེ་ཉེ同用.惟限於添後字ད之後，參看ཏེ.

དེ་ཀ 或དེ་ཁ，[代] 其；彼；即此.

དེ་ཁུལ＝དེ་ཁོངས，[前] 在彼支配下；屬彼權限內.

དེ་ཁོ་ན [名] 真實，其本體. [代] 即此.

དེ་ག [代] 其.彼處. [副] 正如此；恰如此.

དེ་ཉིད [名] 其本體；真實性.

དེ་སྙེད＝དེ་སྙེད [形] 許多；好多；如此多.

དེ་ལྟ [副] 如此，似彼.

དེ་ལྟར＝དེ་སྐད [副] 1.似彼；因此. 2.依照.

དེ་འདྲ [副] 似彼；同樣；相似.

དེ་ན [副] 1.在其中. 2.此後.

དེ་ནས [副] 此後；復.

དེ་ར [副] 彼處；至彼處；即此.

དེ་ཙོ＝རབ་ཏུ，ཤིན་ཏུ [副] 極；甚.

དེ་ཛོ [名] 雄雉；雄雞.

青海省政府印刷局印

དེ་འཕྲོས=དེ་ལྷག [名] 其餘；剩餘者。

དེ་བས [接] 較之，比。

དེ་ཙམ [副] 如許；約於後。

དེ་ཚོ=དེ་དག [代] 那些；彼等。

དེ་བཞིན [副] 如是，如彼。

དེ་འོག [副] 如是；因是。

དེ་ཡང=དེའང, [副] 1, 此亦；彼亦。2, 即；就是。3, 又；復次。

དེ་རག [副] 1, 直接。2, 即刻。

དེ་རང=དེ་ཁོན [副] 確切。

དེ་རིང [名] 今天。

དེ་སྲིད [副] 1, 至此；如此。2, 如彼之多。

དེང་དེང [名] 今日。

དེངས་པ 或 དེང་བ 為 འདེང་བ 之完成式 [動] 去；走開。[形] 老；舊。

དེང་སང [副] 現在；目今。

དེ་ཙུ=ཉུང་བ [形] 少。[副] 將近，幾乎。

དེ་ཙུར, ཉུང་ཟད, [副] 1, 少許；稍。2, 將近。

དེད་པ 為 འདེད་པ 之完成式〔動〕1.驅逐，追趕. 2.携帶. 3.移動.

དེད་དཔོན〔名〕商主；船主；外商.

དེབ，ཡི་གེའི་མཛོད，〔名〕1.文書；案卷；簿冊. 2.圖書館.

དེབ་པ〔名〕1.記於一處之敘述. 2.敷藥；膏藥.

དེམ་ཚེ〔名〕仄橋；小橋.

དེས་པ，ཀུ་ནོམ་པ，〔形〕1.佳美；高貴；純潔. 2.勇敢.

དོ〔形〕二；一對.（僅用於權度中之名數上）

དོ་ཀར〔名〕鏨.

དོ་གལ〔形〕重要；重大.

དོ་ཆོད＝གོ་ཆོད，〔形〕靈巧而有用.

དོ་དམ〔名〕1.付託；信託. 2.照管；司理.

དོ་པོ〔名〕1.ལག་དོ 助手. 2.僕人. 3.負載之物.

དོ་ཕྲུག〔名〕孤；孤兒.

དོ་བོ〔名〕荷；負.

དོ་མོད＝འཕྲལ་དུ，〔副〕迅速.

དོ་ཞག〔副〕今日；目前.

དོ་ཟླ＝འགྲོགས་ཟླ，〔名〕友伴；同伴；伙伴.

青海省政府印刷局印

青海省藏文研究社編

དོ་ར [名] 1,戲台;舞場. 2,牧場;草場.

དོ་ཡུག [名] 一種昆蟲.

དོ་ཤལ [名] 頸飾;項珠.

དོག [名] 1,一塊;一團; 2,子苞.

དོག་པ [名] 1,子苞. 2,一束;一綹;一握. [形] 亦作 དོག་པོ 或 དོག་མོ 1,仄狹. 2,嚴厲;嚴重.

དོག་མ = མདུན, [名] 前面;前部.

དོགས་པ [名]或[形] 1,代 འདོགས་པ, 有用;須要. 2,恐懼;驚慌. 3,疑惑. [動] 恐懼,畏.

དོང = ཁུང [名] 深穴;地坑;溝. [形] 深;深奧.

དོང་པ [名] 掛鎖.

དོང་པོ [名] སྦོང་པོ 管;筒.

དོང་བ = འགྲོ་བ, [動] 前進;去.

དོང་ཙེ = དོང་རྩེ [名] 銅幣;小錢.

དོང་ཟེ [名] 黃蜂.

དོད [形] 有限. [名] 1,代理者. 2,同值物;等重物.

དོད་པ = བསྒྲེལ་བ 或 ཕྱིར་བ, [動] 1,聳起;突出 2,出現;浮起.

དོན། 〔名〕1，意義，意味；意思. 2，理由. 3，目的；要求. 4，事；事務；利益；職務. 5，平安；幸福. 6，內臟；དོན་ལྔ 五臟.

དོན་ཅན ＝ དོན་ལྡན，〔形〕1，有用；有益，有意義. 2，享受利益.

དོན་གཅོད 或 དོན་གཅོད་པ，〔名〕代辦者，受特別使命者.

དོན་གཉེར〔名〕1，寺院中之看守者，管事者，保護者. 2，祈禱.

དོན་དག〔名〕1，事務，利益. 2，目的.

དོན་དམ，དོན་དམ་པ，〔名〕1，勝義；真實之意義. 2，熱忱；善.

དོན་པ 參看 འདོན་པ 〔動〕拿出；取出；顯露.

དོན་མེད〔形〕無用；無益；無效；無目的；無謂.

༢༥༧ དོན་སྙིང〔名〕1，真意義，真理由. 2，目的.

དོབ་དོབ 〔名〕束褲於膝上者.〔形〕胡言亂語.

དོམ 〔名〕熊，棕黃之熊.

དོར 〔名〕一對拉車或拽重之牛馬.

དོར་བ 為 འདོར་བ 之完成式〔動〕拋；擲棄.

དོར་མ〔名〕褲.

དོལ [名] 漁網.

དོལ་ཆོས [名] 拜物教之一派.

དོས 或 དོས་པོ 或 ཁུར་པོ [名] 負; 荷; 載.

དོས་པ [名] 苦力.

དྲ, སྐྱེས་བུ [名] 人; 丈夫; 士夫.

དྲ་ཆེ, དྲར་ཆེ [名] 平坦之籃.

དྲ་བ [名] 1, 頸飾; 項珠; 頸鏈. 2, 網; 格子. 3, 裁縫. [動] 剪; 裁; 削.

དྲ་མ [形] 有經驗; 有學識. [名] 1, 君子; 上流人. 2, 寫算之板.

དྲ་མིག 或 དྲ་བའི་མིག, [名] 格子眼; 網眼.

དྲག 此為一動詞根, 有如下二義: 1, 愈; 合宜; 較好; 較有用. 2, 有大力; 光惡.

དྲག་གིས [副] 堅定.

དྲག་ཏུ [副] 1, 强有力; 光惡. 2, 熱忱; 懇切. 3, 並且; 尚且.

དྲག་པ [名] 較佳之人物. [形] 1, 高尚; 尊貴; 堪崇敬. 2, 有力; 有權; 嚴厲.

དྲག་པོ། དྲགས་པོ། [形] 兇惡；可畏．[名] 兇神．

དྲག་མོ [名] 悍婦．

དྲག་ཤུལ [形] 兇惡；可畏．

དྲག་གཤེད [名] 一座兇威之城．

དྲགས＝ཆེས་པ, ལྷག་པ་ཚད་ཐལ་བ, [形] 過度；過多．

དྲང [名] 一種啤酒．[形] 誠實；正直；直爽．

དྲང་དོན [名] 不了義；世俗所得之意義．

དྲང་པོ [形] 直；正直．

དྲང་བ 1，為དྲང་པོ之抽象名詞．2，為འདྲེན་པ之完成式及未來式．

དྲང་སྲོང [名] 1，頌吠陀聖歌者；吠陀之作者．2，隱士；仙人．

དྲངས 參看འདྲེན་པ．

དྲན་པ [名] 1，念；記憶；回憶．2，思考；考慮；自省．[動] 1，念；憶；2，思想；思慮．3，恢復知覺．4，希望；愛慕；想念．

དྲན་པོ [形] 清醒．[名] 有知覺者．

དྲན་མ [名] 念；憶；記心．

青海省政府印刷局印

དྲལ 1,參看 འདྲལ. 2,代 གྲལ.

དྲལ་ཡོ (名) 搗裂之穀或豆.

དྲལ་བ (動) 搗開.

དྲལ་ཇོ (名) 驛夫.

དྲས (名) 剪裁之衣料.

དྲི (名) 1,氣味；香. 2,代　　垢.

དྲི་ངད (名) 氣；化氣.

དྲི་ངན=དྲི་ང་བ (名) 惡臭.

དྲི་ཆབ (名) 1,香水. 2,清香.

དྲི་ཆུ (名) 小便；尿.

དྲི་ཆེན (名) 屎；糞.

དྲི་བ 代 འདྲི་བ,完成式 དྲིས,(動)詢問；發問.(名)問題；詢問.

དྲི་བོ (名) 巫,行邪法者.

དྲི་མ (名) 1,垢. 2,糞.

དྲི་ཞིམ་པ (名) 或 དྲི་ཞིམ་པོ 清香；好香.

དྲི་ཟ (名) 乾闥婆.(尋香吃者) དྲི་ཟའི་གྲོང་ཁྱེར,乾闥婆城；海市蜃樓.

དྲིང [動] 1, 注意; 留心. 2, 依賴.

དྲིན 與 བཀའ་དྲིན, [名] 恩惠; 和靄; 慈愛.

དྲིམ [名] 幹; 殘幹. [動] 修剪樹頂.

དྲིའུ 參看 ད, 代 དྲེའུ་ཕྲུག [名] 小騾.

དྲིལ [名] 圓物; 捲起之物.

དྲིལ་ཁང [名] 1, 鐘樓. 2, 裁判所.

དྲིལ་བ 參看 འདྲིལ་བ.

དྲིལ་བུ [名] 鐘; 鈴.

དྲིས་པ 參看 འདྲི་བ [名] 與 [動] 發問; 詢問.

དྲུ་གུ [名] 一絡紗.

དྲུ་ཀུ [名] 線球; 紗球.

དྲུག [形] 六. དྲུག་ཅུ 六十.

དྲུག་མདོ [名] 脊骨.

༢༥༨ དྲུང [副] 與 [前] 1, 近於, 在旁. 2, 在; 至; 向.

དྲུང་དྲག [名] 上級官吏.

དྲུང་པ 或 སྐུ་དྲུང་པ [名] 1, 秘書; 書記. 2, 中軍; 副將.

དྲང་པོ [形] 1, སྒྲང་པོ 或 ཤྲང་པོ 聰明; 敏巧. 2, 賢明; 智慧. 3, 誠實; 坦白.

青海省政府印刷局印

དྲུང་ཡིག [名] 秘書；書記。

དྭངས་པ [名] 根（病、苦及樹的）[形] 1，དྭངས་པོ 光明燦爛。2，清晰；清楚。[名] 啤酒。

དྲུད 參看 འདྲུད，[動] 剝脫。[名] དྲུད་དྲུད，塘鵝。

དྲུབ་པ 或 དྲུབས་པ，參看 འདྲུབ，[動] 縫綴

དྲུམ་པ 或 ཆགས་དྲུམ，[名] 情感。[動] 渴望；希望。

དྲུས་མ [動] 產駒。[名] 黍；粟。

དྲེ [名] 為 དྲེའུ 之俗語，騾。

དྲེ་བོ [名] 肘。

དྲེག་པ [名] 污垢；垢物；灰塵。

དྲེགས་པ 或 དྲེགས，[名] 高舉、驕傲、慢。

དྲེད 通常為 དྲེད་མོ，[名] 紅熊或雪熊、人熊；野人。

དྲེད་པོ [名] 1，野蠻人；不信教者。2，公黃熊。[形] 推託；懶惰。

དྲེད་མོ [名] 1，還俗者；迷途於宗教者。2，黃熊。

དྲེའུ [名] 騾；小騾。

དྲེལ [名] 大騾。

དྲེས་མ [名] 一種草（搓繩者）

དྲོ [名] 1.熱；溫。2.一日之溫熱時。

དྲོ་འཇམ [名] 溫熱；溫暖。

དྲོ་བ [形]與[動] 溫暖；和暖。

དྲོགས [動] 包；裹。

དྲོང 或 དྲོངས，參看 འདྲོན་པ

དྲོང་མ [名] 背簍，背斗。

དྲོད [名] 1.溫暖。2.物的熱體。

དྲོད་གཡེར [名] 1.汗。2.溫暖與濕氣。

དྲོན་པོ 俗語中代 དྲོ་བ。

དྲོན་མ 或 དྲོན་མོ [名] 溫和，微溫。

དྲོལ 參看 འདྲོལ་བ。

དྲོས=དྲོ [名] དྲོས་ཆེན 正午。

དྲོས་པ [形] 變溫暖；發熱（因日光或衣服）

གདག་པ 或 གདགས，為 འདོགས་པ 之未來式。

གདང [名] 架。

གདང་བ 完成式 གདངས，[動] 張開，張口；伸開。

གདངས=དབྱངས 或 ང་རོ，[名] 1.聲調；聲音。2.前額。

གདངས་པ [動] 1.參看 གདང་བ。2.སོས་པ 或 སངས་པ 代

青海省政府印刷局印

དྲག་པ, 痊愈.

གདན་=སྟན [名] 1.座；矮座椅；墊褥；彌陀榻 2.長枕.

གདན་ས་པ [名] 1.坐於座上者. 2.主席.

གདན་རབས [名] 喇嘛之承繼.

གདན་ས [名] 1.住所；住處. 2.地位；階級；位置.

གདབ་པ 為 འདེབས་པ之未來式 [動] 1.播；撒. 2.賜給.

གདམ་ཀ 或 གདམ་ང=འདམ་ཀ [名] 選舉；選擇.

གདམས་ངག [名] 勸告；教敕；商量.

གདམ་པ 參看 འདོམས་པ.

གདམས་པ 為 འདོམས་པ་之完成式 [動] 勸告；忠告.

གདའ་བ 為 འདུག་པ之雅式 [動] 1.是；在. 2.與他動詞之接尾無限式同用時，表示"能存在"

གདལ་བ [動] 環繞；四散.

གདས་པ=སྨྲས་པ [動] 述；說.

གདིང་བ [名] 僧侶之坐褥 [動] 參看 འདིང་བ.

གདུ་བ 完成式 གདུས [動] 1.混合；滲合. 2.貪求；貪慕.

གདུ་བུ 亦作 གདུབ [名] 手釧；腳釧.

གདུག་པ 或 གདུག་པོ (形) 有毒；有害．

གདུགས (名) 傘；陽傘．ཉི་གདུགས，陽傘．ཆར་གདུགས，雨傘．

གདུགས་དཀར (名) 白傘蓋一咒名，誦之可除病避魔鬼及戰爭．

གདུང (名) 1，尸骸；遺骨．2，家庭；後裔；支派；血統．3，屋梁．

གདུང་རྟེན (名) 葬遺骨之塔．

གདུང་ཡེན (形) 仁慈；寬容；憐惜．

གདུང་བ (動) 1，完成式གདུངས，受痛苦；燒痛 2，渴望；希望；貪欲．3，憂愁；痛苦．

གདུང་མ 參看 གདུང་བ．

གདུབ་པ (形) 1，གཏུབ་པ．2，節儉．

གདུབ་བུ 參看 གདུ་བུ (名) 手釧；鐲．

གདུམ་པོ 1，=གཏུམ་པོ．2，=དུམ་པ．

གདུལ་བ (名) 參看 འདུལ་བ，所調伏；應克制者．

གདེག 參看 འདེགས་པ．

གདེང，གདེང་ཚོད (名) 1，信託；信仰；確信．2，喜悅

青海省政府印刷局印

(形)無疑，深信。

གདེང་བ 完成式 གདེང，(動)舉起；提高；揚，振鼓。

གདེངས་ཀ (名)印度毒蛇頸兩旁之襇皮。

གདོང 或 གདོང་པ，(名)臉；面部；前部。

གདོང་དྲུག (名)1,恆河。(有六源)2,稱讚摩訶提婆之子之名。

གདོད 或 གདོད་མ = དང་པོ (副)昔時。

གདོན (名)亦作 གདོན་བགེགས 惡魔，致疾之魔鬼。(動)1,為 འདོན་པ 之未來式。2,གདོན་མི་ཟ་བ，無疑。

གདོལ་བ (名)1,韃靼人；戍陀羅族。2,兇猛者。3,最下等階級。

གདོས (名)1,實體之物；具體。2,有形；有色。

གདོས་པ = མཉན་པ。(名)1,船。2,桅。

གདོས་བུ (名)1,航。2,槳。3,棉或毛球。(僧侶入定時防入睡者)

གདོས་མེད 或 གདོས་བྲལ (形)非物質；無形；抽象。

བདག (代)我，自我，自己；本人。(名)1,主；主人；主宰。2,實物之原質

བདག་རྐྱེན [名] 1,主緣；增上緣。2,嘉許；提升。3,知功德。

བདག་རྒྱུད == རང་གི་སེམས [名] 自己，自心；自相續。

བདག་ཉིད == བདག [代] 自己；自。[名] 實體；物質；本性。

བདག་པོ [名] 1,主；主人；所有者。2,動作者；主動力。3,丈夫；終身伴侶。

བདག་མེད [名] 1,無我；空。2,非絕對者。3,疏誤。[形] 無主；伶仃。

བདག་མོ [名] 1,女主人。2,女神。

བདག་སྲུང 或 བདག་སྲུང་བ [名] 1,隱士。2,自保者；自衛。

བདའ་བ [形] 美味；適口。[動] 1,逐出；追趕。2,洗去；冲去。3,收回；蒐集。

༢༥༧ བདར 1,代 བདར་བར。2,==གླ，工資；費。

བདར་བ 或 དར་བ，[動] 1,使極適合。2,祈禱。3,磨擦。

བདལ་བ，འདལ་བ [動] 1,展布；2,費用。3,參看 དལ་བ。

བདས 為 བདའ་བ 之完成式。

བདུག་པ 完成式 བདུགས [動] 薰香；燒香。[名] 煨香；焚香。

青海省政府印刷局印

བདུག་ཤིང་ = ཤུག་པ [名] 柏樹.

བདུང་བ [動] 1.完成式 གདུངས = བཀུག་པ. 2.= རྡུང་བ.

བདུད [名] 魔.

བདུད་རྩི [名] 1.甘露；仙露；神酒. 2.葯之美稱. 3.酒之美稱.

བདུན [形] 七. བདུན་ཅུ 七十. བདུན་བརྒྱ 七百.

བདུན་ལྡན [名] 一種香料.(為七物所合成)

བདུན་པ [形] 第七. [名]= བླ་གོས 或 ཆོས་གོས 法衣.

བདུན་ཕྲག [名] 七日；一星期.

བདེ 或 བདེ་བ [名] 1.安樂；快樂. 2.平安；康寧；昌盛. 3.福；禧. 4.虔誠. 5.堅忍；好次序.

བདེ་སྐྱིད [名] 快樂；舒服.

བདེ་འགྲོ [名] 善趣；善道；天國；快樂之境.

བདེ་མཆོག [名] 一最重要之ཡི་དམ或秘教神.

བདེ་ལེགས [名] 1.= དགེ་ལེགས或མཐོ་རིས་གནས 天上；天國；極樂. 2.祥瑞；福祉.

བདེ་འཛགས [名] 昌盛；興旺.

བདེ་བརྗོད [名] 快樂之表現.

བདེ་ལྡན [名] 諸天；天國.

བདེ་སྤྱོད [名] 1,性交. 2,廁所.

བདེ་བ＝བདེ.

བདེ་བ་ཅན [名]極樂世界.(在西方,阿彌陀佛為其主宰)

བདེ་བྱེད [名]1,稱贊摩訶提婆之字. 2,藏紅花. 3,醫生. 4,陽物. 5,閃電. 6,春季. 7,鰐魚.

བདེ་འབྱུང [名]1,快樂之源. 2,城名.

བདེ་ཀྱིག [名]安適；安穩；快樂；滿意.

བདེ་གཟར [名] 內訌；內亂時.

བདེན་པ [名] 諦；誠實語；真實；真正. [形]誠實；真誠.

བདེན་པོ [名] 真正者. 真實

བདེན་ཚིག 或བདེན་པའི་ཚིག＝དྲང་པོའི་ཚིག, [名] 1,真實語. 2,誓言.

བདོ་བ [動]1,＝དར་བ,增加；廣布；散布.(指罪惡)2,རྒྱས་པ豐富. 3,(與ལ同用)傷；傷害.[形]伶俐；敏銳.

བདོག་པ [名]1,藝能；學識. 2,財貨. [動]1,獲得；所有. 2,有；是；在.

བདྲལ 為འདྲལ་བ之完成式[動]1,不注意；不留心. 2,破烈

༧༥༢ 青海省政府印刷局印

མདག་པ 或 མདག་མ (名) 1, མེ་མདག, 灼熱，餘燼. 2, 一種未燒之大泥磚.

མདང 或 མདང་དགོང, (名) 昨晚. མདངས་སང, 昨日.

མདང་བ 或 མདང་བའི་གནས, (名) 大葬場.

མདངས (名) 1, 臉色，健康之容顏. 2, 光澤；光彩. 3, 代 དཔྱལ་བ, 額.

མདའ (名) 1, 箭. 2, 直木棍，直桿. 3, སྤང་བའི་མདའ 高原之下坪.

མདའ་སྒྲོང (名) 箭筒.

མདའ་ཆེ (名) མདའ་བོ་ཆེ, 1, 大箭，強弩. 2, 矛.

མདའ་ཁུང (名) 射眼，礮眼.

མདའ་རྒྱུད (名) 1, 弓弦. 2, 一種葯.

མདའ་སྟོང (名) 箭末之缺口.

མདའ་དར (名) 1, 矛. 2, 繫於箭上之小五色纓旗.

མདའ་དོང 與 མདའ་སྡོང 同 (名) 箭筒.

མདའ་དཔོན (名) 師令；帥；將官.

མདའ་བྲེ (名) 量麥具.

མདའ་ཡབ＝ཁ་གམ (名) 1, 閣，廟頂之望樓. 2, པ

ཀྱི, 欄杆；護牆. 3,屋頂之走廊.

མདའ་ཡིག [名] 一種似箭頭之字.

མདུང [名] 矛；長槍.

མདུང་དར [名] 矛尖端之纓.

མདུང་རྩེ [名] 矛頭；矛尖.

མདུད, མདུད་པ [名] 結.

མདུན (གཡར་ལམ) [名] 1,前部；前面. 2,面. 3,先鋒.

མདུན་ཧྲུས = མདུན་གྲུས, [名] 會議；商議.

མདུན་འཇོག [名] 贈品；禮物.

མདུན་མ [名] 集會；會議.

མདུན་ས [名] 1,董事；2,會；社.

མདུན་སོ [名] 國王或法庭所加之處罰.

མདེའུ = མདའི་མདེའུ, [名] 鏃；箭頭.

མདོ I [名] 1,與平原相接之山谷之麓. 2,岔口；路之交叉處或河之分流處；會流處.

མདོ II [名] 1,經；素呾纜. 2,簡括之談論. 3,短句，格言

མདོ་སྡེ [名] 經部；經藏. མདོ་སྡེ་པ或མདོ་སྡེ་འཛིན,經部.（佛教一派名）

青海省政府印刷局印

མདོ་ལི=ཕྱིགས [名] 轎；輿.

མདོག 或 ཁ་དོག [名] 1,顏色；顯色. 2,容顏.

མདོངས [名] 1,外表；容貌. 2,མདངས, 牛馬額上之白點. 3,孔雀毛上之眼.

མདོངས་པ [形] ལྡོང་བ, 盲.(指身與心) [名]=དཔྲལ་བ, 額.

མདོམ 或 མདོམས, 有時作 འདོམ, [名] 兩臂伸直之長度.

མདོར་བསྡུས=བསྡུས་པ, [形] 摘要；節略.

མདོས [名] 一種送病魔之十字架.

འདག་སྦྱར=སྦྱར་མ, [名] 漿糊；軟糊.

འདག་པ=ལྡག་པ [動] 舐；吮. [名] 1,འཛིམ་པ, 泥水之混合. 2,黏貼；黏附.

འདང 參看 འདད.

འདང་བ [動] 1,完成或 འདངས་པ=ལངས་པ 或 འགྲིག་པ, 配合；適合. 2,到；達.

འདད 與 སྤུ་འདད 同, 或 འདང [名] 喪事之宴.

འདབ [名] 1,一羣.(人) 2,摺. 3,片,薄片；葉；翅；羽毛.

འདབ་ཆགས [名] 禽；鳥；羽毛類.

འདབ་མ [名] 1,翅. 2,葉；樹葉. 3,花冠；花瓣. 4,扇.

5, 旗.

འདབས 不常用 འདབ [名] 1,邊;側面. 2,表面.

འདམ [名] 泥;濘泥;泥水.

འདམ་ཀ, འདམ་ག 或 འདམ་ང [名] 選擇;取捨.

འདམ་པ [動] 1,選擇. 2,標出;摘出.

འདམ་པོ = ལོག་པ.

འདམ་བུ [名] 1,蓋屋之茅. 2,蘆管筆. 3,甘蔗.

འདམ་རྩྭ [名] 水中之爬生植物;池沼中之草.

འདམ་རྫབ [名] 1,污池;污水溝. 2,使水不潔之污物.

འདམ་སེང [名] 池沼中之獅.(即蛙)

འདའ་བ 完成式 འདས་པ [動] 1,經過;走過. 2,避免;出離. 3,超越;勝.

འདའ་ཀ 或 འདའ་ཀ་མ [名] 死時.

འདར་བ 或 འདར་པ [名] 戰慄;戰慄者. [動] 戰慄.

འདར་ཡམ [動] 猶豫;懷疑;不決.

འདར་ཉིང [名] 洪聲之鼓.

འདལ་བ [動] 沉下;侵入.

འདས་པ 參看 འདའ་བ. [名] 過去時;過去式.

青海省政府印刷局印

འདས་པོ [名] 死者，故人。

འདས་ལོག [名] 1.鬼，幽靈。2.死者之回煞（死後七期內）

འདི [代] 1.此，其，這個。2.或人，某物，某人。

འདི་ཀ，འདི་ག [名] 此處，此地。

འདི་ཀོ [代] 此人，此物。

འདི་སྐད = འདི་ལྟར 或 དེ་བཞིན [副] 如是，所以，遂。

འདི་ལྟར [副] 如是，如此，至是，故。

འདི་པ [名] 1.此人，此地之人。2.此處，此地。（俗語）

འདི་མུར = འདི་ན [副] 此處，此地。

འདི་རུ [副] 此處，在此處。

འདིག [名] 栓，塞子。

འདིང་བ 完成式 བཏིང་，未來式 གདིང་ 命令式 ཐིངས [動] 1.鋪展。2.灑，播，撒。[名] 喇嘛之小坐毯。

འདུ་ཁང [名] 寺院中之集會所，寺院中之前廳。

འདུ་བ [動] 1.完成式 འདུས་པ 搜集，集纍，集合。2.結婚，締結。3.聯合，混合。

འདུ་བྱེད [名] 行，行為。2.混合之物，非單純者。3.

屬於心身而能分斷之任何物.

འདུ་ཚོགས [名] 羣; 衆.

འདུ་འཛི [名] 1, 大宴會. 2, 宴會時談話之嘈雜聲. 3, 喧嘩; 嘈雜.

འདུ་ཤེས [名] 1, 想. 2, 觀念; 意想.

འདུག [動] 1, 坐; 停留. 2, 是; 有; 在. 3, 作助動詞用時表示現在式, 與 ཀྱི, གིན 或 གྱི 同用.

འདུད་པ 完成式及未來為 བཏུད [動] 俯身; 鞠躬; 傾.

འདུན 或 སོ་འདུན = སྣ་ཚོགས, [形] 種種; 各種.

འདུན་ཁང [名] 1, 儲藏所; 倉庫. 2, 居宅; 住所. 3, 客廳; 會議廳.

འདུན་པ [名] 1, 欲; 欲望; 希求. 2, 朝臣. 3, 媚佞者; 諂媚者. [動] 渴望; 欲望.

འདུན་མ [名] 1, 會議. 2, 委員; 董事. 3, 規勸; 商量. 4, 伙伴; 朋友.

འདུན་ས [名] 集會所; 社團; 結合.

འདུམ་ཁྲ [名] 契約; 合同.

འདུམ་པ [名] 條約; 契約; 合同. [動] 1, 自安. 2, 復和;

青海省政府印刷局印

修繕好.

འདུམ་བྱ [名] 包含下三者：སེ་ཀོ་, སྐྱེར་པ་, ཏོལ་བྱ 樹類.

འདུར [形] 濃厚而膠黏.

འདུར་བ [動] 疾馳，疾奔.

འདུལ་བ 完成式 བཏུལ, 未來式 གདུལ, 命令式 ཐུལ, [動] 1, 應改變；應悔改. 2, 調伏；馴養. 3, 悔改. 4, 殺滅. 5, 耕種. [名] 1, 律；戒律；毘奈耶. 2, 訓練；馴養.

འདུས [名] 集會.

འདུས་པ [動] 為 འདུ་བ 之完成式 1, [名] 集會；集合. 2, 熱腸症.

འདུས་བྱས [動] 1, 編纂；採集；結集. 2, 修改；校正. [名] 有為.

འདེ་གུ 參看 ལྡེ་གུ.

འདེ་བ 參看 ལྡེ་བ.

འདེག་པ 或 འདེགས་པ, 完成式 བཏེག 或 བཏེགས, 未來式 གདེག, 命令式為 ཐེག, [動] 1, 舉起；提高. 2, 秤；權.

འདེགས་ཤིང [名] 1, 牛軛. 2, 彎扁担.

འདེགས་སྒོར [名] 權衡.

འདེང་བ 究成式 འདེངས, 命令式 ཐེང, [動] 1, 去, 離別. 2, 消滅.

འདེད་པ 或 དེད་པ, 究成式為 དེད. [動] 1, 跟隨, 隨行. 2, 追趕, 追逐.

འདེབས [名] 印模.

འདེབས་པ 究成式為 བཏབ, 未來式為 གདབ, 命令式為 ཐོབ, [動] 1, 抛; 擲. 2, 擊; 打. 3, 獻; 給; 敷; 施.

འདེམ [動] 證明; 考察.

འདེར 參看 འདིར.

འདོ 代 མདོ, [形] འདོ་ཡོད 1, 聰慧. 2, 具物質.

འདོ་བ 究成式為 འདོས = ཟློ་བ [動] 言語; 重提.

འདོགས་པ 究成式 བཏགས, 未來式 གདགས, 命令式 ཐོགས [動] 1, 束縛; 繫. 2, 加; 附加. 3, 命名; 安立.

འདོགས་ཅན [名] 添於字脚下之符號或字, 即 ཡ་ར་ལ་ཝ 等.

འདོང་བ 究成式及命令式為 དོང 或 འདོང, [動]法

青海省政府印刷局印

前進，趨。

འདོད་ཁམས། [名] 欲界，欲界天。(有六)

འདོད་རྒྱལ [名] 自慢，自負。

འདོད་ཆགས [名] 貪，貪慾，情慾。

འདོད་གཏམ [名] 情話，艷語。

འདོད་པ [動] 願意，希望，渴欲，愛貪。[名] 1,慾，貪慾。2,愛，欲望。3,設想。4,欲天，愛神。

འདོད་ཞེན＝བརྐམ་པ, [名] 貪欲，自私。

འདོད་ལོག [名] 1,不法之欲。2,姦淫，私通，交媾，淫慾。

འདོད་ལྷ [名] 1,護持神。2,欲天，愛神。

འདོན་པ 完成式བཏོན，未來式གདོན，命令式ཐོན [動] 1,使出，取出。2,驅逐，驅出，丟出。3,廢黜。4,驅向前。5,舉起，提起。6,飲，食，嗇。

འདོམ 或 འདོམ་པ [名] 1,尋，四肘之長。2,獄。

འདོམ་པ 或 འདོམས་པ，完成式為 གདམས 或 དམས，未來式為 གདམ 命令式為 འདོམས [動] 1,訓誨，警戒，勸化。2,集合，會集。3,解釋，表明。4,選擇。

འདོམས [名] 秘處；私處。

འདོར་བ 完成式與命令式為དོར，[動] 1,擲出；拋出，
2,抹去。3,放棄。

འདོལ་བ [名] 西藏之一種樹。(作薪者)

འདོལ་ས [名] 肥土；肥地。

འདྲ 或 འདྲ་བ，[副] 1,相似；相等；如；若。

འདྲ་འདྲ，འདྲན་འདྲ，[形] 匹，相似。

འདྲ་བོ [副] 似乎；宛若。

འདྲ་སྐུས = ངོ་སྐུས，[名] 酷似之像。

འདྲངས 1,參看དྲངས。2,參看འགྲངས。

འདྲུད 參看འཐུད。

འདྲན = འགྲན。

འདྲལ་བ = རལ་བ 完成式為དྲལ。[動] 1,干犯；違背。
2,撕碎；割開；折斷。

འདྲི་བ 完成式及命令式དྲིས 或 འདྲིས，[動] 問；詢
問；調查。

འདྲིད་པ [動] 1,སླུ་བ，誘陷。2,參看འཁྲིད་པ。

འདྲིམ་པ 誤代འགྲིམ་པ。

青海省政府印刷局印

འགྲིལ་བ 完成式དྲིལ [動]1,滾下. 2,包裹;封. 3,裹;盤繞.

འདྲིས་པ [動] 極相識,親密. 2,嫻熟.

འདྲུ་བ 參看འབྲུ་བ, [動] 掘溝;開洞

འདྲུགས [動] 1,=དཀྲུགས,擾動;激動. 2,碎裂.

འདྲུད་པ 完成式及命令式དྲུད, [動]1,拖;扯. 2,摩擦.

འདྲུབ་པ 完成式及命令式དྲུབ 或དྲུབས [動] 1,縫級;刺繡. 2,療治.

འདྲུལ་བ 完成式དྲུལ [動] 1,=རུལ་བ 腐爛;朽敗. 2,ལྷུང་བ, 溜下;落下.

འདྲེ [名] 魔鬼;鬼魅.

འདྲེ་འདེགས [名] 一種香膏,(其煙可逐鬼)

འདྲེ་ཇོག [名] 强盜.

འདྲེ་བ [動]1,完成式及命令式為འདྲེས, 為བསྲེ་བ之動名詞,混合;滲雜. 2,རིག་པས་འདྲེ་བ 以智力辨别;干與;干涉. 3,交換. 4,從事.

འདྲེ་ཤིག [名] 臭蟲;臭蝨.

འདྲེག་པ 參看འབྲེག་པ,完成式འདྲེགས, [動] 切去;剪髮

青海省藏文研究社編

修指甲.

འདྲེད་པ = སྐྱོ་སེམས་སྐྱེས་པ, (動) 1.憂悶. 2.厭惡；煩擾. 3.滑過.

འདྲེན་པ (動) 完成式 དྲང 或 དྲངས, 未來式 དྲང, 命令式 དྲོངས 或 དྲོང, 1.拖；拉. 2.指導；引導. 3.邀請. (名) 1.首領；主宰. 2.引導者；導師. 3.丈夫.

འདྲེན་མ = འདྲེས་མ, (形) 混合.

འདྲེས་པ (動) 混雜；混合. (名) 混合之物.參看 འདྲེ་བ.

འདྲེས་མ (名) 混合；混合物.

འདྲོག་པ (動) 畏縮；戰慄.

འདྲོང་པ (ཡིད་ལ་སོང་བ) (動) 相信；信任.

འདྲོངས་པ = འདྲེན་པ.

འདྲབས་པ (形) 直；正直.

ར་བ (名) 印度邊境三十區之一.

རང 參看 གདང.

རབ་པ (動) 1.摺；重疊. 2.鼓掌.

རར་བ (動) 使失銳；磨礪.

རལ = ཐར་སོར, (形) 分散；分開.

青海省政府印刷局印

རྡལ་བ＝འགྲམ་པ，完成式及未來式བརྡལ，命令式རྡོལ，

〔動〕1.展布，散開．2.合包．

རྡིག 代 ཡོ་བྱད་ནང་གི་རྡིག་ཀྱུན〔名〕家具．

རྡིགས་པ＝རྡིག་པ〔動〕打，擊．

རྡིབ་པ 完成式རྡིབས，〔動〕1.坍塌，陷入．2.破碎，

壓碎．3.毀壞，損破．

རྡུ་བ〔名〕薊．

རྡུག་པ 完成式བརྡུགས，未來式བརྡུག〔動〕1.征服．2.傾覆．

རྡུང〔名〕小丘．

རྡུང་བ＝བརྡུང，完成式བརྡུངས，未來式བརྡུང，命令式

རྡུང 或རྡུངས，〔動〕1.打，擊．2.擊碎，擊出．

རྡུམ〔形〕肢體殘缺．ལག་རྡུམ斷手．རྐང་རྡུམ，斷足．

མཇུག་རྡུམ，去尾．

རྡུལ〔名〕1.灰屑，微塵．2.花粉．3.分子，原子．

རྡུལ་ཕྲ་རབ〔名〕微塵，極微．

རྡུལ་མ〔名〕灰塵．

རྡེ 混合字中代རྡེའུ．

རྡེག་པ 或རྡེགས་པ 未來式བརྡེག，完成式或命令式བརྡེགས

或 རྡེགས, [動] 1,打;擊. 2,推;衝. 3,敲;踢.

རྡེབ་པ 代 སྡེབ་པ.

རྡེབས་པ, རྡེབ་པ 完成式 བརྡབས, 未來式 བརྡབ, [動] 1, 推倒;拋擲. 2,擺盪;打滾. 3,失足.

རྡེའུ 或 རྡེལ་བོ 為 རྡོ 之指小詞. [名] 1,小圓石;石子. 2,石淋.(男) 3,彈丸;銃子.

རྡོ [名] 1,石;大圓石. 2,要點. 3,衡具.

རྡོ་ཀླད [名] 羊腦石.(治腦病者)

རྡོ་སྣུས = ཞག་ཁུན, [名] 石油.

རྡོ་ཁ [名] 石紋.

རྡོ་འཁྲིས [名] 石膽;石中黃子.(藥)

རྡོ་ཆུས [名] 陽起石.(藥)

རྡོ་སྙིང [名] 1,碼磁. 2,鐵.

རྡོ་རྗེ [名] 1,石王. 2,金剛.

རྡོ་ཐལ [名] 1,石灰;白堊. 2,石膏.(藥)

རྡོ་དོན [名] 1,意見. 2,祈禱或請求之要領.

རྡོ་དྲེག [名] 石花.

རྡོ་སྣུམ [名] 石油;煤油.

རྡོ་སྤོས། [名] 石香；硬香料．

རྡོ་བ 可代 རྡོ [名] 石．

རྡོ་ཆད། [名] 銀條．

རྡོ་ཚིག [名] 堅定之表示或語言；堅決不變之言詞．

རྡོ་སྣུམ། [名] 石油．

རྡོ་ཐལ། [名] 石灰．

རྡོ་ར [名] 1, རྡོ་རྗེ་ར་བ, 欄杆或柱圍繞之地. 2, 跳舞圈.

རྡོ་རིང 或 རྡོ་རིངས [名] 碑；石柱；方尖石幢；方尖塔．

རྡོ་སོལ། [名] 煤；石煤．

རྡོག [名] 1, 一款；一項. 2, 顆；粒. 3, 根. [副] 正將. [名] 1, 大步. 2, 足跡．

རྡོག་པོ 或 རྡོག་མ = རྡོག [形] 每一. [名] 馬背上兩邊所負之每一包．

རྡོག་ཚིག = རྡོ་ཚིག [名] 要旨；主旨．

རྡོངས་པ 參看 སྡོང་བ．

རྡོབ་པ = འབུལ་བ [動] 賜；獻；給．

རྡོམ་ཆང [名] 同飲之酒．

རྡོར 為རྡར之命令式〔動〕磨.

རྡོལ་པ 代གདོལ་པ〔名〕補鞋匠.

རྡོལ་བ 完成式及未來式為བརྡོལ,〔動〕1,出生;出現露出. 2,漏.

རྡོས་པ〔形〕腫脹,膨脹.〔動〕破裂,炸裂.

ལྡ་ཀྱུ〔名〕談話;言語;討論.

ལྡ་མན〔名〕一對蘇鼓.(一置於胸一置於背)

ལྡ་ལྡི〔名〕1,一串.(珠花)2,綵環.3,有色棉布或絲飾品;天花板上所懸之蘇流.

ལྡག་པ 完成式བལྡགས 未來式ལྡག,〔動〕舐;吮.

ལྡང 1,〔副〕在旁.2,參看ལྡང་བ

ལྡང་བ 完成式ལྡངས 或ལངས,命令式ལྡོངས〔動〕1,升起;騰.(烟)2,=འདང་བ,足;夠.

ལྡད〔動〕1,ལྷད 染汚;姦汚;汚潔.2,完成式及未來式བལྡད,嚼;反芻.〔名〕1,合金.2,參低;降汚.

ལྡན 或ལྡན་པ〔動〕具;有;所有;屬於.此字用於名詞或動詞之後時,其原有之詞,變為形容詞或另一名詞.

青海省政府印刷局印

ལྡབ་ལྡིབ (形) 無謂之談，胡言亂道。

ལྡབ་ལྡེབ (形) 1，不明顯之表示或言語。2，懶惰。

ལྡབ་པ 完成式 བལྡབས，未來式 བལྡབ，命令式 ལྡོབས，

(動) 1，疊摺。2，重述；重做。

ལྡམ་ཁྲུ＝ཆུ་རྙོག་ཅན，(名) 污水。

ལྡམ་ལྡེམ或ལྡམ་པ，(形) 極緩慢。

ལྡམ་ལྡུམ (形) 1，可憐。2，卑鄙。

ལྡམ་ལྡིམ (形) 狐疑，猶豫。

ལྡར་བ (形) 疲倦；困乏。

ལྡི་རི་རི＝ཨུ་རུ་རུ (形) 隆隆；雷聲。

ལྡིག་པ 完成式 ལྡིགས (動) 震搖；蠕動。ཁ་ལྡིག་པ，口吃。

ལྡིང་སྐྱོགས (名) 大銅杓。

ལྡིང་ཁ 參看 སྙིང་ཁ。(名) 胸前。

ལྡིང་ཁང (名) 天然亭。(即樹枝下)

ལྡིང་ཁྲུག (名) 懸於胸前之絲符袋。

ལྡིང་དཔོན (名) 統五十兵之軍官。

ལྡིང་བ (動) 1，浮；游泳。2，懸。3，翱翔。

ལྡིང་ཟངས (名) 大銅壺。

ལྡིང་སེ 或 ལྡིང་ངེ 〔副〕甚；極；頗.

ལྡིབ་པ 完成式 བལྡིབ, 〔動〕1,不清楚；無智. 2,口吃.

ལྡིམ 〔形〕樹倒聲；槍聲.

ལྡིར་བ 〔動〕1,ཕྱར་བ,伸長；擴張. 2,風馳；雷奔.

ལྡུ་གུ＝གཏུ་བུ或གཏུ་གུ.

ལྡུག་པ或ལྡུགས 完成式ལྡུགས 或བླུགས 未來式བླུག,

命令式བླུགས或བླུག, 〔動〕1,倒；灌注. 2,鑄.

3,灑；播撒.

ལྡུད་པ 完成式,未來式及命令式བླུད,俗語བླུད་པ,〔動〕

喂水；飲水.(牛馬)

ལྡུམ 〔名〕1,蔬菜. 2,青菜根. 3,萵苣；生菜.

ལྡུམ་པོ或 ལྡུམ་ལྡུམ,〔形〕1,代དུམ་པོ. 2,代ཟླུམ་པོ, 圓.

ལྡུམ་བུ〔名〕1,བསོད་སྙོམས布施. 2,求布施；乞食.

ལྡུམ་ར或 སྡུམ་ར 〔名〕1,花園；菜園；果園. 2,人造園林.

ལྡུར་ལྡུར 〔形〕沸水聲；澎湃聲.

ལྡེ 〔名〕1,置於族名前之冠詞.(西藏昔時王室用)

2,財庫；寶庫.

ལྡེ་ཁ〔形〕屬於一類.

青海省政府印刷局印

ལྡེ་ཁྲི (名) 甜藥汁.

ལྡེ་གུ 或 ལྡེ་བུ (名) 1,混合名. 2,糖汁. 3,膏藥.

ལྡེ་བ (名) 掌管財庫者. ལྡེ་ཆུང་,副管庫. (動) 完成式為 བལྡེས 或 ལྡེས,未來式 བལྡེ,命令式 ལྡེས,使溫暖.

ལྡེ་མིག (名) 1,鑰匙；儲藏室之鑰匙. 2,書之序言；索引.

ལྡེ་བུ (名) 1,＝ སྡེ་བུ 一種豆. 2,參看 ལྡེ་གུ 3,ཏྲུ་ཏྲུ,粗篩.

ལྡེག་པ 完成式 བརྡེག (動) 震動.(天宮)

ལྡེང་ཀ ＝ ལྡིང་ཀ,參看 ལྡིང་ཀ (名) 池.

ལྡེབ་པ (動) 1,＝ ལྡེག་པ. 2,翻身；反折.

ལྡེབས (名) 1,ཕྱོགས 邊. 2,籬；屏.

ལྡེམ (名) 1,參看 ལྡེམ་པོ 2,像；偶像.(直立的)

ལྡེམ་ལྡེམ (形) 柔軟；易曲.

ལྡེམ་པ (名) 1,背馳；反對. 2,反語；譏誚. (形) 相反；不同. (動) 振；震動.

ལྡེམ་པོ (形) 不直；不誠實. (名) 謎；喻；秘密計策；密意.

ལྡེར ＝ ལྡེབས (副) རྩིག་ལྡེར་ལ 在牆上. རིའི་ལྡེར,山邊.

ལྡེར་སྐུ 或 ལྡེར་ཚོད,(名) 泥像；壁像.

ལྡེར་བ [形]强靭.[名]磁泥；陶泥.

ལྡེར་བཟོ [名]1,像；泥像. 2,白垩.

ལྡོ [名]邊；旁.

ལྡོ་ལྡོ [副]不久，數日.

ལྡོག་པ [動]1,完成式與命令式為ལོག,為ཟློག་པ之動名詞,回家；轉回；遣回. 2,重為敵；復生戰事. 3,變化；轉變.

ལྡོང [名]西藏最古六族之一.

ལྡོང་ཁ [名]攪茶器之蓋.

ལྡོང་བ＝མིག་ལོང་བ,完成式ལྡོངས,[動]愚昧；昏迷.

ལྡོང་མོ＝དོང་མོ(གསོལ་ལྡོང) [名]攪茶器.

ལྡོང་རོས [名]1,雄黃. 2,粉牆之黃泥.

ལྡོན་པ＝སྡོན་པ 或སློན་པ,[動]1,付還，給還，退還. 2,回答；覆.

ལྡོབ་པ [動]敏悟；捷答.

ལྡོབས་པ＝སྤོབས་པ[名]靈機；辯才.

ལྡོམ་པ [名]布施；施捨物.

ལྡོམ་བུ 參看ལྡོམ་པ.[名]乞求；乞食.

青海省政府印刷局印

སྡང་བ་=ཞེ་སྡང་[動]完成式སྡངས，懷恨；發怒；瞋恚．

སྡོད་གྲོང་[名]1，永遠所有之房屋．2，久住之主．

སྡོམ་པ་參看སྡོམས་པ [形]節戒；自制；約束．

སྡར་མ [形]畏怯；戰縮．

སྡི་བ 完成式བསྡིས 未來式བསྡི，[動]=སྡིགས 1，指出．
2，恐嚇．

སྡིག་པ [名]1，惡，罪惡．2，蠍子．

སྡིག་སྲིན [名] 蠏．

སྡིགས་པ 完成式བསྡིགས，未來式བསྡིག，命令式སྡིགས
[動]1，指定；指出．2，恐嚇．

སྡིགས་མཛུབ [名]右手之食指；指人之指．

སྡིངས [名]1，平地；平原．2，凹處．

སྡིབ་པ 1，=ལྡིབ་པ．2，=ལྡེབ་པ．

སྡུ [副]亦．

སྡུག་གུ 代 སྡུག་གུ=མཛེས་པ，[形]美麗．

སྡུག [形]不樂；不幸；苦．

སྡུག་གུ 亦作 སྡུག་གུ [形]美麗；消魂．

སྡུག་བསྔལ [名]苦；痛苦．

青海省藏文研究社編

སྡུག་འདྲེ [名] 魔鬼.

སྡུག་པ [形] 悦意; 可意. 2, 美; 悦. 3, 可愛; 親愛. [動] 煩惱; 沮喪; 向下. [名] 痛苦; 不幸; 憂愁.

སྡུག་པོ [形] 1, 不幸; 悲慘. 2, 兇悍; 不和靄; 惡.

སྡུག་ཞྭ [名] 喪帽; 孝帽.

སྡུད [名] 1, 衣之襉褶. 2, 集合; 組合.

སྡུད་པ [動] 完成式བསྡུས, 未來式བསྡུ 命令式སྡུས, 為འདུ་བ之分詞. 1, 蒐集; 集合; 堆集. 2, 掃攏. 3, 聯合, 接合; 組合; 加入. [名] 攝事.

སྡུད་མ [名] 答帚.

སྡུམ་པ [動] 完成式བསྡུམས, 未來式བསྡུམ, 命令式སྡུམ或སྡུམས, 調和, 復和; 使一致. [名] 1, 條約; 契約. 2, 房屋; 大廈.

སྡུར་བ 完成式與未來式為བསྡུར, [動] 比較; 相較.

སྡེ [名] 1, 類; 部; 部分. 2, 社會; 公眾; 族. 3, 軍; 軍隊.

སྡེ་སྐོར [名] 縣.

སྡེ་པ 1, 治理一སྡེ者; 縣長. 2, 組; 字母之音組, 如ཀ་སྡེ等.

སྡེ་དཔོན [名] 一縣之首領; 縣長.

青海省政府印刷局印

སྡེ་ཚན (名) 1,部分. 2,字部,即音類.

སྡེ་སྲིད (名) 1,省;國. 2,統治者;行政者;攝政者.

སྡེ་ཁག (名) 付託;責任.

སྡེབ་པ 完成式 བསྡེབས, 未來式 བསྡེབ 命令式 སྡེབས, (動) 1,混合;混雜. 2,聯合;聯接. 3,縛. 4,貿易;交換;換. 5,作詩.

སྡེབ་སྦྱོར (名) 1,韻;詩. 2,正字學.

སྡེར་མ (名) 碟;盤.

སྡེར་མོ=སེར་ཀྱུ (名) 爪.

སྡེ་ཁམ (副) 屬於一起.

སྡོ་བ 完成式 བསྡོས 或 སྡོས, 未來式 བསྡོ, 命令式 སྡོས, (動) (與དང 或ལ連用) 冒險,犧牲.

སྡོང་པོ (名) 1,樹幹. 2,莖.

སྡོང་ཕྲན (名) 小樹;灌木.

སྡོང་བ 或 སྡོངས་པ,完成式 བསྡོངས 未來式 བསྡོང, (動) 伴行;同行;結伴.(與དང連用)

སྡོང་བུ (名) 1,幹;莖. 2,棒.

སྡོང་ཟླ=ཟླ་གྲོགས (名) 朋友;伙伴.

སྡོང་རས〔名〕棉布燈蕊；燈心。

སྡོད〔名〕寬舒；寬限，展限。

སྡོད་པ 完成式與未來式 བསྡད，〔動〕1.坐。2.居住，在家。

སྡོམ〔名〕1.蜘蛛。2.摘要；偈枕甫；總括。

སྡོམ་པ〔動〕完成式 བསྡམས 或 བསྡོམས，未來式 བསྡམ 或 བསྡོམ，命令式 སྡོམ 或 སྡོམས 1.束，縛；接合。2.停止；使止。3.使堅固。4.加於一起，總攏。〔名〕責任；義務；職分。

སྡོམ་ཚིག〔名〕概括，總括。

སྡོམ་གཟེར〔名〕剪或鉗上之騎馬釘。

སྡོམ་བུ（ཀོང་བུ）〔名〕1.溝，渠。2.球。3.圓纓。

སྡོར〔名〕香料；調料。（牛油豬油等之統稱）

བརྡ 或 བརྡའ〔名〕1.手足身體之示態。2.信號；暗號；招呼。3.記號；表幟；兆徵。4.字；詞。5.文法；正字學。

བརྡ་དཀྲོག〔名〕警誡；警告。

བརྡ་ཆད〔名〕1.語言。2.見證。

བརྡ་སྤྲོད〔名〕1.言語之解釋。2.文法；正字學。〔動〕証實；驗實。

青海省政府印刷局印

བརྡབ་པ 完成式 བརྡབས，(動) 1.摺；合攏 2.落下，沉下，參看

བརྡབས་ཤིགས (名) 暴虐；專制.

བརྡར 為 བདར་བ 之完成式.

བརྡལ་བ 參看 བཀམ་པ (動) 爬下.參看 རྡལ་བ.

བརྡས 為 འདེད་པ 之完成式.

བརྡིགས 為 རྡུག་པ 之完成式.

བརྡུང 為 རྡུང་བ 之未來式.

བརྡུང་མ (名) 搗碎之物.(如蒜)

བརྡུངས 為 རྡུང་བ 之完成式.

བརྡུལ་བ (動) 1.欺騙. 2.搖；揮舞.

བརྡེག་ཆ＝མཚོན་ཆ (名) 兵器；鏢.

བརྡེག་འཆོས (名) 跳舞.(動) 跌下；落下.

བརྡེག་པ (動) 1.為 རྡེག་པ 之未來式.擊；重擊；捶打. 2.
＝ཟ་བ，食；吃.

བརྡེགས 為 རྡེག་པ 之完成式.

བརྡོལ 為 རྡོལ་བ 之完成式及命令式.

བརྡོས་པ (གཞན་ལ) (動) 跑向.

བལྡགས 為 ལྡག་པ 之完成式.

བལྡེད་པ〔名〕良禽. 參看 ལྡེད་པ.

བལྡེབ 參看 ལྡེབ་པ.

བསྡམས 參看 སྡོམ་པ.

བསྡམ་མོ〔名〕結子；結之綳帶.

བསྡར་བ〔動〕མཐུན་དུ་བསྡར་བ，希望恩惠.

བསྡིགས〔名〕目所注視之物.

བསྡུ་བ〔動〕1. 為 སྡུད་པ 之未來式. 2. 依文法規則字與
音之聯絡. 3. 協同；共事.

བསྡུམས་པ〔名〕1. 修好，調停. 2. 條約.

བསྡུར་བ〔動〕比較.

བསྡེབ 參看 སྡེབ་པ.

བསྡེབས 為 སྡེབ་པ 之完成式.

བསྡོགས་པ〔動〕1. 組合；聯成. 2. 預備.

བསྡོངས 為 སྡོང་བ 之完成式.

བསྡོས 參看 སྡོ་བ，〔形〕冒險.

青海省政府印刷局印

ན

ན I [名] 1.或作ན་ག,草場;草地. 2.代ན་ཚོད或ན་ཚོ,世;年紀;一生.

ན II 1.加於名詞之後,表示方向地位及時間.即:"在;於;向." 2.此字為假定助字,義為:"假如;若" 有時與གལ་ཏེ連用,義同.

ན་ཁྲི(སྨན) [名] 1.一種藥植物. 2.蚌.

ན་ག [名] 牧場;青草地.

ན་གི [名] 1.一種入藥之種子. 2.川山甲.

ན་ཆུང [名] 少年.

ན་ནིང [名] 去年;昨年. [副] 以前.

ན་བ [形] 患病. [名] 1.疾病. 2.病人.

ན་བུན [名] 霧.

ན་ཚོད [名] 世;代,年.

ན་རེ [形] 灑;潑.

ན་བཟའ [名] 1.衣服;遮蔽物. 2.遮蔽偶像之衣或布.

ན་ཧུན = ན་བུན [名] 霧.

ན་རམ [名] 一種止瀉之植物.

440

ན་རེ 彼云；或云.

ན་རོ 或作ན་རོ [名] 第四母音符號 ོ 之名.

ནག་ཆགས [名] 角獸；黑獸.

ནག་ཆུ [名] 黑水，(喇拉烏蘇)即潞江之上源.

ནག་ཆེན [名] 1. 極惡之罪. 2. 罪大惡極者.

ནག་ནོག [形] 觸.

ནག་པ (སྐར་མ) [名] 角宿.

ནག་པོ [形] 黑；幽闇.

ནག་མོ [名] 1. 普通婦人；黑婦.

ནགས [名] 森林.

ནགས་མ [名] 治跌傷之草藥.

ནང Ⅰ [名] 1. 內部；裡面. 2. 內門. 3. 房屋；家.

ནང Ⅱ = ནང་མོ [名] 晨.

ནང་ཁྲོལ [名] 臟腑；腸.

ནང་འཁོར [名] 家中之侍從或賓客.

ནང་ཆ = ནང་ཁྲོལ [名] 腸；臟腑.

ནང་ལྟར [副] 1. 依照；遵從. 2. 如；似.

ནང་པ [形] 過服，制服. [名] 佛徒. (與ཕྱི་པ "外道" 相反)

229

青海省政府印刷局印

ནང་པར [名] 晨；翌晨。

ནང་པོ [名] 密友；契友。

ནང་མ [形] 私的；心服的。[名] 家主；主婦。

ནང་མོ [名] 晨。[副] 在早晨。

ནང་རིག = ནང་དོན་རིག་པ，[名] 內明。

ནང་རིས [名] 裹布；頭巾布。

ནངས [名] 1，翌晨。2，後日。

ནད [名] 疾病。

ནད་པ [名] 患者；病人。

ནད་པོ = ནད་པ。

ནད་བུ = ནད，[名] 疾病。

ནད་མེད [形] 康健。

ནད་ཚ [名] 1，熱症。2，煩悶。

ནད་གཞི [名] 病因；病根。

ནད་གཡོག [名] 侍疾者；看護者。

ནན 源於 ནོན་པ [名] 切求；固請。[副] ནན་གྱིས 危急；緊迫；緊急。

ནན་ཏན [名] 1，憤力；努力。2，熱心；熱忱。3，申請；

請求.〔副〕1.無疑；確然. 2.懇切；熱忱.

ནན་ཏར〔副〕1.極多. 2.總共.

ནན་ཏུར = ནན་ཏན,〔名〕審究；考究.

ནན་ཞག〔形〕最近；近來.

ནབས་སོ〔名〕井宿.

ནམ〔名〕夜.〔副〕當……時；何時.

ནམ་མཁའ〔名〕1.天空. 2.空間.

ནམ་གང〔名〕1.新月. 2.晦.

ནམ་གོང〔名〕午夜.

ནམ་གྲུ〔名〕奎宿.

ནམ་ཕྲང〔名〕一種寬吒.(作袈裟用)

ནམ་ཕྱེད〔名〕夜半.

ནམ་ཧོད〔名〕滂沱大雨.

ནམ་ཟླ = དུས་ཚོད,〔名〕時；季.

ནམ་ལངས〔名〕破曉；黎明.

ནམ་སྲོད = ས་སྲོས〔名〕黃昏；黑夜.

ནར〔形〕細長柔軟(如繩)〔副〕立刻；立即.

ནར་ནར 或 ནར་རེ་རེ〔副〕成排；成行.

青海省政府印刷局印

ནར་མ [形] 繼續不斷.

ནར་མོ 或 ནར་ནར་པོ [副] 繼續；常常. [形]長方. 參看 སྣར་བ.

ནལ [名] 1,一種寶石. 2,親屬相姦.

ནལ་བྱི [名] 1,偶然之過失. 2,雜姦. 3,一種毒樹.

ནལ་བྱེད 或 ནལ་མ, [名] 苟合；親屬相姦.

ནལ་ལེ, ནལ་བུ [名] 私生子.

ནས I [名] 青稞；稞麥；大麥.

ནས II 1,此字表示從格,與義為"從；由"與ལས同義. 2,此字用於動名詞後時,表示過去式.

ནི 1,此字在一句之中,用以加重一字或數字語氣,指出最上最下或區別. 2,表示加重語氣之字,似中文之"者；呢"

ནི་ཀྲ [名] 檳榔樹.

ནིང 1,俗語中代ནི. 2,代སྙིང, 參看 ད་ནིང, ཁ་ནིང.

ནིམ་པ [名] 山豆根.(藥)

ནུ 參看 ནུ་མོ.

ནུ་ཏོག [名] 乳頭.

ནུ་གདན [名] 牛之乳房。

ནུ་བ 完成式及命令式為ནུས，[動] 吮乳；吃奶。

ནུ་བོ [名] 弟。

ནུ་མ [名] 乳球；乳頭。

ནུ་མོ [名] 妹妹。

ནུ་རིན [名] 乳費；新郎贈與岳母之錢。

ནུ་སོར [名] 乳頭。

ནུད་པ＝སྣུད་པ [動] 吮乳。

ནུབ [名] 西；西方。

ནུབ་པ [名] 西方之人。[動] 1.落，沒；沉下。2.崩潰；傾覆；消逝。

ནུབ་མོ [名] 晚；黃昏。[副] 在黃昏；於夜。

ནུམ [形] 有响聲；似雷聲。

ནུར་པ [形] 伸出；伸長。

ནུར་བ [動] 1.易地或易姿勢；變徙；漸漸移動。2.印入；3.捨棄；放棄。

ནུར་རྩི [名] 酒精，揮發油。

ནུས་མཇུ [名] 權能，一種雞冠花。

青海省政府印刷局印

ནུས་པ [名] 能，力，權。[動] 1，能（通常與他動詞根合併）2，為ནུ་བ之完成式。

ནེ་ཡོ [名] 草地。

ནེ་ཙོ [名] 鸚鵡。

ནེ་ཁྱི [名] 泥水匠之鏝。

ནེ་རེ 或 ནེར་ནེར，[名] 渣滓。

ནེ་ལེ [名] 一種鷹；鳩。

ནེ་གསིང [名] 高原之草場；高山頂。

ནེན་པ 藏西俗語中代ལེན་པ，[動] 取；攫；握。

ནེམ་ནུར [名] 疑惑。

ནེམ་ནུ [名] 1，疑惑。2，錯誤。

ནེའུ་ཚོ ＝ ནེ་ཙོ.

ནེའུ་ལེ [名] 臭貓，貓鼬。（食鰐，蛇，蜴蜥者。）

ནེའུ་ལྡིང ＝ ནེ་གསིང.

ནེའུ་ལྡང [名] 1，同年代。2，友。

ནེའུ་ལྡངས [名] 保護者，防禦者。

ནེའུ་གསིང ＝ ནེ་གསིང [名] 青草。[形] 多青草。

ནེར་བ [動] 漸滴下；降下；沉下。

ནོ་ནོ [名] 稱贊貴族公子之名.

ནོ་ཡོན = དཔོན་པོ [名] 首領,主宰,官.(蒙古語)

ནོག [名] 1.頸脊骨. 2.駝峯.

ནོགས་པ = གྲུས་པ, [形] 擦潔;清潔.

ནོང་བ 完成式 ནོངས, [動] 1.憂愁;煩惱;感痛苦. 2.犯罪; 3.弄錯.

ནོངས་པ [名] = ཉེས་པ, 罪;過失.

ནོད་པ 或 མནོད་པ, 完成式 མནོས, [動] 1.取;獲得;受收. 2.接受命令;指導恩惠.

ནོན་པ [動] 1.ཞོན་པ,上升;登. 2.為 གནོན་པ 之正字,壓迫;威迫;克制.

ནོམ 蒙古語 = ཆོས [名] 法;佛法.

ནོམ་པ [名] = སྐྱིད, 愉快;快樂;享受. [動]完成式 ནོམས 1.享用 2.滿意.

ནོར 或 ནོར་རྫས, [名] 所有財物,財產;錢;財富;寶物.

ནོར་སྐལ [名] 1.承繼物. 2.產業之一股.

ནོར་སྐྱོང 或 ནོར་སྐྱོངས, [名] 1.鳥之王. 2.司財者;司庫者.

ནོར་གཉེར = ཕྱག་མཛོད [名] 管財庫者.

青海省政府印刷局印

ནོར་བདག [名] 1, ནོར་གྱི་བདག་པོ 財神, 2, 兌換錢財者,放重息者.

ནོར་བ [動] 弄錯; 錯誤. [名] 錯誤,

ནོར་བུ [名] 1, 珠寶; 寶石; 末尼. 2, 珍物.

ནོར་སྦྱིན [名] 施財. (神名)

ནོར་རྗེན = ནོར་བདག.

ནོར་འཛིན = ས་གཞི [名] 地球.

ནོར་རྫས [名] 財物; 財富; 動產.

ནོར་ལྷ [名] 財神.

ནོལ་བ [形] མི་གཙང་བརྙོགས་པ, 不潔; 污穢. 2, 不貞節. [動] 一致; 贊同; 首肯.

ནོས་པ [動] 1, ལེན་པ, 受取, 獲得. 2, 參看 ནོད་པ. 3, དཔལ་གྱུ་པ 估價; 評判.

གནག་པ = ནག་པོ [形] 黑.

གནང་བ 與 སྣང་བ 同, 完成式 གནང 或 གནངས 命令式為 ནོངས, [動] 1, 賜; 與; 給. (上對下) 2, 允諾; 首肯; 贊同.

གནང་སྦྱིས, གནང་ཆ [名] 1, 賞品; 贈品. 2, 報酬; 餽贈; 禮物.

གནངས་ 或 གནངས་ཉིན་(名) 後日.

གནད་ (名) 1.精英; 髓. 2.要點; 精華. 3.心.(解剖學中) 4.入定時身體之七點.(秘教中)

གནབ་པ་ 完成式為 གནབས་ (動) གོས་གྱོན་པ་; 穿衣. 參看 མནབ་པ.

གནམ་ = ནམ་མཁའ་ (名) 1.天; 天空. 2.天氣; 氣候.

གནམ་གང་ (名) 1.新月. 2.晦.

གནམ་ལྕགས་代ཐོག་ (名) 雷電.

གནམ་པ་ = དྲི་ངན་པ (名) 惡臭.

གནམ་པོ་ = དྲང་པོ (形) 正直; 誠實.

གནམ་སོ་ = དྲང་པོ (形) 直; 正直.

གནའ་ (名) 或作 གནའ་བ་, 一種大野羊.

གནའ་བོ་ (形) 古昔; 以前; 太初.

༢༥༨ གནས་ (名) 處所; 地方. 2.居處; 住所. 3.進香地; 聖地; 寺院. 5.資料; 標題; 題目. 6.區分; 區劃; 區域; 省區.

གནས་སྐབས་ (名) 1.機會; 情形. 2.世俗之生活.

གནས་ཁང་ (名) 住屋; 臥室.

གནས་ཆེན་ = གནས་མཆོག་ (名) 極重; 要地; 聖地; 聖廟.

青海省政府印刷局印

གནས་སྣོད་ = འཇིག་རྟེན་, སྣོད། [名] 地球，宇宙.

གནས་བརྟན། [名] 長者；上座部之僧侶.

གནས་པ། [動] 1. སྡོད་པ 坐，住. 2. 置放，3. 存在；有效. 4. 居住，停留. [名] 住.

གནས་མ [名] 1. 居處 2. 居民.

གནས་མོ། [名] 1. 女主. 2. 夫人；太太.

གནས་ཚུལ [名] 1. 事物之情形；生活之情形. 2. 新聞；消息.

གནས་ཚེའུ [名] 水池.

གནས་གཞི [名] 1. བརྟན་གནས། 邸宅；永久住處. 2. 地産；財産.

གནས་ལུགས [名] 一切事物之天然情狀.

གནོང [名] 知罪.

གནོང་བ [動] 1. 羞. 2. 懺悔.

གནོད་པ [名] 1. 作惡者；損人者；魔鬼. 2. 損害；傷害；損失. 3. 不幸；惡. [動] 1. 傷害；加害. 2. 致病.

གནོད་སྦྱིན [名] 藥叉；夜叉.

གནོན་པ 完成式 གནན 或 མནན，未來式 མནན，命令式 ནོན་ཅིག [動] 1. 壓制；制服；克服. 2. 壓下.

གནོབ 參看 གནབ་པ.

མནག་པ = གནག་པ.

མནད་མནད (名) 謊言；誣告.

མནབ་པ或 མནབས་པ = གོས་གྱོན་པ, (動) 着；穿.

མནབ་རྩལ (形) 無價值；卑賤. (名) 滋養物；食物.

མནམ་པ (動) 嗅；聞.

མནའ་མ (名) 1,媳. 2,孫媳. 3,弟婦.

མནར་བ (名) 痛苦；苦楚；酷刑. (動) 受痛苦.

མནལ 代 གཉིད (名) 寢；卧；入睡.

མནོ་བ = སེམས་པ 完成式 མནོས, (動) 思想；考慮.

མནོག་པ = རྩ་ཆུང་བ, (形) 1,不重要；無價值；瑣細. 2,和平；適中.

མནོང་བ 參看 གནོང་བ, (名) 羞恥.

མནོད་པ = ཉེད་པ, 參看 ནོད་པ.

མནོལ་བ (動) 變弱；柔弱；使虛弱.

མནོས 為 མནོ་བ 之完成式.

རྣ་ཁུང (名) 耳孔.

རྣ་སྒྲོང = མདའི་མདེའུ (名) 1,彈丸. 2,發聲之箭.

青海省政府印刷局印

རྣ་ཆ (名)1.耳環. 2.日暈.

རྣ་སྤྲངས, རྣ་སྤྲགས (名)耳蠟;耳屎.

རྣ་བ (名)耳.

རྣ་རྡོ་=འཁྲིག་པ (名)交媾.(秘密語)

རྣ་ལྕང (名)1.耳環.2.器皿之耳子.

རྣ་སླགས (名)能聽.

རྣ་སྐྱར (名)皮耳;婦人戴者.

རྣ་ཤལ 或 རྣ་ག་ཀོག (名)耳輪;耳緣.

རྣག (名)膿.

རྣག་སྲི་ཟན (名)一種微賤之動物.(生於膿中)

རྣགས (名)現金.(俗語)錢.

རྣང་བ 完成式 བརྣངས (動)壅閉;窒塞.

རྣམ་མཁྱེན (名)全知.佛之名號.

རྣམ་གྲངས (名)1.分類;列舉.2.品類;門.3.論說.

རྣམ་འགྱུར (名)1.病之轉險;心中之苦惱.2.形狀;狀態;舉止;態度.

རྣམ་འཛིག (名)憂愁.

རྣམ་འཛེམས (名)慚愧;羞.

青海省藏文研究社編

རྣམ་རྟོག 或 རྣམ་པར་རྟོག་པ, 〔名〕1,沉思；深慮. 2,空想，不真實之結論. 3,錯誤;真知識隱閉. 4,厭惡. 5,疑惑；疑懼.

རྣམ་ཐར = རྣམ་པར་ཐར་བ 〔名〕1,解脫. 2,傳奇，喇嘛或偉人之傳記.

རྣམ་ཐོས〔名〕1,多聞. 2,一神名.

རྣམ་དག〔名〕或〔形〕清潔；純潔.

རྣམ་འདྲེན〔名〕1,聖師;導師;引導者. 2,佛之名號.

རྣམ་བསྣུན〔形〕多種；許多,

རྣམ་པ〔名〕1,塊;部分;成分. 2,種;類. 3狀態;方法.
〔形〕不同;有別;單獨;各自.

རྣམ་པར〔副〕1,充滿;完全;全. 2,甚;極.

རྣམ་དཔྱོད〔名〕分別;伺察;明辨.

རྣམ་ཕྱེ, རྣམ་ཕྱེད〔名〕區分;分別;區別.

རྣམ་ཕྱེད〔名〕天命;命運.

རྣམ་དབྱེ〔名〕1,文法上之格或位. 2,分開;分離.

རྣམ་སྨིན或རྣམ་པར་སྨིན་པ〔名〕1,完全;成熟. 2,異熟;果報;報應.

青海省政府印刷局印

རྣམ་བཞག་或 རྣམ་པར་བཞག་པ = གནས་ལུགས, [名]1,排列；次序；準備。2,安立；建立。

རྣམ་གཡེང [形] 搖擺；不定；躊躇 [名] 懈怠；散亂。

རྣམ་ཤེས; རྣམ་པར་ཤེས་པ, [名]1,識；心。2,記憶。

རྣམས (མང་ཚིག) 表示複數之字,加於名詞之後,如 ལྷ་རྣམས, 諸神; མི་རྣམས, 衆人。

རྣལ [名]1,རྣལ་མ = གཞི,基本狀態。2,休息；休養。3,與 མཉལ 相近,義為：夢；神遊。

རྣལ་འགོངས [名] 橫斷；橫過。

རྣལ་འབྱོར [名] 瑜伽；覺禪定之樂。

རྙིལ = སོའི་རྙིལ [名] 齦。

རྣུལ 完成式 བརྣུབ 或 བརྣུར་བ, [動] 拉向前。

རྣོ་བ [形] 尖銳；銳利。

རྣོན་པོ [名]或[形] 銳利。

སྣ [名]1,鼻；鼻子。2,種類；部份；件。

སྣ་ཁྲིད [名] 指導者；引導者。

སྣ་གོང [名] 長鼻。

སྣ་ཐེ་ཆགས [名] 得長官之批准或認許。

སྣ་ཁྲུ [名] 牛鼻圈.
སྣ་ཁོག [名] 鼻孔.
སྣ་ཁྲི=སྣ་བགས [名] 鼻涕.
སྣ་འདྲེན [名] 引導者；發命令者.
སྣ་སྙོམ [形] 懶怠.
སྣ་བ，སྣ་པ或སྣ་པོ [名] 首領，領導者；指導者.
སྣ་བགས [名] 鼻疽.
སྣ་བུམ [名] 墨水瓶.
སྣ་མ [名] 1，荳蔻之苞. 2，花名.
སྣ་ཚང [形] 各色完全，各樣齊全.
སྣ་ཚོགས [形] 1，全. 2，各種.
སྣ་རོ或སྣ་རུ [名] 1，母音符號 ོ 之名字. 2，角製之鼻烟壺.
སྣག [名] 一部落名.
སྣག་ཚ [名] 墨；墨水.
སྣག་པ=འབགས་པ，[形] 弄壞；污壞.
སྣང་ཚགས [名] 奴僕之輪值.
སྣང་བརྙན [名] སྒྱུ་འདྲས，反射影；像.
སྣང་དག (མང་ཏོགས) [名] 心；靈.

青海省政府印刷局印

སྣང་བ [名] 1.光明；光輝；炫光. 2.現象；顯現；幻影. 3.觀見；視覺. 4.意見；意思. 5.思想；觀念；概念. 6.成功；達到；深頤之教義. [動] 1.發光；放射；閃光. 2.知覺；見；聞. 3.顯露. 4.=ཡོད་པ，存在；有.

སྣང་བྱེད [借喻] 1.眼. 2.太陽；光.

སྣང་ཚུལ [名] 1.景；風景. 2.現象.

སྣང་འོད [名] 花名.

སྣང་ཤེས [名] 思想；幻想.

སྣང་སྲིད [名] 外界.

སྣང་གསལ [名] 光明；燦爛.

སྣད་པ 完成式 བསྣད，命令式 སྣོད，[動] 受傷.

སྣབས [名] 鼻涕.

སྣམ，སྣམ་བུ [名] 各種毛織物；氈毯；褐子.

སྣམ་ཁྲི [名] 廁所.

སྣམ་ཕྲག = ཁམ་ཕྲག [名] 腦袋.（俗語）

སྣམ་བྲག = སྣམ་ཕྲག.

སྣམ་སྦྱར [名] 僧侶之外衣.

སྣམ་ཀ་ཞོགས [名] 沿邊.

456

སྣར་ཐང〔名〕寺院名.(在札什倫布西南六十里地)

སྣར་པོ, སྣར་མོ〔形〕長;縱長.

སྣར་བ〔動〕搖動;前後擺動.

སྣར་མ〔名〕1,星名;畢宿. 2,檀香.

སྣལ་མ〔名〕1,絲;線;毛線. 2,紗.

སྣུན་པ = རྡུང་བ 或 བཙུག་པ,完成式與未來式為བསྣུན,〔動〕1,刺;擊;斫;貫. 2,哺乳.(與ནུ་ཞོ་སྣུན་པ同) 3,加;添;加倍;增益.

སྣུབ་པ 完成式為བསྣུབས 未來式為བསྣུབ,命令式為སྣུབས 或སྣུབ. 〔動〕1,使滅;廢;消滅. 2,破壞;剷除.

སྣུམ〔名〕油;脂肪.

སྣུམ་པ 或 སྣུམ་པོ〔形〕1,光亮而精緻. 2,肥沃.〔名〕油;脂肪.

སྣུམ་ཟ〔借喻〕燈.

༢༥༨

སྣུར་བ 完成式及未來式བསྣུར〔動〕1,推動;移動;移去. 2,拖曳. 3,切碎;搗碎;研末.

སྣེ 或 སྣེ་མ〔名〕端頭;繩端;線端.

སྣེ་འཛོམ = སྣེ་འཛོམ་པ,〔名〕一種作香料之植物.

སྣོམ་པ〔動〕搖動;使微動.

青海省政府印刷局印

中華民國二十一年十二月一日初版

藏漢小辭典 上下 兩冊

每部定價洋叁元肆角

外埠酌加運費滙費

編輯者　青海楊質夫

出板者　青海省藏文研究社

發行者　青海省政府

印刷者　青海省政府印刷局